Adolf Timm

Die Gesetze des Schulerfolgs

Wissenschaftliche Beratung: Prof. Dr. Klaus Hurrelmann

Klett | Kallmeyer

Bibliografische Information der Deutschen Nationalbibliothek
Die Deutsche Nationalbibliothek verzeichnet diese Publikation in der Deutschen Nationalbibliografie;
detaillierte bibliografische Daten sind im Internet über http://dnb.d-nb.de abrufbar.

Impressum

Adolf Timm
Die Gesetze des Schulerfolgs

1. Auflage 2009

© 2009. Kallmeyer in Verbindung mit Klett
Erhard Friedrich Verlag GmbH
D-30926 Seelze-Velber
Alle Rechte vorbehalten.
www.friedrichonline.de

Titelfoto: © Tomasz Trojanowski – fotolia.com
Redaktion: Cordula Schurig, Hamburg
Realisation: Friedrich Medien-Gestaltung
Druck: Print-Design-Druck, Minden
Printed in Germany

ISBN: 978-3-7800-1011-7

Adolf Timm

Die Gesetze des Schulerfolgs

Wissenschaftliche Beratung: Prof. Dr. Klaus Hurrelmann

Klett | Kallmeyer

Vorwort

Mütter und Väter wollen das Beste für ihre Kinder. Fast alle Eltern in Deutschland sind sich darin einig, welche Ziele sie bei der Erziehung erreichen wollen: Die Kinder sollen selbstständig und sozial verantwortlich sein, gleichzeitig aber auch leistungsfähig. Der letzte Aspekt hat in den vergangenen Jahren ständig an Bedeutung gewonnen. Denn Eltern beobachten sensibel die Entwicklung am Arbeitsmarkt. Sie spüren, wie bedeutsam in der heutigen Gesellschaft ein guter Bildungsabschluss geworden ist, um das private und vor allem auch das berufliche Leben zum eigenen Vorteil zu gestalten. Ihren Kindern wollen sie möglichst viel Unterstützung geben, um auf diesem Weg voranzukommen.

Oft schießen Eltern in ihrem Bemühen, die Kinder leistungsfähig und schulfit zu machen, über das Ziel hinaus. Übermotivierte Mütter und Väter setzen ihre Kinder geradezu unter Druck, damit sie keine Einbrüche in der Schullaufbahn erfahren. Viele übersehen auch, dass sie als Mütter und Väter, die meist selbst berufstätig sind, schnell an die eigenen Grenzen stoßen. Sie überschätzen das Zeitkontingent, das sie für die schulische Förderung ihrer Kinder zur Verfügung haben. Und sie spüren, dass sie mit den Herausforderungen des Schulalltags überfordert sind.

Wie heißt ein altes afrikanisches Sprichwort? „Es braucht ein ganzes Dorf, um ein Kind groß und stark zu machen und es erfolgreich zu erziehen." Damit ist gemeint: Die Eltern sind der Dreh- und Angelpunkt für die Erziehung, auch für die Erziehung zur Leistungsfähigkeit. Dabei dürfen sie nicht allein stehen. Väter und Mütter müssen sich Hilfe und Unterstützung von außerhalb der Familie holen. Die Kinder brauchen Impulse sowohl aus dem Elternhaus als auch aus Nachbarschaft, Verwandtschaft, Freundeskreis, Vereinen und Freizeiteinrichtungen – und vor allem auch aus der Schule. Wenn alle diese Institutionen und Personen zusammenarbeiten, kommt es zu einer anregenden Vernetzung.

Im vorliegenden Buch greift der Autor diese Ideen auf. Adolf Timm war Lehrer an verschiedenen Schularten, Studienleiter in der Lehrerausbildung und hat erfolgreich eine Schule geleitet. Er weiß genau, mit welchen positiven und negativen Impulsen die Schüler aus den Elternhäusern in die Klassen kommen. Da er selbst Familienvater ist, kennt er auch die andere Seite. Aus dieser langjährigen Arbeit an der Verbindung von Schule und Elternhaus sind die *Gesetze des Schulerfolgs* abgeleitet. Sie sind geeignet, die erzieherischen und schulbezogenen Kompetenzen von Müttern und Vätern zu stärken. Ziel ist, dass alle Kinder und Jugendlichen ihre Potenziale ausschöpfen.

In konsequent aufeinander aufbauenden Schritten gibt der Autor Müttern und Vätern Anregungen, wie sie ihre Kinder motivieren und zu starken und leistungsinteressierten Persönlichkeiten erziehen. Dabei überschätzt er die Möglichkeiten der Eltern nicht, sondern ermutigt sie, Unterstützung von Lehrkräften mit einzubeziehen. Das gute Einvernehmen zwischen Elternhaus und Schule, eine *Familie-Schule-Partnerschaft*, ist für ihn einer der Schlüssel für den Schulerfolg. Er nennt noch andere. Adolf Timm weiß als erfahrener Pädagoge um die Bedeutung des ganzen Dorfes für die Entwicklungsimpulse eines Kindes. Herausgekommen sind *36 Gesetze des Schulerfolgs*, die in anschaulicher und einfach nachvollziehbarer Weise vorgestellt werden. Mütter und Väter schaffen damit eine gute Ausgangsbasis, Neugier und Wissensdurst der Kinder weiter zu verstärken und ihre Leistungsbereitschaft zu fördern.

Meines Wissens ist es das erste Fortbildungsbuch dieser Art für Eltern – noch dazu von einem kompetenten Schulleiter geschrieben. Neben wertvollen Hinweisen für den erzieherischen und schulischen Alltag stehen vor allem Denkanstöße im Vordergrund, die immer wieder den Blick der Eltern auf das eigene Verhalten richten. Auch in Verbindung mit dem Elterntraining *Die Gesetze des Schulerfolgs* leistet das Buch einen wichtigen Beitrag, die Erziehungsverantwortung von Müttern und Vätern für den schulischen Weg ihrer Kinder nachhaltig zu stärken. Die besondere Erfahrung des Autors ist in jeder Zeile zu spüren. Hier spricht jemand, der genau weiß, was Kinder und Jugendliche brauchen, um zu Schul- und Lebenserfolg zu kommen. Dieses Wissen breitet er den Eltern gegenüber aus – nicht mit erhobenem Zeigefinger, sondern gelassen und erfahrungsgesättigt. Eine überzeugendere Hilfestellung können sich Mütter und Väter nicht wünschen.

Prof. Dr. Klaus Hurrelmann, Hertie School of Governance, Berlin

Einleitung

Unsere Kinder können mehr. Alle wollen lernen. Jeder ist gut in irgendetwas. Ob Kinder und Jugendliche ihre Potenziale ausschöpfen, entscheidet über ihre Zukunftsfähigkeit. Eltern sind zu mehr als 50 Prozent am Schulerfolg ihrer Kinder beteiligt. Damit ist ihr Einfluss auf die Lernentwicklung von Schülern größer als der von Lehrern und Unterricht zusammen.

Väter und Mütter sind daher selbst für den Schulerfolg ihrer Kinder in der Pflicht – nicht als Antreiber oder Hausaufgabenhelfer, sondern als Lernbegleiter. Sie unterstützen ein effektives Lernverhalten, begleiten ihre Kinder aktiv durch ihre Schulzeit, gestalten eine bildungsfördernde Erziehungsumwelt und erhalten ihre Lernfreude. Sie stärken die Zuversicht und Neulust der Heranwachsenden. Die nachhaltige Erfahrung des eigenen Könnens stärkt deren Selbstvertrauen und bildet die unerlässliche Grundlage für weitere Erfolge.

Wenn Eltern den Schulerfolg ihrer Kinder also nicht dem Glück oder der Schule allein überlassen wollen, müssen sie dafür eine solide Basis schaffen. Weil das Lebensmotto der jungen Generation *lifelong learning – lebenslanges Lernen* lautet, gehen Mutter und Vater mit gutem Beispiel voran. Sie sind selbst Lernende. Sie bilden sich fort. Kompetente Eltern haben kompetente Kinder.

Was das Fortbildungsbuch leistet

Die Gesetze des Schulerfolgs ist das erste umfassende Fortbildungsbuch für Eltern. Es behandelt in den Abschnitten *Mit der Erziehung die Weichen stellen*, *Richtig motivieren – besser lernen* sowie *Familie als Lernort gestalten* die Grundlagen für den schulischen Erfolg von Kindern und Jugendlichen. Es ist wissenschaftsbasiert, praxisnah und ideenreich. Wenn auch Lehrer[1] das Buch zur Hand nehmen und Eltern als Lektüre empfehlen, ist das hilfreich für unsere Schüler. Ihnen ist sehr gedient, wenn Elternhaus und Schule kooperativ zusammenarbeiten. In diesem Sinne ist *Die Gesetze des Schulerfolgs* auch ein schulfreundliches Elternbuch.

Die Gesetze des Schulerfolgs bringt eine Struktur in das Chaos gängiger erzieherischer Grundsätze und Einflussfaktoren auf die schulische Entwicklung. Es macht die Wege zum Schulerfolg deutlich. Dafür hält es vielfältige Anregungen und über 200 lösungsorientierte Praxistipps bereit. So wird es zum wertvollen Begleiter für den erzieherischen und schulischen Alltag. Sinnvoll ist es daher, das Buch nach seiner Lektüre nicht einfach wegzulegen, sondern es als Nachschlagewerk immer wieder zur Hand zu nehmen. Um das Nachlesen zu erleichtern, wurde auch das Literaturverzeichnis detailliert gestaltet.

---

[1] Um die Lesefreundlichkeit zu erhöhen, wird in diesem Buch auf die Nennungen von weiblichen und männlichen Personen verzichtet. Stattdessen wird die neutrale Form gewählt.

Schule (nicht zu) wichtig nehmen

Wenn Vater und Mutter dem Schulerfolg ihres Kindes Bedeutung zumessen, zeugt das von ihrem Verantwortungsbewusstsein. Für unsere Gesellschaft wie für jeden einzelnen Heranwachsenden gilt, was der ehemalige Präsident des Autoherstellers Chrysler, Lee Iacocca, so ausdrückte: Die Zukunft beginnt nicht in den Fabrikhallen und Forschungslabors eines Landes. Die Zukunft beginnt im Klassenzimmer. Um uns herum in Europa und in Übersee entstehen moderne Wissensgesellschaften. Unsere jungen Leute werden mithalten oder sich vom Wohlstand verabschieden müssen.

Bei aller Wichtigkeit, die der Schule für den weiteren Weg des Kindes beizumessen ist, sollte sie jedoch nie zum Hauptthema in der Familie werden. Kindheit und Jugend haben ihren Eigenwert. Tochter und Sohn wollen nicht nur als Schüler, sondern als ganze Menschen gesehen werden. Ebenso wie ihr kognitives Lernen sollen auch ihre praktischen Kompetenzen sowie ihre Persönlichkeit umfassend gefordert und gefördert werden. Alle Kinder besitzen individuelle Fähigkeiten und Bedürfnisse. Als Heranwachsende gebührt ihnen Beachtung und Achtung. Ihr Platz ist in der Mitte der Familie, in der Mitte der Schule und in der Mitte der Gesellschaft.

Das Projekt Schulerfolg

Die wichtige Ergänzung zu diesem Buch ist das Elterntraining *Die Gesetze des Schulerfolgs*. Dieses Training bietet eine hervorragende Plattform zur Vertiefung und weiteren Klärung. Fragen, die offen geblieben oder Probleme, die aufgetaucht sind, werden lösungsorientiert diskutiert. Des Weiteren gibt es vielfältige Anregungen zum Abschluss eines Erziehungs- und Lernvertrages zwischen Eltern, Lehrern und Schülern. Das Elterntraining *Die Gesetze des Schulerfolgs*, eine *Familie-Schule-Partnerschaft* sowie ein *Erziehungs- und Lernvertrag* sind geeignet, die Zusammenarbeit an der Schule zu verbessern oder sie sogar auf eine ganz neue Grundlage zu stellen. Damit legen sie das Fundament für eine schulische Leitkultur, die unseren Schülern den Schulerfolg erleichtert.

Schulerfolg ist trainierbar. Voraussetzung ist allerdings, dass Vater oder Mutter nicht nur an die Potenziale des Kindes glauben, sondern auch an ihren eigenen Einfluss auf seine Lernentwicklung. Um den schulischen Weg ihres Kindes hilfreich und steuernd begleiten zu können, brauchen sie neben ihrem festen Willen dazu auch *Qualitätszeit* und vor allem Einfallsreichtum. Wenn Eltern die *Gesetze des Schulerfolgs* beachten, wird der Weg zum Schulerfolg zur aufregenden Entdeckungsreise. Eltern werden überrascht sein, was in ihren Kindern steckt.

Ein herzliches Dankeschön

Meiner verehrten Kollegin Editha Demski, einer Deutschlehrerin, wie Schüler sie brauchen und Eltern sie sich wünschen, vertraue ich wichtige Texte an, bevor ich sie weggebe. Mit gleichbleibender Geduld und Nachsicht sowie der gewohnten Kompetenz und Akribie hat sie sich diesem Buchmanuskript angenommen.

Viele hilfreiche Anregungen habe ich von meiner Tochter Angela Timm erhalten. Sie war darüber hinaus als Tochter eine überaus kritische Korrekturleserin. Ihrer Anmerkung, sie und ihre Geschwister hätten manches ganz anders erlebt, als in meinem Buch als pädagogische Erkenntnis dargestellt, kann und will ich nicht widersprechen. Meine Frau und ich haben unsere drei Kinder nach bestem Wissen und Gewissen erzogen. Mehr kann von Eltern nicht erwartet werden. Aber auch nicht weniger. Perfekte Eltern sind nicht unbedingt optimale Eltern. Nicht nur in der Schule, auch zu Hause in der Erziehung passieren Fehler. Dieses Buch soll es den Eltern erleichtern, möglichst wenige zu machen, vor allem nicht immer wieder dieselben. Ihre Kinder werden es ihnen danken. Und den Lehrern wird die Arbeit erleichtert.

Prof. Dr. Klaus Hurrelmann hat mich zu dem Projekt *Die Gesetze des Schulerfolgs* – Elterntraining, Fortbildungsbuch, Trainerausbildung – inspiriert. Als Partner arbeiten wir an der bundesweiten Verbreitung des Elterntrainings.

Hinweise auf Fehler, die ich trotz intensiver Begleitung gemacht habe, oder andere Rückmeldungen nehme ich von den Lesern gern entgegen. Bitte nehmen Sie über meine Website www.elterntraining-schulerfolg.de mit mir Kontakt auf.

Adolf Timm

Mit der Erziehung die Weichen stellen

Kinder brauchen Liebe

1. Gesetz: Ermöglichen Sie dem Kind eine sichere Bindung!

Warum Liebe der Nährboden für seine Intelligenz ist

In den 40er-Jahren vergleicht der amerikanische Psychologe René Spitz zwei Gruppen benachteiligter Kinder. Die eine wächst im Waisenhaus auf, die andere in einem an das Gefängnis angeschlossenen Kinderheim. Dort werden sie von ihren Müttern betreut (Spitz 1976). Das Leben in beiden Institutionen sieht auf den ersten Blick gleich aus: Die Kinder aus beiden Gruppen sind gut genährt, gut gekleidet und medizinisch gut versorgt. Dennoch gibt es einen fundamentalen Unterschied. Während sich die Kinder, die mit den inhaftierten Müttern aufwachsen, weitgehend normal entwickeln, fallen die Waisenhauskinder durch eine Reihe negativer Symptome auf. Sie zeigen gesteigerte Krankheitsanfälligkeit, erhöhte Sterblichkeit, Weinerlichkeit, Kontaktarmut und Aggressivität. Auffällig sind auch die Verzögerungen in der motorischen Entwicklung sowie in der Sprach- und Intelligenzentwicklung. Viele überleben kaum das zweite Lebensjahr. Die wenigen Überlebenden entwickeln sich langsamer als normale Kinder. Im Alter von drei Jahren können die meisten weder laufen noch sprechen. Die meisten Schäden und Persönlichkeitsstörungen sind dauerhaft.

Spitz führt die verzögerte Entwicklung auf die geistige und seelische Vernachlässigung der Waisenhauskinder zurück. Im Gegensatz zu den Gefängniskindern werden sie nur körperlich gut versorgt. Eine Pflegerin ist für acht Kinder zuständig. Abgesehen von den kurzen Fütter- und Wickelzeiten liegen sie isoliert in ihren Betten, von Vorhängen abgeschirmt, ohne akustische und optische Reize, ohne Spielzeug. Es fehlen ihnen Kontakte wie die Körperwärme der Mutter. Die Säuglinge in diesem Heim werden kaum gestreichelt, haben keine persönliche Ansprache. Niemand lacht und scherzt mit ihnen. Niemand weckt ihre schlummernden geistigen Anlagen (ebd.).

Das *sicher gebundene Kind* entwickelt positive Ich-Qualitäten

---

AUS DER WISSENSCHAFT

Prof. Urs Fuhrer (Psychologe):
Kinder bringen eine angeborene Bereitschaft mit, sich an Personen zu binden, die ihnen vertraut sind
Respektiert, unterstützt und geliebt zu werden, ist eine Voraussetzung dafür, dass das Kind ein gesundes Selbstwertgefühl entwickelt. *„Wenn wir Grenzen und Erwartungen mit umsichtiger Fürsorge verbinden, kindliche Autonomie in bestimmten Grenzen respektieren, fördern wir unsere Kinder auf liebevolle Weise."* (Fuhrer 2007:119)

Zwischen Vater, Mutter und dem Säugling entsteht bereits in den ersten Lebenstagen so etwas wie eine *emotionale Erdung.* Körperkontakt beruhigt den Säugling und gibt ihm Sicherheit. In-den-Arm-nehmen, Auf-den-Schoß-setzen, Drücken, Herzen und Streicheln wirkt bei Kleinkindern, und bis ins hohe Alter, beruhigend und tröstend. Wenn diese körperliche Nähe, die Eltern ihren Kindern geben, mit emotionaler Zuwendung einhergeht und durch Achtung und Aufmerksamkeit, sorgendes Mitgefühl und einfühlsames Zuhören ergänzt wird, entsteht Bindung. Diese Bindung ist die positive emotionale Basis für die weitere Entwicklung des Kindes und damit auch notwendiges und stabiles Grundgerüst für sein Leben und für sein Lernen.

Der Grundstein für diese harmonische Persönlichkeitsentwicklung, so die noch sehr junge Bindungsforschung, wird in der frühen Kindheit gelegt. Erfährt ein Kind in den ersten Lebensmonaten und Lebensjahren Hilfe und Zuwendung durch seine Bezugsperson(en), erwächst daraus Vertrauen. Das *sicher gebundene Kind* beginnt, seine Umwelt zu entdecken und Selbstständigkeit zu gewinnen. Seine gesunde Persönlichkeitsentwicklung zeigt sich in positiven Ich-Qualitäten wie Selbstvertrauen, Selbstständigkeit, Eigeninitiative und Lebensfreude (Fuhrer 2007:118 ff.).

Beim *nicht sicher gebundenen Kind* dagegen überwiegen negative Merkmale wie Misstrauen, Abhängigkeit, Passivität und Selbstzweifel. Diese Bindungsstörungen entstehen durch Vernachlässigung (sich nicht kümmern), Wohlstandsverwahrlosung (Geld statt Zuwendung), Verwöhnung (alles erlauben), Überbehütung (keinen Freiraum lassen) oder Inkonsequenz (das gleiche Verhalten teils erlauben, teils verbieten) (ebd.).

Liebe ist der Nährboden für Intelligenz

Ohne Liebe und Anerkennung können Kinder ihre Intelligenz nicht entfalten. Die sichere Bindung und das Gefühl, angenommen zu sein, sind Voraussetzungen für ihre Entwicklung und damit auch für das schulische Lernen. Erst eine sichere Bindung gibt Kindern und Jugendlichen die Kraft, den schulischen Anforderungen gerecht zu werden.

Als Schüler entwickeln sie Ausdauer beim Lernen. Sie können sich besser konzentrieren. Sie haben mehr Selbstvertrauen und gewinnen Freunde. Sie erwerben z. B. gegenüber einem Lehrer, mit dem sie nicht zurechtkommen, oder einem Unterrichtsfach, das ihnen nicht so liegt, eine Konfliktkompetenz. Kinder mit einer starken Bindung können besser mit Stress umgehen. Zudem entwickeln sie weniger Aggressionen.

Sicher gebundene Kinder erwerben ein Gespür dafür, was ihnen guttut und was ihnen schadet. Deshalb sind sie auch in der Schule besser in der Lage, sich selbst Grenzen zu setzen und sich nicht von anderen Kindern ablenken zu lassen. Sie können sich auf den Lehrer, die Mitschüler und den Unterricht einstellen. Starke Bindung macht Schüler leistungsmotiviert und bestrebt, schulische Herausforderungen anzunehmen. Einen weiteren Motivationsschub erfahren sie, wenn sie auch zu ihrem Lehrer eine gute Beziehung, einen *pädagogischen Bezug*, haben.

Der *pädagogische Bezug* an einem Beispiel

AUS DER WISSENSCHAFT

Wolfgang Bergmann (Kinder- und Familientherapeut):
Die Mutter ist der Spiegel, in dem sich das Kind entfaltet
Das afrikanische Sprichwort *„Ich bin, weil du bist"* meint auch dieses: Wir lernen unser Ich-Gefühl durch andere. Wir spiegeln uns im Angeschautwerden von anderen.
Und die erste, wesentliche und sinnbegründende *andere* ist die Mutter. Ohne ihre Sorge, ihre Feinfühligkeit, ihren Kontakt, ihre Blicke, ihre Laute, ihre vertraute Stimme – ohne dieses Mama-Gefühl gibt es kein kindliches Ich-Gefühl und später kein bewusstes *Selbst*, das sich entfaltet. Ohne die Rückversicherung an das Mütterliche, insbesondere in den ersten neun bis zwölf Lebensmonaten, entfaltet sich kein eigenständiger Ich-Kern. Die Mutter ist der Spiegel eines Ich, das sich in diesem Spiegel erst entfaltet.   (nach Bergmann 2007:20)

Warum lernen *sicher gebundene Kinder* besser? Warum gelingt es ihnen, schulische Durststrecken zu überwinden, nicht aufzugeben, sondern sich bis zum Erfolg und dem dann erlebten Erfolgsglück durchzukämpfen?

Joachim Bauer spricht von *zwei neurobiologischen Stellschrauben*. Die eine *Stellschraube* ist die *Bindung* bzw. der *pädagogische Bezug* als Voraussetzung, die Motivationssysteme des Kindes zu stimulieren. Die andere *Stellschraube* ist die Spiegelung zwischen dem Kind und den Eltern bzw. zwischen dem Kind und dem Lehrer. Sobald das Kind diese *Spiegelung* wahrnimmt, kommt es zur *Resonanz* zwischen ihm und den Eltern bzw. dem Lehrer. Mittels dieser *Resonanz* werden Neugier und Begeisterung übertragen und der Bildungsfunke springt über (Bauer 2007:39ff.).

Deutlich wird die Wirkungsweise von *Bindung, Spiegelung* und *Resonanz* am Beispiel des Choreografen Royston Maldoon. Er arbeitet seit 30 Jahren vorwiegend mit benachteiligten Kindern und Jugendlichen auf allen Kontinenten und setzt mit ihnen erfolgreich Tanzprojekte um. Berühmt wurde er unter anderem durch den Film *Rhythm is it*, eine Dokumentation eines Berliner Tanzprojektes in Kooperation mit den Berliner Philharmonikern unter Sir Simon Rattle. Maldoon scheut sich nicht, von den jungen Leuten Anstrengung und Disziplin zu verlangen. *„Ich bin sehr streng!"*, sagt er von sich selbst und macht deutlich, dass er auf Regeln, Rituale und Grenzen sehr viel Wert legt.

Gleichzeitig bringt er ihnen grenzenloses Vertrauen und riesengroße Wertschätzung entgegen. Maldoon unterstellt seinen Tanzschülern überall auf der Welt, dass sie einen Willen zum Lernen mitbringen. Scheinbar mühelos stellt er eine Beziehung her und der Funke seiner eigenen Begeisterung springt auf die Jugendlichen über. Die Jugendlichen spiegeln sich nun in der Aufmerksamkeit, der echten Anerkennung und den Erwartungen, die Maldoon ihnen entgegenbringt. Sie fühlen sich als Lernende ernst genommen. In dieser *Spiegelung* sieht sich jeder der Heranwachsenden, wie er sich noch nie gesehen hat. Er entwickelt Vertrauen zu sich selbst und macht das Tanzprojekt zu seiner persönlichen Sache. Der Jugendliche erkennt bei dieser *Spiegelung*, dass es auf ihn ankommt, und wird zu einer Leistung angespornt, die ihm kaum jemand, und infolgedessen er sich selbst auch nicht, zugetraut hätte.

Hinweise für den erzieherischen und schulischen Alltag

1. Geben Sie dem Kind Liebe.

Das Kind braucht Liebe. Es braucht die drei Z: Zeit, Zuwendung, Zärtlichkeit. Zuwendung beginnt mit Körper- und Blickkontakt. Schauen Sie das Kind an. Nehmen Sie es in die Arme. Sagen Sie ihm, dass Sie es lieb haben.

2. Bauen Sie eine stabile Beziehung zum Kind auf.

Streben Sie ein Miteinander an, bei dem beide Seiten sich akzeptieren und sich angenommen, verstanden, gemocht und geliebt fühlen. Gegenseitige Wertschätzung gehört zu einer gesunden Eltern-Kind-Beziehung. Nur wenn Ihr Kind Wertschätzung erfahren hat, kann es sich selbst wertschätzen.

3. Geben Sie dem Kind Sicherheit, seien Sie ehrlich.

Ein Kind erfährt bereits als Baby, ob es sich auf seine Eltern verlassen kann oder nicht. Eltern müssen verlässlich sein und ihren Kindern das Gefühl absoluter Geborgenheit vermitteln. Kinder, die von ihren Eltern belogen werden, verlieren das Vertrauen und werden möglicherweise lebenslang von Verlassensängsten geplagt.

4. Zeigen Sie dem Kind auch als Schulkind Ihre Liebe.

„Ich mag dich, so wie du bist. Ich liebe dich, egal wie die Klassenarbeit ausfällt." Zeigen Sie Ihrem Kind, dass Sie es lieben, ganz unabhängig von den Noten, die es nach Hause bringt. Lieben Sie Ihr Kind für das, was es ist, und nicht für das, was es leistet.

5. Übertreiben Sie es nicht mit der Zuwendung.

Üben Sie den Spagat zwischen Bindung und Freiheit. Wenn Eltern das Kind für den Nabel der Welt halten, tut das Kind das auch – mit allen nachteiligen Folgen, die sich daraus ergeben. Wer sein Kind verwöhnt oder überbehütet, erstickt seine Eigeninitiative, seine Kreativität und seine Anstrengungsbereitschaft.

6. Verwöhnen Sie das Kind nicht. Versuchen Sie nicht, eine emotionale Bindung durch Geld herzustellen.

Elternliebe bedeutet nicht, dem Kind alles zu schenken, alles zu geben und alles zu erlauben. Durch Geld werden die Kinder nicht klug und keine guten Schüler. Dafür brauchen sie die *Gefühls-Wurzeln*. Verwöhnung ist nicht Liebe. Das Motto heißt: *Viel Bindung – keine Verwöhnung* und nicht umgekehrt: *Keine Liebe – viel Verwöhnung.*

7. Auch Lehrer sollen eine Beziehung zu dem Kind herstellen.

Wenn Lehrer und Schüler sich in gegenseitiger Wertschätzung begegnen, wird der Schüler ihn *mögen*. Er wird dann seine Potenziale ausschöpfen, weil er spürt, dass der Lehrer ihn akzeptiert, schätzt und etwas von ihm erwartet. Das setzt Kräfte im Schüler frei und er wird sich bemühen, das Vertrauen und die Erwartungshaltung, die sein Lehrer ihm entgegenbringt, nicht zu enttäuschen.

2. Gesetz: Nehmen Sie sich Zeit! Gehen Sie auf das Kind und seine Gefühle ein!

Warum *emotionale Intelligenz* den Lernerfolg erleichtert

Eine Mutter aus dem Elterntraining erzählte mir folgende Geschichte:

> *„Meine Tochter war längst im Studium, als sie bei einem Rückblick auf Schule und Schulerlebnisse zu mir sagte: ‚Das Schönste war, dass du immer Zeit für mich hattest.'*
>
> *Vom ersten Schultag an ging sie gern zur Schule. Und so fröhlich und unbeschwert, wie sie morgens das Haus verließ, kam sie aus der Schule zurück. Sie berichtete in aller Ausführlichkeit über Freundinnen und Mitschüler, über Lehrer und Unterricht und ihre Schulbegeisterung kannte keine Grenzen."*
>
> *Aber dann kam eine Zeit, da wurden die Schritte morgens aus dem Haus zögerlicher, und fast schien es, sie ließe auch den Kopf hängen. Sie hatte ihre Unbeschwertheit verloren. Erst allmählich kamen wir als Eltern gemeinsam mit unserer Tochter der Ursache auf die Spur. Sie, die begeisterte Schülerin, war für zwei oder drei Mitschülerinnen zur Zielscheibe von Gemeinheiten geworden, ohne dass sie es selbst sofort gemerkt hat. Als wir keine Zweifel mehr hatten, wurden wir in der Schule vorstellig. Aber ihre Lehrer wollten es einfach nicht glauben, dass ausgerechnet unsere Tochter, die stets zu den Wortführern in ihrer Klasse zählte, dem Mobbing ausgesetzt sein sollte."*

Auch wenn Eltern und Geschwister mitgelitten haben und die Mutter ihrer Tochter die unangenehme Erfahrung gern erspart hätte, ist das Mädchen aus dieser Situation gestärkt hervorgegangen. Die Tochter selbst bezeichnet es im Rückblick als eine große Hilfe, dass ihre Eltern für sie emotional verfügbar waren, sie also jederzeit mit ihnen über ihre Sorgen und Ängste sprechen konnte.

Zeitwaisen klagen über häusliches Übersehenwerden

In einer UNICEF-Umfrage aus dem Jahr 2007 gab ein Drittel der befragten Jugendlichen an, dass sie sich von ihren Eltern nicht mehr Taschengeld, sondern mehr Zeit, Zuwendung und Geduld wünschen. In einer anderen Umfrage beklagten mehr als ein Drittel der Kinder zwischen 9 und 14 Jahren, bei Problemen keinen Gesprächspartner zu haben. Das Ergebnis, dass das Lernen der 12- bis 16-Jährigen von Müttern insgesamt vier und von Vätern ganze zwei Minuten täglich begleitet wird, überrascht dann nicht.

So paradox es klingt, das Mehr an Freizeit für Erwachsene im Rückblick auf vergangene Jahrzehnte führt offenbar zu einem Weniger an Familienzeit. Immer mehr Kinder sind Zeitwaisen und klagen über das häusliche Übersehenwerden. Ihre Eltern haben keine Zeit, sich um sie zu kümmern oder sich mit ihnen zu beschäftigen. Die einen sind alleinerziehend und arbeiten, andere hängen an der Flasche. Wiederum andere sind mit sich und ihren Freizeitaktivitäten so beschäftigt, dass sie sich durch die Kinder in ihren persönlichen Entfaltungsmöglichkeiten eingeengt fühlen. Diese Väter und Mütter haben Angst, selbst zu kurz zu kommen, und denken nur an ihr Leben, ihre Karriere, ihre Interessen und ihre Freunde.

Ob in der Villa oder im Hinterhaus, ob in Timmendorfer Strand oder Berlin-Neukölln, wenn Kinder keine *Gefühls-Wurzeln* schlagen können und nur noch Störenfriede sind, können die Folgen dramatisch sein.

Zeitknappheit durch *Qualitätszeit* kompensieren

AUS DER WISSENSCHAFT

Prof. Joachim Bauer (Mediziner und Psychotherapeut):
Wenn Kinder nicht wahrgenommen werden, steigt das Suchtrisiko
Wenn Kinder und Jugendliche das Gefühl haben, nicht als Person gesehen, wahrgenommen, gefordert und gefördert zu werden, und es vermissen, für andere Menschen bedeutsam zu sein, dann kommt es bei ihnen – aus einer unausweichlichen neurobiologischen Logik heraus – zu einem dramatischen Anstieg des Suchtrisikos. Das betrifft nicht nur die Einnahme von Drogen, sondern auch die Computer- und Internetnutzung. (nach Bauer 2007:22)

Vor mehr als drei Jahrzehnten erzählte mir eine Mutter, sie ginge einmal in der Woche mit ihrem dreizehnjährigen Sohn *cafésieren*. Ich hatte von solchem Tun noch nie gehört und erfuhr auf Nachfrage, dass sie, eine erfolgreiche Geschäftsfrau, sich einmal in der Woche nur für ihren Sohn Zeit nehme. Sie besuchten dann gemeinsam ein Café, wo sie sich uneingeschränkt ihrem Sohn zuwenden konnte.

Vor 30 Jahren fand ich dieses Ritual merkwürdig. Heute weiß ich es besser. Diese Mutter hat getan, was Eltern heute geraten werden muss, die wenig Zeit mit ihren Kindern verbringen können: Sie hat die Zeit, in der sie nicht für ihr Kind da war, mit *Qualitätszeit* für ihren Sohn kompensiert. Dort im Café hat sie sich ganz ausschließlich ihm gewidmet. Und der Sohn wusste, wenn seine Mutter tagsüber einmal wenig Zeit für ihn hatte: „Am Mittwoch haben wir unser Date. Dann ist Mama ganz allein für mich da. Darauf kann ich mich freuen."

Die Psychologin Johanna Graf empfiehlt, solche intensiven Zweierzeiten fest in den Tag oder in die Woche einzubauen. Dabei dürfe niemand stören, der Erwachsene müsse sich zurücknehmen und das Kind solle führen. Entscheidend seien die Intensität und die Harmonie des Zusammenseins, nicht die Dauer (2006:48).

Emotionale Intelligenz erleichtert den Lernerfolg

AUS DER WISSENSCHAFT

John M. Gottman (Psychologe):
Eltern werden Emotionscoachs ihrer Kinder
Emotionscoachs achten auf erste Anzeichen unangenehmer Gefühle, akzeptieren sie, nehmen sie ernst und nutzen sie als Gelegenheit, ihrem Kind nahe zu sein, indem sie mit ihm sprechen. Sie wollen verstehen, was in ihm vorgeht, und lassen sich mit ihm Zeit.
Sie fühlen sich in ihr Kind ein und signalisieren Verständnis und Solidarität. Sie zeigen echte Anteilnahme und stärken so die emotionale Verbindung zu dem Kind.
Durch die Wertschätzung und den Respekt für die kindlichen Gefühle lehren sie wichtige soziale Kompetenzen, die den Kindern in der Beziehung zu Gleichaltrigen zugutekommen. Die Kinder lernen, sich selbst zu beruhigen und ihre Emotionen zu regulieren.　(nach Graf 2006:49)

Wenn Kinder ängstlich, verzweifelt, wütend, ärgerlich oder enttäuscht sind, brauchen sie Mütter oder Väter, die Zeit haben und sich mit ihren Sorgen und Kümmernissen auseinandersetzen. Aber nicht nur in seelischen Notlagen brauchen Kinder und auch Jugendliche *emotional verfügbare* Eltern. Die Erlebnisse des Alltags wollen ebenfalls emotional bewältigt werden. Emotional verfügbare Eltern stellen ihnen eine sichere Umgebung zur Verfügung, in der Gefühle, Gedanken, Sorgen und Ängste mitgeteilt werden können. Das Kind lernt, wie man auf Menschen zugeht und ihre Gefühle deutet, wie man mit unangenehmen Situationen fertig wird und wie man Konflikte löst. *Emotionale Intelligenz* wird ihnen vorgelebt, man kann sie nicht erklären. Als ihre *Emotionscoachs* ermöglichen Eltern ihren Kindern so, emotional herausfordernde Situationen zu meistern, von denen es gerade im Schulalltag viele gibt.

Tatsächlich besteht ein Zusammenhang zwischen einem Emotionscoaching der Eltern und dem Schulerfolg ihrer Kinder. Wer Mutter, Vater oder beide Eltern hinter sich stehen weiß, sieht sich der Schule, den Mitschülern, den Lehrern oder seinen unangenehmen Gefühlen nicht schutzlos ausgeliefert. Das gibt Sicherheit. Es hat Gesprächspartner und lernt, seine eigenen Gefühle auszudrücken, sie zu deuten und mit ihnen umzugehen. Diese *emotionale Intelligenz* trägt dazu bei, dass Kinder seltener körperlich krank sind, sich besser konzentrieren können und dadurch auch in der Schule erfolgreicher sind.

Hinweise für den erzieherischen und schulischen Alltag
1. Überraschen Sie das Kind mit der Nachricht: „Heute habe ich ganz viel Zeit für dich."
Für eine stabile Bindung des Kindes ist es wichtig, wie Eltern ihre Zeit mit ihm verbringen. Lassen Sie sich auf die Wünsche des Kindes ein und fragen Sie: „Was wollen

wir gemeinsam unternehmen?" Lassen Sie das Kind führen. Das Kind soll sich dabei geborgen und respektiert fühlen.

2. Sprechen Sie auch über Ihre Gefühle und über die Gefühle anderer.
Erläutern Sie dem Kind, warum Sie jetzt genervt sind oder sich unpässlich fühlen und sich nicht mit ihm beschäftigen können. Sagen Sie ihm, dass Sie gereizt reagieren, wenn Sie Migräne plagt. Das Kind wird Ihre Reaktionen besser einordnen können. Erklären Sie dem Kind, warum andere Menschen so und nicht anders reagiert haben und wie sie sich vermutlich fühlen. Fragen Sie es z. B. beim gemeinsamen Fernsehen nach den Gefühlen wichtiger Darsteller. Legen Sie die Grundlagen dafür, dass das Kind die Gefühle anderer besser versteht.

3. Beruhigen Sie das Kind in stressigen Situationen. Bleiben Sie selbst ruhig dabei und geben Sie dadurch ein Beispiel hoher emotionaler Intelligenz.
Konflikte können und sollen nicht vermieden werden. Machen Sie vor, wie man sie lösen kann. Regen Sie einen Gedankenaustausch an und vermeiden Sie abwehrende Worte. Negative Worte, vielleicht noch mit erhobener Stimme vorgebracht, helfen nicht beim Lösen von Konflikten.

4. Schenken Sie dem Kind „Qualitätszeit", in der Sie sich ganz und gar nur ihm zuwenden.
Das können jeden Tag 15 Minuten oder bestimmte Zeiten an verabredeten Tagen sein. Wichtig sind auch bestimmte Zeitrituale im Jahresverlauf. Sie zeigen dem Kind damit: „Du bist mir wichtig."

5. Lassen Sie den Gesprächsfaden nie abreißen.
Auch dann nicht, wenn Ihr Kind das Haus verlassen hat und eigene Wege geht. Festgelegte Zeiten für Gespräche (s. 4. Hinweis) können sich ändern, aber der Gesprächskontakt muss aufrechterhalten werden, z. B. durch ein wöchentliches ausführliches Telefonat, wenn das Kind an einem anderen Ort arbeitet oder studiert. Diesen Satz sollte das Kind immer wieder einmal von Ihnen hören: „Lass uns miteinander reden."

6. Befreien Sie das Kind mit Ihrer Zuwendung aus einer schwierigen schulischen Situation.
Vermeiden Sie so, dass eine Situation wie ein Teufelskreis immer auswegloser wird. Und gerade nach den Amokläufen in den Schulen von Erfurt, Emsdetten und anderswo sollten Sie am Ende einer Schulwoche immer wieder einmal fragen: „Gibt es etwas, worüber du mit mir reden möchtest?"

Kinder brauchen Anerkennung

3. Gesetz: Loben Sie, aber richtig!

Wie man eine Kultur der Anerkennung schafft

In einer Umfrage in verschiedenen deutschen Unternehmen wurden die Beschäftigten gefragt, was sie sich von ihren Chefs wünschen. Erstaunlicherweise standen nicht mehr Urlaub, ein höheres Gehalt oder ein größeres Büro auf der Wunschliste. Die meisten Befragten wünschten sich mehr Anerkennung von ihren Vorgesetzten. Ihre Arbeit sollte wertgeschätzt und durch Gesten der Anerkennung honoriert und hervorgehoben werden. Die Umfrage zeigte auch, dass Kollegen wenig Neigung zeigten, sich gegenseitig zu loben.

Ganz offenbar verfahren viele Chefs nach dem Motto *Nicht geschimpft ist genug gelobt.* Dass sie mit ihrer Haltung falschliegen, ist längst bekannt. Denn pflegen Vorgesetzte keine Kultur der Anerkennung, fahren Mitarbeiter als Reaktion auf die fehlende positive Rückmeldung ihre Motivation einfach herunter. Aber auch der Ton und der Umgang unter den Kollegen beeinflussen die Leistungsstärke der Mitarbeiter.

Wissenschaftliche Untersuchungen haben nachgewiesen, dass Mitarbeiter dann produktiver sind, ein größeres Durchhaltevermögen besitzen sowie belastbarer und zufriedener mit ihrer Arbeit sind, wenn sie ihr positive Gefühle entgegenbringen. Positiv gestimmte Teams gelten als flexibler, kreativer, dynamischer und damit im Resultat als erfolgreicher.

Lob hat direkte Auswirkungen auf den Hormonhaushalt

AUS DER WISSENSCHAFT

Prof. Joachim Bauer (Mediziner, Psychotherapeut):
„Es ist bekannt, dass wir biologisch von Zuwendung und Anerkennung abhängig sind."
„Nur dann schüttet das Gehirn Botenstoffe aus, die uns Kraft geben. Wird uns dauerhaft soziale Bestätigung entzogen, fährt das Gehirn die Motivationssysteme herunter. […] Lob hat also direkte Auswirkungen auf den Hormonhaushalt, der die Arbeitsbereitschaft und Arbeitsfähigkeit steuert. Genauso wichtig wie Nahrung ist die Zufuhr von Respekt und Zuwendung. Führungskräfte können bei ihren Mitarbeitern ein ‚burn-out' (Ausbrennen) zwar nicht wegloben, aber Anerkennung gehört zu den wichtigsten Mitteln der Prävention." (nach Bauer 2006)

Wie Erwachsene brauchen auch Kinder Lob und positive Rückmeldung. Sie sind Voraussetzung für ihren Schul- und Lernerfolg. Deshalb müssen Eltern das Lob als Erziehungsmittel nutzen und ganz bewusst und gezielt einsetzen. Wer Erfolg hat, freut sich darüber und erhält sich dadurch seine Freude am Tun. Durch Lob werden die individuellen Stärken gefördert. Und wer sich seiner Stärken sicher ist, kann auch selbstbewusst mit seinen vermeintlichen oder tatsächlichen Schwächen umgehen.

Das körpereigene Belohnungssystem schüttet bei Erfolgserlebnissen Glückshormone aus, die für angenehme Gefühle sorgen. Das geschieht immer dann, wenn Kindern etwas gelungen ist, wenn sie eine wichtige Entdeckung gemacht oder eine komplizierte Aufgabe gelöst haben. Das geschieht immer dann, wenn sie ihren Hausaufsatz in der Klasse vorgelesen haben und dafür vom Lehrer gelobt werden, wenn beim Lernen aus Nichtverstehen Verstehen wird, wenn das letzte Puzzleteil an seinen Platz gebracht oder Oma mal wieder beim Kartenspiel besiegt wurde. Immer fühlt es sich gut an und erhöht den Reiz, weiterzumachen. Das Kind begreift, dass es etwas zu entdecken und gewinnen gibt. Und diese Freude ist der Motor für das Weitermachen, das Weiterspielen oder das Weiterlernen.

Dopamin macht neugierig

Das durch Erfolgserlebnisse ausgeschüttete Glückshormon Dopamin macht beim Lernen Lust auf mehr. Es verstärkt die Nachhaltigkeit dieses Erfolgserlebnisses. Dopamin vermittelt ein Gefühl der Befriedigung und festigt die Merkverbindungen im Gehirn. Das Kind fühlt sich belohnt für das, was es gerade getan hat, und verknüpft es mit angenehmen Gefühlen. Die *Leistungsdroge* lässt das Kind regelrecht nach neuen Herausforderungen suchen.

Der Hirnforscher Manfred Spitzer bemängelt, in der Schule werde oft nur der Beste hervorgehoben und gelobt. Damit sorge man dafür, dass alle anderen sich mies fühlten (Spitzer 2007:193). In Finnland hat mich ein Lehrer überrascht, der die Rückgabe der Klassenarbeit so einleitete: *Alle, die sich angestrengt haben, verdienen ein Lob!*

Spitzer hält den Lehrer für das stärkste Medium im Unterricht:

> *„Nicht der Overheadprojektor, die Tafel, die Kopien oder gar die Power-Point-Präsentation. Nicht diese Medien, sondern ein von seinem Fach begeisterter Lehrer, der gelegentlich lobt und vielleicht auch mal einen netten Blick für die Schüler übrig hat, bringt deren Belohnungssystem in Trab"* (Spitzer 2007a:194).

Eine wichtige Voraussetzung dafür, dass die Hormone ihre Wirkung als Lernturbo entfalten, ist allerdings die sichere Bindung des Kindes an seine Bezugsperson (siehe Gesetz 1). Zu Hause sind das Vater und Mutter. In der Schule ist das der Lehrer. Vor allem das Lob von Eltern oder Lehrern ist Ansporn zu weiteren Leistungen, weil es dem Kind hilft, ein positives Selbstbild aufzubauen.

Richtig loben – wie geht das?

So nicht:

Falsches Lob: Das Lob mit einem Aber einschränken. Mit der Einschränkung entwerten Sie das Lob und es kann seine positive Wirkung auf die Motivationssysteme gar nicht erst entfalten. Es ist also falsch zu sagen „Prima, dass du eine Zwei im Diktat hast, aber deine Schrift ist saumäßig!" Versuchen Sie es mal mit „Vielleicht könntest du …" oder „Bedenke, ob du nicht …"

Vergiftetes Lob: Wenn Kinder nicht mit sich, sondern mit anderen verglichen werden, kann das zu seelischen Verletzungen führen. „Gut, dass du im Aufsatz eine Zwei hast. Nächstes Mal schaffst du bestimmt eine Eins wie deine Freundin Martina."

Überloben: Loben Sie nur, wenn wirklich Lobenswertes geschieht. Loben Sie nicht jede kleine Tat, jede Selbstverständlichkeit. Wer mit Begeisterung alles beklatscht, was das Kind tut, entwertet das Lob. Er trägt dazu bei, dass sich das Kind keine herausfordernden Ziele mehr setzt.

Tröstendes Loben: Wenn Eltern ihr Kind nur loben, weil sie es über ein Missgeschick hinwegtrösten wollen, durchschauen Kinder diese Strategie ebenfalls und nehmen das elterliche Lob nicht mehr ernst.

Lob spornt an und ist Treibstoff für den Leistungsmotor. Wer jedoch ständig hört, wie super und toll er ist, wie überragend sein Können und wie außergewöhnlich seine Intelligenz ist, kann keinen Realitätssinn aufbauen. Er gibt sich schneller mit seinen Fähigkeiten zufrieden und neigt bald dazu, sich auf seinen Lorbeeren auszuruhen. Misserfolge zu verkraften, wird ihm zunehmend schwerer fallen. Gedankenlos oder ständig über den grünen Klee gelobte Kinder erhalten von ihren Eltern weder einen Maßstab für ihr Tun noch einen Anreiz für bessere Leistungen.

Ganz anders verhält es sich bei Kindern, die man für ihre echten Bemühungen und ihre unermüdliche Anstrengungsbereitschaft lobt. Sie sind eher bereit, es noch einmal zu versuchen, wenn etwas schiefgeht, und geben nicht so schnell auf. Wichtig für das Lob ist, dass es zeitnah und für das Kind nachvollziehbar ist und es sich auf etwas Konkretes bezieht. Durch Lob hervorgehoben werden soll weniger die Person, die Intelligenz oder der Erfolg, sondern vielmehr die Bereitschaft, sich mit seiner Person und seiner Intelligenz für den Erfolg ins Zeug zu legen.

Der Leistungswille richtig gelobter Kinder und Jugendlicher vermindert sich nicht, wenn sie auf Schwierigkeiten stoßen. Im Gegenteil ist zu beobachten, dass Misserfolge sie sogar anspornen.

Hinweise für den erzieherischen und schulischen Alltag

1. Geben Sie dem Kind immer das Gefühl, dass Sie seinen Leistungswillen und seine Anstrengungsbereitschaft anerkennen.

Geben Sie ihm positive Rückmeldung, wann immer das möglich ist. Erkennen Sie vor allem das Bemühen (unabhängig vom Ergebnis), die Anstrengung, die Ideen, die Selbstständigkeit, das Experimentieren und den Mut an, wenn sich das Kind etwas zugetraut hat, und verstärken Sie es. Auch das bloße Wahrnehmen, Sehen und Interessezeigen sind Formen des Lobs.

2. Teilen Sie den Stolz des Kindes über die Zeichnungen, die es mit nach Hause bringt.

Setzen Sie sich mit diesen Werken auseinander. Loben Sie das Kind für seine Bemühungen, für eine gute Farbzusammenstellung, für eine gute Raumaufteilung und für Fortschritte beim Zeichnen von Personen. Hängen Sie gelungene Zeichnungen in der Wohnung auf, vielleicht lassen Sie sie vorher rahmen. Das Kind dankt es mit noch größerer Anstrengungsbereitschaft.

3. Loben Sie situationsgerecht, am Leistungsvermögen und am Leistungswillen des Kindes orientiert.

Beobachten Sie die persönlichen Fortschritte des Kindes. Sagen Sie dem Kind, dass Sie sich darüber freuen, wie selbstständig, sorgfältig und vorausschauend es bereits seine Hausaufgaben macht. Loben Sie es für seine Fortschritte in den Schreibübungen oder später in der Rechtschreibung. Vergleichen Sie das Kind dabei immer nur mit sich selbst, nie mit anderen Kindern.

4. Geben Sie eine Aufmunterung, wenn ein Lob nicht möglich ist.

„Sicher fällt dir nichts ein, weil … Versuch es doch später noch einmal …" Oder versuchen Sie es einmal mit dem amerikanischen Lob: „Nice try" – „Guter Versuch, probier es doch noch einmal!" Stärken Sie die Zuversicht des Kindes, ein Ziel zu erreichen: „Du hast schon so viel erreicht, das schaffst du auch!" Unterstützen Sie das Kind dabei, sich an neue Herausforderungen heranzuwagen. Erfolgszuversichtlichkeit ist ein wichtiger Faktor für den Schulerfolg.

5. Berücksichtigen Sie, dass das Kind in einem bestimmten Alter Anregungen zur Verbesserung erwartet.

Bringen Sie diese angemessen vor. Sachliche Kritik hilft dem älteren Kind, zu einer realistischen Selbsteinschätzung zu kommen. Sagen Sie ihm offen, aber nie verletzend, dass es sich z. B. das Nacharbeiten des Lernstoffs erleichtert, wenn es die Hefte sorgfältiger führt.

4. Gesetz: Begeben Sie sich auf Schatzsuche!

Warum wir die Stärken des Kindes hervorheben und Beschämungen vermeiden sollten

Ein Fußballspiel zwischen zwei Jugendmannschaften, auf einer Seite deutsche, auf der anderen Seite amerikanische Spieler: Die Zuschauer sind fast ausschließlich Eltern der Zehn- und Elfjährigen. Während die amerikanischen Eltern ihre Sprösslinge mit Zurufen wie „Gut gemacht!" oder „Toller Schuss!" anfeuern, konzentrieren sich die Kommentare der deutschen Väter (Mütter sind kaum vertreten) auf das weniger Gelungene und auf Kritik am Schiedsrichter: „Pass doch besser auf!", „Du musst früher abspielen, Mensch!" und „He, das war ein Foul!" (Ernst 2006:20)

„Bohr nicht dauernd in der Nase!", „Du bekleckerst dich schon wieder mit Marmelade!", „Wenn du weiter so trödelst, verpasst du bestimmt wieder den Schulbus!", „Deine Hausaufgaben hast du mal wieder saumäßig angefertigt!", „Sitz nicht so krumm da!", „Pass auf, sonst bleibst du sitzen!", „Du hast im Matheunterricht wohl wieder nicht zugehört!" Ermahnungen wie diese hören deutsche Kinder jeden Tag. Eltern und Lehrer bemängeln ihre Schwächen und wundern sich, wenn ihre gut gemeinten Belehrungen bei Kindern und Jugendlichen nicht ankommen.

Schluss mit der Beschämung

Schwächenfixierung kann Kinder in ihrer Entwicklung hemmen. Die Wahrnehmung der Eltern ist so einseitig auf die tatsächlichen oder vermeintlichen Defizite ausgerichtet, dass sie ganz wichtige Eigenschaften ihrer Kinder einfach übersehen. Aber Kinder brauchen Aufmerksamkeit und Anerkennung. Alle guten Eigenschaften, Begabungen, besondere Talente oder Stärken gehen verloren, wenn Eltern (und Lehrer) nicht auf sie eingehen.

„Niemand soll beschämt werden!", lautet eine der Maximen finnischer Schulen. Bei uns werden vor allem in der Schule viel zu häufig und oft unbedacht Kinder und Jugendliche beschämt. Wenn Kinder und Jugendliche während ihrer Schulzeit immer wieder hören „Mach nur so weiter, dann landest du bald auf der Hauptschule!", lernen die Jugendlichen vor allem, dass es dort ganz furchtbar sein muss und dass es dort von Gleichaltrigen wimmelt, die anscheinend zu nichts taugen, genau wie sie selbst.

Der Bildungsforscher Prof. Jürgen Baumert hat seinen schweizerischen Studenten Filmaufnahmen aus deutschem Mathematikunterricht gezeigt. Die Studierenden zeigten sich über den Umgangston, die fortlaufenden kränkenden Bemerkungen und kleine Abfertigungen entsetzt. Der Ton sei durchweg wenig respektvoll, er sei „abwertend und distanzlos", urteilten die Schweizer Studenten (in Kahl 2007a).

Dabei sind die von den Studierenden bemängelten Äußerungen wie „Schon wieder dieser Fehler!", „Habe ich das nicht schon viermal gesagt?", „Ach komm schon, das weißt du doch!" harmlos gegenüber dem, was in deutschen Klassenzimmern gelegentlich noch zu hören ist. Prof. Baumert meint dazu: „Auf abwertende und distanzlose Äußerungen reagieren Schüler enorm sensibel. Viele ziehen sich zurück, andere gehen in Opposition und manche versuchen, sich vor Verletzungen durch Gefallsucht zu schützen" (ebd.).

Kompetenzpädagogik betont das Schon-Können

Ganz anders ergeht es Kindern, deren Stärken in den Vordergrund gestellt werden. Meine finnische Kollegin Maija Kaukavuori, Schulleiterin der Haukivuori Yläaste, vertritt eine konsequente Kompetenzpädagogik:

> *„Wenn man zu viel von Fehlern spricht, erfahren die Schüler nur, was sie nicht können. Wir wollen aber, dass sie herausfinden, wozu sie tatsächlich fähig sind. Kinder und Jugendliche sollen ihre Fähigkeiten erkennen, diese ausbauen und daraus Selbstvertrauen schöpfen. Und deshalb müssen sich Eltern und Lehrer, in der Erziehung zu Hause und in der Schule, auf deren Stärken konzentrieren."*

Reiten Eltern und Pädagogen zu sehr auf Fehlern herum, kann es passieren, dass sich durch die ständige Wiederholung diese Synapsen (Verbindungen zwischen den Nervenzellen im Gehirn) festigen und sich das unerwünschte Verhalten erst richtig einschleift. Klüger ist es, den Blick für das Wesentliche frei zu machen: für die Stärken des Kindes.

Jedes Kind hat seine Begabungen

AUS DER WISSENSCHAFT

Prof. Hans-Georg Mehlhorn (Motivationsforscher und Begründer der BIP-Kreativitätsschulen):
„Jeder hat seine Begabungen. Man muss nur herausfinden, welche."   (Melhorn 2008)

Alle zwei Jahre führte eine Kunstlehrerin meiner Schule eine Ausstellung mit Werken ihrer Schüler durch. Diese Sammlung gab Kindern und Jugendlichen die Rückmeldung, Positives und Beachtenswertes geleistet zu haben. Das stärkte nicht nur ihr Selbstbewusstsein, sondern spornte sie zu noch größerer Anstrengung und zu verbesserten Leistungen an. Kein Zweifel, diese Kunsterzieherin vermochte es, aus jedem Schüler einen Künstler zu machen.

„Jeder hat das Potenzial zum Künstler", sagt zu diesem Thema der Choreograf Royston Maldoon. „Jeder ist des Jahres zumindest einmal ein Genie", zitiert dazu der Bildungsjournalist Reinhard Kahl den Schriftsteller des 18. Jahrhunderts Georg Christoph Lichtenberg. Kahl fügt hinzu, Kinder seien es „des Tages einmal, zumindest". Woran es mangele, seien Erwachsene wie Maldoon, die andere herausforderten, mit ihrer Leidenschaft ansteckten und so ihr Potenzial hervorlockten (Kahl 2007d). Diesen Mangel wollen die BIP-Kreativitätsschulen beheben. Für ihre Lehrer gilt die Maxime:

„Behandle jedes Kind so, als sei dir bewusst, dass es gerade auf deinem Fachgebiet besonders begabt ist, auch wenn das bisher noch niemand erkannt hat."

Oberstes Ziel in Elternhaus und Schule sollte es sein, das Kind zu fördern, sodass es seine vielfältigen Potenziale ausschöpfen kann. Eltern und Lehrer müssen daher die Stärken ihrer Kinder und Schüler erkennen und es ihnen ermöglichen, Leistungen auf diesen Gebieten zu erbringen. Dass Väter, Mütter und Lehrer dafür erst einmal auf Schatzsuche gehen müssen, versteht sich von selbst. Wer Schätze bei Kindern heben will, muss bereit sein, sich auf sie einzulassen, sie zu beobachten, sich mit ihnen zu beschäftigen und – vor allem auch in der Pubertät – mit ihnen zu sprechen.

Hinweise für den erzieherischen und schulischen Alltag

1. Begeben Sie sich auf Schatzsuche.

Beobachten Sie das Kind und achten Sie auf seine Signale. Bastelt es gern? Liest es gern Zeitung? Beschäftigt es sich gern mit Tieren? Ist es besonders an Medizin interessiert? Malt es gern und gut? Ist es sportlich? Setzt es sich für die Schwächeren ein? Ist es an Politik und am Gemeinwesen interessiert? Gehen Sie auf seine Interessen ein und schaffen Sie Möglichkeiten, dass das Kind ihnen nachgehen kann.

2. Fördern Sie das Kind, indem Sie seine Stärken hervorheben.

Fördern Sie die individuellen Stärken, denn wer Erfolg hat, behält seine Freude am Tun und kann mit seinen Schwächen besser umgehen. Machen Sie sich die Managementtheorie zu eigen: Wichtiger als die Beseitigung von Schwächen ist der Ausbau von Stärken.

3. Lassen Sie das Kind spüren, welche positive Vision Sie von ihm haben.

„Ich weiß, dass du das kannst. Ich weiß, wenn du dich bemühst, schaffst du es. Du hast doch bereits gezeigt, dass das keine Hürde für dich ist. Egal wie es läuft, ich liebe dich." Mit diesen und ähnlichen Sätzen bestärken Sie das Kind und geben ihm Zuversicht.

4. Versuchen Sie nicht, in Ihrem Kind das Wunderkind zu entdecken.

Melden Sie es nicht gleich bei der Begabtenschule an, nur weil es im Diktat zweimal hintereinander eine Eins geschrieben hat. Setzen Sie das Kind nicht durch verfrühte oder überhöhte Erwartungen unter Druck.

5. Kritisieren Sie in angemessener Form.

Kritik, wenn sie angemessen vorgetragen wird, kann durchaus aufbauend wirken. Voraussetzung dafür ist, dass Kritik auch das bisher schon Erreichte würdigt. Kritik soll Brücken bauen, nicht Brücken abreißen: „Du hast dir für das Üben nicht genug Zeit genommen. Du hast schon gezeigt, dass es funktioniert, wenn du viel übst. Ich weiß, dass du aus dieser Erfahrung lernst. Nächstes Mal klappt es besser."

Kinder brauchen Förderung und Forderung

5. Gesetz: Lassen Sie das Kind spielen, fördern Sie selbstentdeckendes Lernen!

Warum es für das Lernen die eigene Erfahrung braucht

Kinder in einen mit Spielzeug überladenen Raum zu setzen und sich dann selbst zu überlassen, ist gängige Praxis in vielen Elternhäusern. Dabei können die Kleinen mit den vielen Dingen, die schnell zu Spielmüll werden, nichts anfangen. Ständig beschäftigen sie sich mit irgendetwas, bringen aber nichts zu Ende.

Aus Schweden kommen die *spielzeugfreien Zeiten.* Kinder, denen man sagt, ihr Spielzeug sei *in Urlaub,* sind so gezwungen, sich selbst etwas auszudenken. Verzicht regt an und plötzlich schaffen Kinder Dinge aus dem Nichts, entwickeln Fantasie, diskutieren miteinander und finden interessante Problemlösungen. Sie kommen ohne Spielzeug bestens zurecht und erwecken sogar oft den Eindruck, sie hätten nur darauf gewartet, ihrer Kreativität freien Lauf zu lassen. Spielen ist für diese Kinder jetzt nicht mehr bloßer Zeitvertreib, sondern eine Möglichkeit, selbst zu experimentieren und vieles auszuprobieren.

AUS DER WISSENSCHAFT

Prof. Elsbeth Stern (Lernforscherin):
Kreativität setzt Spielen voraus
„Gut finde ich außerdem Kindergarten-Konzepte, bei denen der Nachwuchs für einige Wochen ohne Spielzeug auskommt und aus dem Nichts Dinge erschafft. Schließlich ist jede kreative Leistung im Leben auf Spielen zurückzuführen. Spielen bedeutet Lust, etwas Neues auszuprobieren."
(Stern 2005)

Kinder brauchen eine Umwelt wie einen Gemischtwarenladen

Hirnforscher haben längst herausgefunden, dass für den Lernerfolg von Kindern und Jugendlichen nicht nur ihre individuelle Begabung ausschlaggebend ist, sondern ebenso eine Umwelt, die das Lernen anregt und ihnen eigene Erfahrungen ermöglicht. Donata Eschenbroich (2001), Pädagogin und Kindheitsforscherin am Deutschen Jugendinstitut in Frankfurt, hat daraus Konsequenzen gezogen und den Blick auf das Alltägliche um uns und um die Kinder herum gerichtet. In ihrem Buch *Weltwissen der Siebenjährigen* stellt sie dar, dass es sich lohnt, wenn Kinder experimentieren und die Welt erkunden. Wenn sie Sahne schlagen, eine Batterie auswechseln, bei einer fremden Familie übernachten, ein Museum besuchen, über einen Friedhof spazieren etc. lernen Kinder. Sie lernen aus eigenem Antrieb. Sie lernen aus Neugier und sind motiviert durch ihren Forschergeist.

Donata Eschenbroich gibt Anregungen, aus denen Kinder auswählen können, was ihnen Spaß macht und was sie gerade interessiert. Und was für sie und ihre Entwicklung gerade wichtig ist, wissen Kinder selbst am besten. Das dürfen nicht Mutter und Vater entscheiden. Sie sollen Angebote machen und ihren Kindern eine Familienumwelt und Bildungsatmosphäre bieten, die eine Vielzahl von Erfahrungs- und Entfaltungsmöglichkeiten bereithält (ebd.).

Ehe ein Kind ahnt, dass es sich für die Natur interessiert, muss es erst einmal mit den Eltern durch den Frühlingswald gegangen sein, aufmerksam dem Vogelgezwitscher gelauscht und einem Reh beim Äsen zugesehen haben. Seine große Begabung für Musik wird dem Kind verborgen bleiben, wenn es nie mit seinen Eltern in ein Konzert gegangen ist, in der Schule nur sporadisch Musikunterricht gehabt hat und wegen der hohen Preise der lokalen Musikschule auch nie ein Instrument zur Hand nehmen durfte. Kinder brauchen für ihre Entwicklung nichts anderes als eine Umwelt, die zur Auseinandersetzung anregt, eine Umwelt wie einen Gemischtwarenladen.

Das selbstentdeckende Lernen fördern

Selbstentdeckendes Lernen heißt, sich mit Freude und Interesse möglichst selbstständig Wissen zu erwerben und sich damit zunehmend die Welt zu erschließen. Das Kind lernt, sich selbstständig Lernziele zu setzen, geeignete Lerntechniken anzuwenden und seine Zeit einzuteilen. Je älter das Kind wird, desto selbstständiger soll es sich organisieren und lernen können. Unsere Informations- und Wissensgesellschaft setzt diese Kompetenz und die damit verbundene Bereitschaft zu lebenslangem Lernen voraus.

Die Nobelpreisträgerin Christiane Nüsslein-Volhard, Direktorin am Max-Planck-Institut für Entwicklungsbiologie, hält einen praktikablen Vorschlag parat, wie Mütter und Väter ohne besondere Umstände das selbstentdeckende Lernen fördern können: „Ich würde mit Kindern kochen und ihnen erklären, wie die Luftblasen in der Hefe entstehen und wie man Sachen auflöst und was Hitze bedeutet. Bei mir gingen viele Erkenntnisse, die mich zur Wissenschaft führten, über das Essen" (in Kahl 2007c).

Gute Schulen ersetzen das oberflächliche Pauken für die nächste Klassenarbeit längst durch lernaktive Methoden, die Selbstständigkeit und Eigenverantwortung, Kreativität und Problemlösefähigkeit der Schüler fördern. Auch im Elternhaus können diese Eigenschaften geschult werden, am besten geht das durch Spielen. Spielen legt die Grundlage für selbstentdeckendes Lernen. Kinder lernen, die Welt zu erforschen, und sie erfahren, dass es Probleme gibt und Lösungen. Diese mit Geduld, Hartnäckigkeit und Kreativität zu lösen, macht den Kopf frei und den Geist beweglich. Improvisieren, sich konzentrieren und durchhalten, bis das Ziel erreicht ist, schult gleich ein ganzes Bündel wichtiger Eigenschaften.

Beim Spielen haben Kinder und Jugendliche soziale Kontakte und finden, was sie für ihre Entwicklung benötigen: Mitspieler, Zuhörer, Ermutiger und Austauschpartner. Sie alle sind Beispiele und Vorbilder, geben Beachtung und Anerkennung. Im Spiel mit anderen erfahren Kinder und Jugendliche zudem, dass alle gleich sind, dass sie selbst etwas einbringen und kooperieren müssen. Kinder lernen soziale Kompetenz, wenn sie sich gemeinsam mit Freunden etwas ausdenken, wenn sie Regeln aufstellen, erkennen und einhalten, Konflikte lösen und mit Niederlagen fertig werden müssen. Wer mit anderen spielt, kann nicht wegzappen, sondern trainiert das Durchhaltevermögen. Er übt sich in Fairness und Respekt.

Hinweise für den erzieherischen und schulischen Alltag

1. Lassen Sie es das Kind selbst machen.

Jedes Kind ist ein Selbststeuerer, d. h., es will selbstständig sein. Jedes Kind will verwirklichen, was in ihm steckt. Es erahnt seine Stärken und Schwächen und verlässt sich auf seine Neugier. Geben Sie dem Kind die Möglichkeit, sich auszuprobieren. Andernfalls, wenn die Lernziele von der Umgebung festgelegt sind, kann es passieren, dass die Neugier des Kindes nachlässt. Der Anreiz zur Leistung beschränkt sich nur noch darauf, Anerkennung zu erhalten. Sein Selbstwertgefühl wird damit nicht mehr von Eigenleistung, sondern von der Anerkennung anderer bestimmt.

2. Lassen Sie das Kind spielen.

Spielen ermöglicht selbstentdeckendes Lernen und fördert die Kreativität. Wichtig ist das ungelenkte, zweckfreie, sich aus der Situation ergebende Spiel. Alleine Spielen und das Spielen mit anderen Kindern fördert die sprachliche und motorische Entwicklung. Fördern Sie das ausdauernde und ungestörte Spielen des Kindes. Sorgen Sie auch für spielzeugfreie Zeiten.

3. Lassen Sie Langeweile zu.

Ein Kind muss sich auch langweilen dürfen. Und wenn es sich langweilt, ohne dass Sie sofort als Animateure ein Programm machen, lassen Sie ihm selbst die Chance, Ideen zu entwickeln, sich selbst ein Spiel auszudenken oder einfach einmal vor sich hin zu träumen. Das Zuhause ist schließlich kein Robinson Club.

4. Geben Sie dem Kind Zeit.

Zeit für Freunde, für ein gutes Buch, zum Spielen oder nur für Langeweile. Achten Sie darauf, dass das Kind nicht auf dumme Gedanken kommt. Aber die Ideen für die Gestaltung der Freizeit dürfen nicht von den Eltern aufgezwungen werden, sie müssen vom Kind selbst kommen.

5. Geben Sie dem Kind Freiräume, selbst zu lernen.

Sorgen Sie für Freiräume zu Hause, im Kindergarten und in der Schule. Ideal wäre es, wenn sich diese Orte in Entdeckerwerkstätten umwandeln. Kinder sollen dort ihre eigenen Welten entdecken und erforschen dürfen. Kann das Kind selbst aktiv werden, etwas selbst erarbeiten und es anderen erklären, lernt es am meisten.

6. Gesetz: Stärken Sie die Leistungsfreude!

Warum Kinder für ihre Entwicklung eine Kultur der Anstrengung brauchen

Der Sozialwissenschaftler Prof. Klaus Boehnke berichtet folgende Geschichte:

> *„Eine deutsche Familie hält sich für ein halbes Jahr in Kanada auf. Die jugendlichen Kinder gehen in die kanadische Schule. Eines Tages kommt der Sohn nach Hause und erzählt, dass die Schüler am besagten Tag einen Essay (kurze Abhandlung) über ihre Eindrücke von Kanada einreichen mussten. ‚Stellt euch vor‘, sagt der Sohn zu seinen Eltern, ‚da haben doch viele Mitschüler das Deckblatt bunt ausgemalt, haben alles mit dem Computer erstellt und sich total viel Mühe gegeben, ohne dass es hierzu Anweisungen gegeben hat.‘ Er selbst habe nur handschriftlich versucht, seine Eindrücke zusammenzufassen, und auch kein richtiges Deckblatt gehabt. Sein selbstkritisches Fazit lautet: ‚Da muss ich mich beim nächsten Mal mehr reinhängen.‘*
>
> *Die Familie kehrt nach Deutschland zurück. Derselbe Sohn muss im Musikunterricht seiner deutschen Schule ein Referat über Bob Marley halten. Der Vater macht das Angebot: ‚Ich habe noch Material über Jamaika von meiner Reise dorthin vor 17 Jahren, das könntest du vielleicht mitnehmen.‘ Die Antwort des Sohnes: ‚Papa, hier in Deutschland würde ich als Streber gelten …‘"* (Boehnke 2004).

Leistungsfreude ermöglichen

Die Ablehnung von Strebsamkeit ist ein typisch deutsches Phänomen. Mit dem Wort *Streber* werden bei uns nicht nur Schleimer und Opportunisten bedacht. Vor allem trifft dieser Vorwurf Schüler, die viel wissen, sich für die Dinge interessieren und die ohne Hintersinn in der Schule einfach gut sein wollen.

Eine Umfrage belegt, dass es in Deutschland unter Schülern verpönt ist, besonders gute Leistungen zu vollbringen. Danach sind 25 Prozent der deutschen Mittelstufenschüler mit dem *Streber-Vorwurf* konfrontiert worden. 80 Prozent aller Mittelstufenschüler gaben zu, ihn gelegentlich gegen Mitschüler zu benutzen. Und 35 Prozent der Schüler, die so tituliert wurden, verspüren regelrecht Angst davor und treten auf die Leistungsbremse, um bei Mitschülern höheres Ansehen zu genießen oder nicht sozial ausgegrenzt zu werden (Boehnke 2007:34).

In dem Vorwurf *Streber*, so der Bildungsjournalist Reinhard Kahl, steckt ein Generalverdacht:

> *„Schüler unterstellen anderen Schülern die Kollaboration (Zusammenarbeit) mit dem Feind. Daran zeigt sich, wie wenig das Lernen hierzulande von den Schülern als ihre Sache angesehen wird, sondern immer noch als eine im Grunde fremde, von außen kommende Anforderung"* (Kahl 2007b).

Im Internatsgymnasium Torgelow tritt eine siebte Klasse gegen eine neunte Klasse im Kopfrechnen an. Den Schülern macht dieser Wettkampf ebenso großen Spaß wie anderen ein Fußballturnier oder eine Tischtennismeisterschaft. Der Beifall, den wir dem Sieger beim schulischen Langstreckenlauf zollen, gebührt dem erfolgreichen Kopfrechner ebenso wie dem Geiger im Schulorchester, dem Preisträger im Kochwettbewerb oder dem Sieger bei der Biologieolympiade des Bundeslandes. Ob sportliche oder geistige Leistung, ob manuelle, musische oder soziale Leistung, jede dieser Leistungen beruht auf Anstrengung und Einsatz. Und alle verdienen deshalb Anerkennung.

Wer Kinder und Jugendliche zu Leistung und Leistungsbereitschaft erzieht, unterstützt ihre Eigenmotivation. Das innere Bedürfnis nach Freude am Tun und an der Arbeit wird befriedigt, das Selbstwertgefühl wird gestärkt. Ein solcher Erziehungsstil fördert eine proaktive Art der Lebensbewältigung, die ein niederländisches Sprichwort so umschreibt: „Gott gibt jedem Vogel seine Nahrung, aber er wirft sie ihm nicht ins Nest." Chinesische Altersgenossen und zukünftige Wettbewerbspartner unserer Jugendlichen in der globalen Wissensgesellschaft haben verinnerlicht, was sie – auf Englisch wohlgemerkt – so ausdrücken: „No pain, no gain!" –„ Ohne Fleiß kein Preis!"

AUS DER WISSENSCHAFT

Prof. Elsbeth Stern (Lernforscherin):
Anstrengungsbereitschaft muss früh entwickelt werden
Ein guter Kindergarten gibt dem Nachwuchs das Gefühl, dass es schön ist, etwas Neues zu lernen, auch wenn man sich dafür anstrengen muss. Auch Vorschulkinder sollten schon die Erfahrung machen, dass sich ein Ziel gelegentlich nur mit Übung und Anstrengung erreichen lässt. Selbst der Intelligenteste kommt nicht weit, wenn er nicht lernt.   (nach Stern 2005)

Leistungsvermögen und Begabung

Das Leistungsvermögen eines Kindes ist nicht nur von seiner Begabung abhängig. Zum Erfolg gehört auch eine gehörige Portion Glück: die richtigen Lehrer, Freunde mit gleichen Interessen, ein konfliktarmes Umfeld, ein bildungsnahes Familienklima. Nicht alle Faktoren lassen sich von den Eltern beeinflussen. Väter und Mütter geben ihren Kindern aber bereits einen Leistungsschub, wenn sie aufmunternde Worte an sie richten, sie zur rechten Zeit in den Arm nehmen, selbst gern etwas leisten und somit ein gutes Vorbild sind, für einen geregelten Tag und gesundes Essen sorgen, die Gespräche im Familienkreis nicht zu kurz kommen lassen und ihren Kindern das Gefühl vermitteln, sicher durch den Alltag zu kommen.

„Kinder und Jugendliche", so Prof. Bauer, „brauchen das Gefühl, dass die Welt auf sie wartet, dass es auf sie ankommt, dass wir etwas von ihnen fordern und dass sie sich daher, um ihre Chancen wahrzunehmen, anstrengen und sich nützlich machen sollten" (Bauer 2007:139). Bauer beklagt, dass ein nicht geringer Teil unserer Jugend inzwischen in einem Umfeld aufwachse, in dem sie offenbar weder Chancen noch Perspektiven erkennen, für die es sich anzustrengen lohnt. Das, so Bauer, habe mit mehr als mit den Problemen des Bildungssystems zu tun: „Es hat mit uns allen zu tun" (ebd.).

AUS DER WISSENSCHAFT

Prof. Joachim Bauer (Mediziner, Psychotherapeut):
Kinder müssen auf dem Weg zur Leistung begleitet werden
Kinder und Jugendliche müssen durch *Beziehung* begleitet werden. Sie brauchen Interesse, Nachfragen, Ansporn und Forderung. Sie brauchen auch Kritik, Anteilnahme, Hilfe und Ermutigung. Anspruch und Zuwendung sind erstklassige Anreize für die Motivationssysteme eines Kindes. Hier sind nicht nur Lehrer gefordert, sondern vor allem Eltern – und hier wiederum insbesondere die Väter, die sich aus diesem *Geschäft* teilweise völlig zurückgezogen haben.

(nach Bauer 2007:39)

Eltern schaffen eine Kultur der Anstrengung

AUS DER WISSENSCHAFT

Prof. Gerald Hüther (Hirnforscher):
Kinder sind leistungswillig
Kinder, vor allem Jungen, wollen etwas leisten, sie wollen sich selbst beweisen, dass sie etwas zustande bringen, auf das sie stolz sind. Das stärkt ihr Selbstbewusstsein und ihre Fähigkeit, sich den Herausforderungen des Lebens zu stellen. Das ist gesunder, eigener Ehrgeiz. Wenn sie sich aber in erster Linie anstrengen, um die Erwartungen anderer zu erfüllen, wird es problematisch. Sie befriedigen dessen Ehrgeiz und nicht den eigenen. Auf Dauer kann das nicht gut gehen, da das, was sie leisten, fremd- und nicht selbstbestimmt ist.

(nach Lache 2007:61)

Nach wissenschaftlichen Erkenntnissen gibt es für eine positive kindliche Selbstwert- und Leistungsentwicklung zwei Basisfaktoren: *Responsivität* und *Anforderung*. Bei *Responsivität* geht es um die Einfühlsamkeit und die Unterstützung, die die Eltern dem Kind zukommen lassen. *Anforderung* meint den elterlichen Anspruch an das leistungsbezogene und moralische Verhalten des Kindes.

Von Herausforderungen profitieren Kinder am meisten, wenn sie nicht zu leicht und nicht zu schwer sind. Die Wissenschaft spricht von *dosierter Diskrepanz* (Fuhrer 2007: 115 f.). Das bedeutet, dass die Anforderungen, die Eltern und Lehrer stellen, den aktuellen Fähigkeiten des Kindes immer *ein Stück voraus* sind. Eine solche *dosierte*

Diskrepanz stellt den größtmöglichen Ansporn dar. Wichtig ist dabei der richtige Zeitpunkt. Regen die Eltern z. B. das selbstständige Schnürsenkelbinden zu früh an, sind die Bemühungen nicht nur langwierig, sie werden auch erst einmal scheitern. Leiten sie die Bemühungen aber zum richtigen Zeitpunkt ein, wird das Schnürsenkelbinden beinahe mühelos klappen.

Hinweise für den erzieherischen und schulischen Alltag

1. Unterstützen Sie das selbst geplante und selbsttätig ausgeführte Lernen des Kindes.
Motivieren Sie das Kind, sich etwas selbstständig zu erarbeiten und seinen Interessen nachzugehen. Damit unterstützen Sie seine Eigenmotivation und befriedigen das innere Bedürfnis nach Freude am Tun. Es erlebt das Lernen nicht als *Leistungsstress,* sondern als *Leistungsglück.*

2. Orientieren Sie das Kind zur Leistung.
Kinder sind leistungsbereit, offen und lernen leicht. Sie wollen gefordert werden. Da Fordern und Fördern zusammengehört, müssen Elternhaus und Schule geeignete Angebote machen. Achten Sie dabei auf altersgemäße Herausforderungen und geben Sie Hilfestellung, wenn nötig. Das Kind soll seine Eltern wie auch seine Lehrer an seiner Seite wissen.

3. Stärken Sie die Erfolgszuversichtlichkeit des Kindes.
Loben Sie das Kind und machen Sie ihm Mut bei der zu bewältigenden Aufgabe. Stärken Sie seine Zuversicht, dass es sein Ziel auch erreichen kann. Unterstützen Sie es auch dabei, sich an neue Herausforderungen heranzuwagen. Diese Einstellung und das Selbstbild, das Kinder von ihren Fähigkeiten entwickeln, sind wichtige Faktoren, die den späteren Lernerfolg prägen.

4. Machen Sie das Kind gegen den „Streber-Vorwurf" immun.
Es sollte lernen, damit umzugehen. Erinnern Sie es an Vorbilder, die auch mehr leisten als der Durchschnitt. Machen Sie deutlich, dass Leistung sich immer lohnt. Sprechen Sie mit dem Klassenlehrer, wenn die guten Leistungen des Kindes zu sozialer Ausgrenzung in der Klasse führen.

5. Helfen Sie dem Kind, Misserfolgserlebnisse zu verkraften.
Wenn das Kind ein Misserfolgserlebnis zu verkraften hat, bauen Sie es wieder auf. Wenn bestimmte Leistungen auf Dauer einfach nicht gelingen, helfen Sie ihm. Sagen Sie ihm z. B., dass auch jeder Sportler damit leben muss. Setzen Sie es auf keinen Fall unter Druck. Überforderung macht jede Motivation zunichte, nimmt dem Kind die Freude an der Leistung und schadet seiner Persönlichkeitsentwicklung.

Kinder brauchen Werte

7. Gesetz: Geben Sie dem Kind einen moralischen Kompass!

Wie Eltern und Kinder eine *Familien-Werte-Vereinbarung* abschließen

In der Abiturzeitung eines Mädchens steht auf der Seite, die ihr gewidmet ist, viel Positives zu lesen. Das verwundert nicht, denn sie war nicht nur eine gute, sondern auch eine angesehene Schülerin. Im Kapitel *Schüler über ihre Mitschüler* hat ein Mitschüler geschrieben: „ ... kommt wohl aus einem konservativen Elternhaus". Die Aussage verwundert, denn das Mädchen ist ein eher unpolitischer Mensch. Und weil Vater und Mutter weder einer Partei angehören noch sich politisch betätigen, kann *konservativ* nur im Sinne von *wertkonservativ* gemeint sein.

Der Klassenkamerad hat sich auf das beobachtete Verhalten bei der Mitschülerin einen Reim gemacht: kein Nikotin, kein Alkohol, keine Drogen, kein Schulschwänzen und kein Partyfieber unter der Woche, stattdessen Pünktlichkeit, Fleiß und Höflichkeit. Dabei haben ihr die Eltern das eine nicht unter Strafe verboten und das andere nicht gegen ihren Willen aufgedrängt.

Werteerziehung bedeutet, Kinder stark zu machen

Kinder bewegen sich in den vier Lebenswelten Familie, Schule, Medien und Freundeskreis und in jeder gelten ganz unterschiedliche Regeln und Gesetze. Bereits im Kindergarten oder am ersten Schultag erfahren Kinder, dass die Normen des Familienlebens außerhalb der Familie nicht oder nur eingeschränkt gelten. Den Einflüssen, die in der neuen Umgebung auf sie einstürmen, sind sie aber nur dann hilflos ausgesetzt, wenn sie von zu Hause kein belastbares Wertemuster mitbekommen haben. Werteerziehung bedeutet, Kinder stark und damit immun gegen schlechte Einflüsse von außen zu machen.

Ein Kind muss Nein sagen, sich Gruppenzwängen entziehen und an seinen Eltern orientieren können. Dafür aber müssen die Eltern ein glaubwürdiges Vorbild sein. Wertevorstellungen dürfen sie nicht nur verbal vermitteln, sondern müssen sie so vorleben, dass ihre Kinder ihnen vertrauen. Kinder werden viel schneller auf ein stabiles Wertegerüst zurückgreifen müssen, als Eltern sich vorstellen können, wenn sie sie als Kleinkinder sehen und beobachten.

Ohne dieses Wertegerüst kann es zum Abdriften in subkulturelle Nischen, in Jugendsekten, zur politischen Radikalisierung und zum Drogenkonsum kommen. Eine Erziehung zu zeitgemäßen Normen und Werten schafft da ein Gegengewicht und beugt Labilität vor. Ein belastbares Wertegerüst gibt jungen Menschen die Kraft, den Verführungen standzuhalten.

Auch für den Schulerfolg und den Erfolg im Berufsleben sind nicht nur Intelligenz, sondern ebenso die Werte, die ihre Persönlichkeitsentwicklung beeinflussen, bestimmend. Denn Werte schaffen Maßstäbe, geben Orientierung, erleichtern die Entscheidungsfindung und helfen bei der Alltagsbewältigung. Sie sind das Geländer für den erfolgreichen Lebens- und Berufsweg des Kindes.

Schwerpunkte in der Werte- und Erziehungsdiskussion

Die meisten Eltern wollen ihre Kinder wertebewusst erziehen. Doch welche Werte dürfen sie einfordern? Niemand weiß, wie die Zukunft aussehen wird und welche Herausforderungen unsere Kinder in einer sich rasch verändernden Welt zu meistern haben. Als besonders wichtige Ziele für die heutige Zeit, die von der Erziehung anzustreben sind, gelten Teamfähigkeit, intellektuelle Flexibilität und lebenslange Lernbereitschaft. Das *lifelong learning* wird zum Lebensmotto der heranwachsenden Generation.

Eine allgemein verbindliche Konkretisierung von grundlegenden Werten ist problematisch. Doch wird die Diskussion darüber heute offener geführt als noch vor wenigen Jahren. Schwerpunkte der öffentlichen Bildungs- und Erziehungsdebatte bilden diese Punkte:

▸ **Durch unsere Gesellschaft errungene Werte:** Religionsfreiheit (17. Jh.), Aufklärung (18. Jh.), Gleichberechtigung (Wende 19./20. Jh.), Demokratie (20. Jh.) sowie die anderen im Grundwertekatalog des Grundgesetzes niedergelegten Werte. Sie sind in der heutigen Integrationsdebatte hochaktuell und als verlässliche Grundlage unserer Gesellschaft für alle verbindlich und unverzichtbar.
▸ **Werte, die auf ein modernes Gemeinwesen ausgerichtet sind:** Selbstbestimmung und Autonomie, Mündigkeit, Verantwortungsbewusstsein (auch gegenüber der Umwelt) und Offenheit gegenüber Mitbürgern ausländischer Herkunft
▸ **Soziale Werte:** Toleranz, gegenseitige Achtung, Gewaltlosigkeit, Gemeinsinn, Engagement für andere, soziale Verantwortung, soziale Kompetenz, kommunikative Kompetenz und Gerechtigkeit
▸ **Die zehn Gebote des Christentums:** Sie können als eine der Säulen der abendländischen Kultur und damit als Grundlage für ein tragfähiges Wertesystem dienen.
▸ **Die sogenannten „Sekundärtugenden":** Pflichtbewusstsein, Ordnungsliebe, Pünktlichkeit, Sorgfalt etc. gerieten in Verruf, nachdem in den 60er-/70er-Jahren der allgemeine Konsens über Erziehungsziele aufgegeben wurde. Heute gibt es wieder eine Neubesinnung auf diese Werte (s. Gesetz 31).

Eine wertvolle Hilfe bei der Wertevermittlung ist auch heute noch der kategorische Imperativ von dem Philosophen Immanuel Kant aus dem 18. Jahrhundert: „Handle so, dass die Maxime deines Willens jederzeit zugleich als Prinzip einer allgemeinen Gesetzgebung gelten könnte." Jedes Kind versteht den Kant'schen Imperativ, wenn man ihn so übersetzt: „Was du nicht willst, das man dir tu, das füg auch keinem andern zu."

Einen Familien-Werte-Konsens verabreden

AUS DER WISSENSCHAFT

Prof. Peter Struck (Erziehungswissenschaftler):
Jugendliche brauchen Bindung an Werte und Normen
Junge Menschen benötigen immer drei Arten von Bindungen. Sie brauchen die Bindung an zumindest eine Bezugsperson (mehr sind besser), die Bindung an ein die Orientierung erleichterndes Weltbild und die Bindung an die Zukunft, d. h. eine Perspektive, die ihnen Motivation für das Handeln im Heute gibt.

(nach Struck 2005:179)

Werte sind nicht selbstverständlich und nicht angeboren. Sie müssen gelernt und anerzogen werden. Für den Kinder- und Jugendpsychiater Reinhard Lempp ist Werteerziehung kein Tun, sondern ein Sein (2004). Werte nahebringen finde jeden Tag in der alltäglichen Erziehung statt. Dabei sei Werteerziehung kein Zehn-Punkte-Plan, den man flott abarbeitet, sondern eine ständige Herausforderung (ebd.).

Familie als Wertegemeinschaft und die Festlegung einer Wertevereinbarung erleichtern Kindern und Jugendlichen nicht nur die Ausbildung persönlicher und sozialer Kompetenzen. Alle Familienmitglieder können gelassen sein und bleiben, denn mit einem festen Wertefundament gelingt Familie als Vertrauensorganisation.

Hinweis für den erzieherischen und schulischen Alltag
Verabreden Sie mit dem Kind einen Wertekonsens.
Stellen Sie mit dem Kind einen Katalog von Werten und Tugenden auf, an die sich alle im Alltag halten und auf die sich alle verlassen können. Erklären Sie genau, was sich hinter den einzelnen Wörtern verbirgt, falls das Kind noch jünger ist. Notieren Sie die für Sie wichtigen Werte und hängen Sie diese für alle sichtbar auf.

Weil der Wertekatalog offen ist und jederzeit ergänzt werden kann, ist es wichtig, dass Eltern und Kinder darüber im Gespräch bleiben.

Hier eine Auswahl an möglichen Werten:

Gemeinsinn – Disziplin – Gerechtigkeit – Verlässlichkeit – Benehmen / Anstand / Höflichkeit – Durchsetzungsvermögen – Pünktlichkeit – Vertrauenswürdigkeit – Freundlichkeit – Konfliktfähigkeit – Ordnung – Hilfsbereitschaft – Kritikfähigkeit – Pflichterfüllung – Kontaktfähigkeit – Verantwortungsbereitschaft – Lern- und Leistungsbereitschaft – Ehrlichkeit – Selbstständigkeit – Offenheit – Durchsetzungsvermögen – Zuverlässigkeit – Zivilcourage – …

8. Gesetz: Seien Sie Vorbild!

Warum nicht Reden, sondern Handeln die schulischen Kompetenzen stärkt

Im Elterntraining erzählt mir eine Mutter folgende Geschichte: Ihr Sohn sei freudestrahlend aus der Schule gekommen. Schließlich hat man nicht alle Tage eine Eins in der Mathematikarbeit. Beim Durchlesen der Arbeit entdeckt die Mutter jedoch, dass die Lehrerin zwei Fehler übersehen hat. Sie macht ihren Sohn darauf aufmerksam und schlägt vor, der Lehrerin die Arbeit vorzulegen. Der Junge weigert sich und wies jeden Gedanken daran von sich: „Eine gute Note gibt man nicht zurück!" Außerdem hat er Angst, dass seine Klassenkameraden ihn aufziehen. Die Mutter braucht sehr viel Geduld und Überredungskunst, ihn davon zu überzeugen, dass ihm die Eins nicht zusteht. Am nächsten Tag geht er zur Lehrerin und lässt seine Note korrigieren.

Wie sollen sich Eltern bei ähnlichen und ernsthafteren Problemen verhalten? Wenn sie z. B. entdecken, dass ihr Kind Schummelzettel anfertigt, Referate aus dem Internet herunterlädt oder sogar die Schule schwänzt? Ein ernsthaftes Gespräch mit dem Kind in Richtung „Ehrlich währt am längsten" oder „Lügen haben kurze Beine" ist dann unumgänglich.

Verwahrlosung der Erwachsenenwelt

Kinder und Jugendliche lassen sich nicht so leicht täuschen. Sie sind kritisch und merken, wenn jemand öffentlich Wasser predigt und heimlich Wein trinkt. Wenn in unserer Gesellschaft Werte tagtäglich unter die Räder kommen und selbst die sogenannten Eliten als Vorbilder nur bedingt taugen, ist es sehr schwer für junge Menschen, sich wertebewusst zu verhalten. Hier liegt das Dilemma: Es gibt zu wenige Menschen, die als Vorbilder für die Jugend taugen. Eine gewisse Verwahrlosung der Erwachsenenwelt mit schlechter Vorbildfunktion für Kinder und Jugendliche ist auf allen Ebenen unserer Gesellschaft zu spüren.

Als eher *harmloses* Beispiel mag das Rauchen dienen: Eltern, Lehrer, Betreuer im Sportverein und bei der Jugendfeuerwehr sollten mit gutem Beispiel vorangehen und im Beisein von Kindern oder am besten überhaupt nicht rauchen. Wie ernst können Heranwachsende sonst das Verbot nehmen?

Das Wort des Begründers der Kindergartenpädagogik Friedrich Fröbel ist heute so aktuell wie vor über 150 Jahren: „Erziehung ist Vorbild und Liebe – weiter nichts."

Vorbilder geben eine Orientierungshilfe

AUS DER WISSENSCHAFT

Prof. Henning Scheich (Hirnforscher):
Der pädagogische Bezug (Bindung, Beziehung) erleichtert die Orientierung
Kinder in der Grundschule lernen noch für den Lehrer. Er ist Vorbild. Und Vorbilder sind für das noch unfertige Gehirn als Orientierung enorm wichtig. Lehrer müssen ihre Schüler begeistern. Denn Begeisterung wirkt disziplinierend. Man will es ja dem Vorbild recht machen.

(nach Scheich 2002:76)

Kinder lernen nicht durch Belohnung und Bestrafung. Sie lernen durch Vorbildverhalten. Die Hirnforschung bekräftigt die Bedeutung der Vorbildfunktion von Eltern und Lehrern für die Persönlichkeitsentwicklung des Kindes. Es reicht nicht, bestimmte Werte ab und zu im Gespräch zu erwähnen, sie einzufordern oder daran immer wieder zu erinnern. Tragfähige, belastbare Werte brauchen Quellen. Eltern und Lehrer sind diese Quelle. Und weil eine Quelle ständig fließen muss, bekräftigen und erneuern sie die Werte beständig durch ihr Tun. Orientierungshilfe geben Vorbilder Kindern und Jugendlichen nur, wenn sie glaubwürdig nach den Grundsätzen handeln, die z. B. in einem familiären Wertekatalog (Gesetz 7) oder in einem Erziehungs- und Lernvertrag zwischen Eltern und Lehrern (Gesetz 36) festgehalten werden.

Handeln stärkt die schulischen Kompetenzen

AUS DER WISSENSCHAFT

Prof. Peter Struck (Erziehungswissenschaftler):
Was Vorbilder leisten müssen
Wie man direkt und angemessen auf ein Problem zugeht, müssen erwachsene Bezugspersonen vorleben. Sie sollten z. B. auch Vorbilder für Konfliktlösungen sein und dem Kind sinnvolle Verhaltensalternativen aufzeigen, vormachen und mit ihnen zusammen eintrainieren. Das ist die wichtigste Eigenschaft eines Vorbildes.

(nach Struck 2005:79)

Eine Mutter, die bestenfalls einmal in der Programmzeitschrift blättert, ist wenig glaubhaft, wenn sie ihre Tochter beständig ermahnt, doch endlich mal ein Buch zur Hand zu nehmen. Eltern dagegen, die selbst viel lesen, werden Kinder haben, die ebenfalls intensiv lesen und wahrscheinlich auch in der Schule erfolgreich sind.

Wenn Kinder sehen, dass ihre Eltern ständig weiterlernen, ahmen sie sie nach. Wenn Eltern Volkshochschulkurse besuchen oder sich bei einem Elterntraining fortbilden, erfahren die Kinder im eigenen Hause, dass das Lernen nie aufhört. Sie sehen Lernen und Weiterlernen als eine Selbstverständlichkeit an. Ebenso das Vorleben von Gewissenhaftigkeit bei Pflichten in Beruf und Privatleben, das Annehmen von geistigen Herausforderungen und vielleicht das gemeinsame Weiterlernen mit den Kindern stärkt die schulischen Kompetenzen des Kindes.

Auch hier gilt das Motto *selber machen*. Ob in der Schule oder zu Hause, Kinder wollen lernen, nicht belehrt werden. Kinder lernen am Modell, durch Nachahmung oder durch Versuch und Irrtum und nicht durch Appelle an ihren Verstand. Wer Kindern die Liebe zur Natur predigt, so die Kindheitsforscherin Alice Miller, bringt ihnen vielleicht das Predigen bei, aber nicht die Naturliebe (1980). Lee Iacocca, ehemaliger Präsident von Chrysler, drückt es so aus: „Wenn der Chef spricht, hören die Leute ihm zu. Und wenn der Chef handelt, beachten sie ihn. Man muss sich also seine Worte und Taten gut überlegen."

Hinweise für den erzieherischen und schulischen Alltag

1. Leben Sie dem Kind wertebewusstes Verhalten Tag für Tag vor.

Lassen Sie keinen Zweifel an der Bedeutung Ihrer Grundsätze.

2. Zeigen Sie dem Kind, dass das Lebensmotto lebenslanges Lernen auch für Sie gilt.

Kinder nehmen sich Eltern und Lehrer zum Vorbild, wenn sie sehen, dass Lernen nie aufhört und Lernen und Weiterlernen Selbstverständlichkeiten sind. Gleiches gilt für die Lektüre: Eltern, die selbst nichts lesen, werden kaum Kinder haben, die intensiv schmökern.

3. Seien Sie auch beim Fernsehen Vorbild für das Kind.

Wenn die Eltern im Fernsehen nur Sport und Krimis anschauen, wird das Kind niemals von sich aus auf eine Dokumentation umschalten. Denken Sie daran, dass vor allem jüngere Kinder dadurch lernen, dass sie das Verhalten von Erwachsenen nachahmen.

4. Befähigen Sie das Kind, Nein zu sagen.

Bedenken Sie, dass die wirkungsvollste Präventionsstrategie gegen mangelnde Anstrengungsbereitschaft, gegen Nikotin, Alkohol, Drogen etc. das vorbildliche Verhalten von Eltern und Lehrern ist.

Kinder brauchen klare Strukturen

9. Gesetz: Wenden Sie einen Erziehungsstil an, der die Persönlichkeit des Kindes stärkt!

Warum Freiheit in Grenzen lernfördernd ist

Wir schreiben das Jahr 1975. Annas Eltern sind richtig glücklich. Sie konnten ihre Tochter in einen Kindergarten geben, der nach dem Selbstverständnis seiner Leiterin antiautoritär ist. Schließlich soll Anna es ja besser haben und auch anders erzogen werden als Vater und Mutter. Die Kindergärtnerin begrüßt Anna und alle anderen Kinder jeden Morgen so: „Ihr dürft heute wieder spielen, was ihr wollt." Der Tag endet ähnlich, wie er begonnen hat. Gegen 19 Uhr öffnet die Mutter die Tür zum Kinderzimmer und fragt: „Anna, willst du jetzt ins Bett oder möchtest du noch fernsehen?"

Dass Anna nicht so glücklich wie ihre Eltern ist, erkennen wir eines Morgens. Mit einem ganz unerwarteten Anliegen überrascht die Kleine ihre Kindergärtnerin: „Tante, müssen wir heute wieder spielen, was wir wollen, oder dürfen wir spielen, was du uns sagst?" Wie die Kindergärtnerin auf dieses *unerhörte Ansinnen* des Mädchens reagiert hat, ist nicht überliefert. Aber wie der Tag endet, ist bekannt.

Diese kleine Geschichte stammt von einem lebensklugen, älteren Arzt. Eine wichtige pädagogische Erkenntnis habe ich von ihm und nicht in Hochschulseminaren gelernt: Erziehung vollzieht sich an Widerständen. Sie hat mir vor allem in den schwierigen Jahren nach 1969 geholfen, in der Schule Kurs zu halten. Damals hatten es Lehrer, die nicht im pädagogischen Mainstream mitschwimmen wollten, gegenüber Vorgesetzten und der Öffentlichkeit schwer. Es soll sogar Professoren gegeben haben, die das Wort *Erziehung* überhaupt nicht in den Mund nehmen wollten. Und unter Politikern einer großen Volkspartei war der Begriff *Leistung* bis in die Mitte der 90er-Jahre verpönt.

Autoritäre Erziehung: Grenzen ohne Freiheit

Unsere Urgroßeltern, Großeltern und vielleicht auch noch unsere Eltern wurden autoritär erzogen. Verbot und Strafe waren die tragenden Prinzipien der Erziehung. Und bei Bedarf wurden Teppichklopfer oder Rohrstock hervorgeholt. Ohrfeigen in der Schule und Strafen wie In-die-Ecke-Stellen waren gang und gäbe. Und wer das Glück hatte, zu Hause nicht körperlich gezüchtigt zu werden, musste sich doch der elterlichen Maßgabe fügen, die so begann: „Solange du die Füße unter unseren Tisch streckst …"

Dabei liegt der Nachteil von Strafen auf der Hand: Sie unterdrücken das unerwünschte Verhalten nur für die Zeit des Sich-beobachtet-Fühlens, sie machen Kinder klein, ängstigen sie, hindern sie an der Entfaltung ihrer Persönlichkeit und widersprechen dem demokratischen Prinzip. Autoritäre Erziehung, das hat unsere Geschichte gezeigt, führt zu Unterordnung, Auflehnung und Gewalt. „Heute", so der ehemalige Leiter der Internatsschule Salem Bernhard Bueb, „kann man Disziplin nicht mehr durch autoritäres Gebaren erreichen. Man muss Disziplin mit einem klaren Ziel verbinden, mit Fürsorge und Liebe erreichen" (Bueb 2006:18 ff.).

Antiautoritäre Erziehung: Freiheit ohne Grenzen

Die 68er-Bewegung räumte mit dem bis dahin gültigen Erziehungskonzept radikal auf. Freiheit ohne Grenzen lautete, sehr verkürzt und sehr vereinfacht, die neue Devise. Man war überzeugt, ein Kind entwickle und entfalte sich ganz von selbst in optimaler Weise, wenn man ihm nur den dazu nötigen Freiraum gäbe. *Sekundärtugenden* wie Zuverlässigkeit, Pünktlichkeit und Ordnungsliebe waren verpönt. Die Weitergabe traditioneller Wertvorstellungen galt bei vielen Achtundsechzigern als Manipulation des jungen Menschen. Eltern sollten Liebe schenken, aber nicht Gehorsam verlangen, sondern eher zum Ungehorsam erziehen. Manche Auswüchse dieser Erziehung wurden als ein *Laisser-faire* bezeichnet, was mit Gewährenlassen, Treibenlassen übersetzt wird.

Viele, wohlgemerkt nicht alle Eltern machten es sich selbst zu einfach und ihren Kindern zu schwer. Mal erlaubten sie ihren Kindern alles, dann gaben sie die Erlaubnis für etwas, das sie dann gleich wieder verboten. Beim nächsten Mal nahmen sie etwas hin, worüber sie kurz darauf wieder schimpften. Am Ende wussten die Kinder nicht mehr, woran sie eigentlich waren, und fühlten sich allein gelassen. Auch die Eltern waren irgendwann am Ende. Eine Mutter, die versucht hatte, ihre vier Kinder antiautoritär zu erziehen, gestand mir: „Zum Schluss lief nichts mehr und ich lag heulend in der Ecke."

Die Weigerung vieler Eltern, an der Erziehung geschweige denn an der Bildung ihrer Kinder teilzuhaben, war offenkundig. Die Auswirkungen auf die Schule blieben nicht aus. Lehrer erlebten Kinder als apathisch, unerzogen, aggressiv, gewalttätig, ziellos, überkritisch, laut, rücksichtslos etc. Dass so mancher Lehrer Mühe hatte, den für einen einigermaßen ertragreichen Unterricht notwendigen Ordnungsrahmen herzustellen, verwundert nicht.

Die autoritative Erziehung: Freiheit in Grenzen

Als Erziehungsstil, der die Persönlichkeit des Kindes stärkt, gilt heute der autoritative Erziehungsstil. Er zeichnet sich dadurch aus, dass zwischen Eltern und Kindern ein Vertrauensverhältnis besteht, das auf der elterlichen Liebe basiert. Eltern unterstützen ihre Kinder, haben an sie aber auch eine Erwartungshaltung. Sie wecken ihren Ehrgeiz und geben ihnen gleichzeitig Rückhalt, wenn etwas nicht klappt. Sie erklären die Regeln, die von den Kindern einzuhalten sind. Und sie werden gleichzeitig ihrer Rolle als Vorbild gerecht. Eltern räumen ihren Kindern viele Freiheiten ein und stärken so ihre Eigenverantwortung, aber sie kontrollieren gleichzeitig auch ihr Verhalten.

Prof. Wassilios Fthenakis (Frühpädagoge):
Eltern sind die Co-Konstrukteure der kindlichen Entwicklung
„Eltern sollen ein entwicklungsförderndes Klima in der Familie herstellen. Wichtig ist der richtige Erziehungsstil, den wir als ‚autoritativen' bezeichnen. Eltern setzen Grenzen, innerhalb derer Kinder sehr viel Entscheidungsspielraum und emotionale Nähe bekommen. Wenn ich meinem Kind helfen will, ein gesundes Selbstwertgefühl zu entwickeln, muss ich ihm die Zuversicht vermitteln, dass es ein wertvolles und kompetentes Kind ist." (in Esser 2002:82)

Die Kombination von emotionaler Wärme, konsequenter Kontrolle und positiver Förderung kindlicher Autonomie gilt heute als Grundlage für die Erziehung in einer modernen Familie. Diana Baumrinds Studien haben nachgewiesen: Die selbstbewusstesten und selbstkontrolliertesten, zufriedensten, aktionsfreudigsten und unabhängigsten Kinder entwickelten sich, wenn Eltern auf klare Regeln, Grenzen und Konsequenz Wert legen, ihren Kindern auf der anderen Seite aber auch mit Liebe begegnen. Unterstützung und uneingeschränkte Wertschätzung verbunden mit einem mittleren Ausmaß an Kontrolle erweisen sich dabei auch als besonders förderlich für die Entwicklung der mentalen und sozialen Fähigkeiten von Kindern.

Diana Baumrind (Psychologin):
Vier Aspekte des Erziehungsverhaltens
Diana Baumrind stellte in verschiedenen Studien fest, dass die Eltern von reifen und kompetenten Kindern in den folgenden vier Dimensionen hohe Werte hatten.

▸ **Kontrolle:** Eltern bemühen sich, kindliches Verhalten zu beeinflussen und die Übernahme elterlicher Vorstellungen und Standards zu fördern.
▸ **Anforderungen an die Reife:** Eltern erwarten vom Kind ein hohes intellektuelles, soziales oder emotionales Leistungsniveau.
▸ **Klarheit der Eltern-Kind-Kommunikation:** Eltern wollen ihr Kind mit Argumenten erziehen und berücksichtigen seine Meinungen und Gefühle.
▸ **Emotionale Zuwendung:** Eltern zeigen Verhaltensweisen wie Wärme (Liebe, Fürsorge, Mitgefühl) und Anteilnahme (Lob und Freude) für die Leistungen des Kindes.

(nach Fuhrer 2007:132 f.)

Autoritativer Stil ermöglicht bessere Schulleistungen

Autoritativ erzogene Kinder verfügen im Gegensatz zu Kindern, deren Eltern andere Erziehungsmuster anwenden, über das höchste Maß an intellektuellen Kompetenzen. Sie zeichnen sich durch das geringste Problemverhalten aus. Kommen sie ins Jugendalter, zeigen sie ein hohes Selbstwertgefühl und vielfältige soziale Fähigkeiten. Sie sind des Weiteren davon überzeugt, ihr Leben selbst in die Hand nehmen zu können, sie sind beliebt bei Gleichaltrigen und zeigen ganz eindeutig auch die besten Schulleistungen.

Hinweise für den erzieherischen und schulischen Alltag

1. Wenden Sie einen Erziehungsstil an, der weite Grenzen setzt, auf deren Einhaltung Sie aber bestehen.
Geben Sie dem Kind genügend Spielraum für eigene Entscheidungen und begleiten Sie es mit emotionaler Unterstützung und psychischer Nähe.

2. Bauen Sie Ihre Beziehung zum Kind auf Symmetrie auf.
Das Kind wird von Anfang an als selbstständiges Mitglied der Familie mit eigenen Wünschen, Bedürfnissen und Rechten anerkannt. So stärken Sie sein Selbstwertgefühl.

3. Greifen Sie nicht immer regelnd und regulierend ein.
Gestatten Sie dem Kind, eigene Lösungsansätze zu entwickeln. Helfen Sie dem Kind, konstruktive Wege bei der Konfliktbewältigung zu gehen.

4. Kontrollieren Sie das Kind (informierende, nicht überwachende Kontrolle) und zeigen Sie Interesse an seinen Aktivitäten und Aufenthaltsorten.
Informierende Kontrolle bedeutet, das Kind selbst erzählen zu lassen. *Überwachende Kontrolle* bedeutet, dem Kind hinterherzuspionieren.

Interessieren Sie sich für die Freunde des Kindes. Ermuntern Sie es, sie nach Hause einzuladen. Wenn Ihr Kind viel Zeit mit ihnen verbringt, ist es angebracht, dass auch Sie als Eltern die Freunde kennenlernen.

5. Stärken Sie das Selbstwertgefühl des Kindes durch einen kindorientierten Ansatz.
Eltern stehen grundsätzlich auf der Seite ihres Kindes. Wer einseitig seine Autorität in den Vordergrund stellt, riskiert, dass sich die Kinder erst unterordnen, dann aber auflehnen. Je vertrauensvoller die Beziehungen zwischen Kindern und Eltern sowie zwischen Kindern und Lehrern sind, desto weniger sind die Erwachsenen auf autoritäre Erziehungsmethoden angewiesen.

6. Sprechen Sie ein deutliches Wort, wenn es kriselt.
Verletzen Sie dabei aber nie und stellen Sie nie die Persönlichkeit des Kindes infrage. Es geht immer um die Sache und den Sachverhalt, nie um die Person. Deshalb brechen Sie nie die Brücken ab, drohen Sie nie mit und praktizieren Sie nie Liebesentzug (als Lehrer Zuwendungsentzug).

10. Gesetz: Seien Sie dem Kind eine *gute Autorität*: Führen Sie es und geben Sie ihm Orientierung!

Warum Schulerfolg Grenzen und Regeln voraussetzt

Mathias M., 25 Jahre alt, berichtet, wie sich seine *Trinker-Karriere* entwickelt hat: Mit 13 Jahren hat es angefangen, dann gab es mit 15 regelmäßige Experimente mit Alkohol, Cannabis und anderen Drogen. Das Abitur am Fachgymnasium hat er gerade noch geschafft, gleich danach folgte ein fünfjähriger Absturz mit unkontrolliertem Konsum von Alkohol und Cannabis, nach einem Kreislaufzusammenbruch eine stationäre Entgiftung (Haase 2006).

Auf die Frage, ob Eltern oder Lehrer von seinem Alkoholkonsum etwas bemerkt haben, antwortet Mathias M.:

> *„Ob sie etwas bemerkt haben, weiß ich nicht. Zumindest haben sie nicht reagiert. Es ist mir gerade heutzutage unbegreiflich, dass man damit durchgekommen ist. Es war eigentlich für jeden deutlich sichtbar. So naiv kann man als Erwachsener gar nicht sein, dass man so etwas nicht erkennt. Mein Kumpel ist einmal besoffen während des Unterrichts eingeschlafen. Auf die Frage, was denn los sei, hat mein Kumpel lautstark besoffen protestiert und wurde dann mit dem Vermerk ‚Erkältung, allgemeine Übelkeit‘ nach Hause geschickt. […] Ich kann mich erinnern, dass ein Schulkumpel bei mir vorbeikam und wir uns in den Schuppen verdrückt haben, um eine halbe Flasche Wodka auszutrinken – pur. Nach einer Stunde sind wir aus dem Schuppen herausgekommen und mein Vater war gerade dabei, Unkraut zu ziehen. Wenn man 14 Jahre alt ist und zu zweit eine halbe Flasche Wodka austrinkt, zieht das nicht spurlos an einem vorüber. Also war man letzten Endes vor den Augen des Vaters betrunken.*
>
> *Man hat sich natürlich unauffällig verhalten … Wäre auch nicht so gewesen, dass ich die Absicht gehabt hätte, einen Hilferuf abzusenden. Aber im Nachhinein sehe ich das doch ein bisschen anders. Das ist doch mit Sicherheit so, dass ich eigentlich das Gefühl gern gehabt hätte, dass sich da einer einmischt. … Wenn du von deinen engsten Angehörigen kein Feedback kriegst, denen das sozusagen egal ist, vor wem sollst du dich dann noch anständig verhalten?“ (ebd.)*

Warum Kinder Grenzen wollen

Eltern sind Trainingspartner des Kindes, die ihm angemessen und sinnvoll Widerstand leisten, so Till Bastian, Arzt und Buchautor. Durch die äußere und innere Auseinandersetzung mit Widerständen werden Kinder selbstbewusst und erfolgreich. Wenn Bastian sich als Kind beklagte, dass er keine Lust hatte, Schularbeiten zu machen, abzuwaschen oder aufzuräumen, antwortete seine Mutter regelmäßig und unerbittlich: „Dann machst du es eben ohne Lust" (2001).

Grenzen und Regeln trainieren die innere Disziplin des Kindes. Diese ist notwendig, um später auf eigenen Füßen stehen zu können. Und das ist das Ziel von jedem Menschen. Er ist von Anfang an ein *Selbststeuerer*. Deshalb wollen Kinder keine Eltern oder Lehrer, die weich wie Knete oder knallhart wie Zementklötze sind. Sie wollen auch keinen *Hü-und-Hott-Erziehungsstil,* der zwischen Strenge und Nachgiebigkeit schwankt. Kinder und Jugendliche wollen Eltern und Lehrer, die sich konsequent verhalten. Sie wollen berechenbare Eltern und sie wollen Verlässlichkeit. Sie wollen Grenzen, an denen sie sich wie an einem Geländer festhalten, damit sie auf eigenen Beinen stehen können.

AUS DER WISSENSCHAFT

Monika Murphy-Witt (Pädagogin und Diplompolitologin):
Vier Gründe für die Notwendigkeit, Grenzen zu setzen
1. Grenzen dienen der Sicherheit. Auch wenn die Tischdecke noch so verführerisch herunterbaumelt, darf eben nicht daran gezogen werden. Und in der Küche lernen Kinder, nie auf eine heiße Herdplatte zu fassen. Das Nein der Mutter zu akzeptieren, ist für Kleinkinder ein mühsamer Lernvorgang. Er ist die Grundlage, gegen die Verführungen des Alltags gewappnet zu sein und später selbst Nein sagen zu können.
2. Grenzen geben Halt und Orientierung. Wer kein Gespür für Grenzen von zu Hause mitgebracht hat, wird es in der Schule schwer haben und es anderen schwer machen. Nur ein Kind, das selbst Grenzen erfahren hat, gewinnt nach den Erkenntnissen der Bindungsforschung und der neurobiologischen Forschung ein Gespür dafür, was ihm und anderen guttut und was schadet.
3. Grenzen bewahren die Würde. Grenzen helfen, die eigene Würde zu wahren und die Würde anderer zu respektieren. Die Würde von Kindern wird verletzt, wenn Eltern ihre Kinder schlagen, sie herumkommandieren oder beleidigen. Kinder und Jugendliche missachten die Würde anderer, wenn sie die Gewalt in die Schule tragen, und Lehrer, wenn sie ihre Schüler vor der Klasse bloßstellen, sie beleidigen oder anders unter Druck setzen.
4. Grenzen sind Reibungsflächen auf dem Weg ins Erwachsenenleben. Grenzen kennzeichnen einen Bereich, der von anderen respektiert werden soll. Infolgedessen kommt es auch zu Grenzstreitigkeiten und Grenzverletzungen. An Grenzen und Regeln können Kinder zu ihren Eltern in Opposition treten, sich von ihnen abgrenzen, ihre eigenen Fähigkeiten entwickeln und den eigenen Standpunkt vertreten.

(nach Fuhrer 2007:117)

Kinder und Jugendliche brauchen *gute Autorität*

Wenn an einem renommierten Berliner Gymnasium der Lehrer den Abiturienten zuruft „Ihr seid der Rotz an meinem Ärmel!" oder in der Abiturzeitung eines holsteinischen Gymnasiums ein Abiturient seine Lehrerin *Schlampe* nennt, liegen erhebliche Grenzverletzungen vor, und das weit ab von den sozialen Brennpunkten unseres Landes. Das Fehlen eindeutiger Regeln mit entsprechenden Konsequenzen hat ganz offenbar auf beiden Seiten zu Orientierungsmängeln geführt.

Gute Autorität, wie Wolfgang Bergmann, Kinder- und Familientherapeut, sie verlangt, ist vonnöten. Sie bedeutet, dass Eltern ihren Kindern die Möglichkeit geben, sich entsprechend ihren Neigungen zu entwickeln. Sie setzt den Schwerpunkt nicht auf Grenzziehung, sondern auf Führung, Verlässlichkeit und liebevolle Fürsorge. Ihre Regeln und Forderungen sind präzise formuliert und geben den jungen Menschen Halt und Orientierung. Autorität, wenn sie beschützend und gütig ist, tut unseren Kindern gut. Starre Disziplinierung und pingelig-penetrante Befolgung von Anweisungen ist ebenso kontraproduktiv wie ein disziplinarisches Vakuum (Bergmann 2008).

Für die Lernforscherin Prof. Elsbeth Stern gehört ein Verständnis für Regeln und Grenzen bereits zu einer gelungenen Frühförderung. So sei es Aufgabe des Kindergartens, den Wert, den Regeln für das Zusammenleben besitzen, zu vermitteln. Selbst die Allerjüngsten begriffen, dass sie in einer Gesellschaft manchmal Vorteile genießen und manchmal Rücksicht nehmen müssen, damit sich jeder wohlfühlt (2005).

Regeln und Rituale stärken den Lernerfolg

Neben den festen Bezugspersonen ist der strukturierte Alltag der Kinder wichtige Voraussetzung für eine vorteilhafte schulische Entwicklung. Regeln und Rituale geben der Ordnung einen Gewöhnungseffekt. Sie dienen der Aneignung von Haltungen und Werten und sind Voraussetzung für das Lernen. Regeln wie Körperpflege, Aufräumen des eigenen Zimmers, dem anderen beim Gespräch nicht ins Wort fallen, Hausaufgaben zu bestimmten Zeiten machen, Vokabeln nach einem bestimmten Muster lernen und Rituale wie das Gute-Nacht-Zeremoniell, die Gestaltung des Geburtstags oder des Weihnachtsfestes strukturieren den Alltag des Kindes.

AUS DER WISSENSCHAFT

Prof. Dr. Henning Scheich (Hirnforscher):
Verbindliche Regeln führen zu Schulerfolg
„Regeln bewirken, dass ein Kind nicht jede Anstrengung infrage stellt, sondern versucht, so viel zu leisten, wie ihm möglich ist. Wenn im Schulunterricht oder zu Hause dagegen jederzeit Regeln und Absprachen über den Haufen geworfen werden können, wird keinem Kind verständlich, warum es sich dauerhaft anstrengen soll." (in Doerry/Mohr 2003:176)

Hinweise für den erzieherischen und schulischen Alltag
1. Zeigen Sie dem Kind frühzeitig Grenzen auf.

Machen Sie Ihre Familie zu einem Ort, an dem der Alltag eine klare Struktur hat. Zeigen Sie dem Kind Grenzen, stellen Sie Regeln auf und schaffen Sie Rituale. Es geht nicht um sinnleere Handlungen, die um ihrer selbst willen praktiziert werden, weil es schon immer so war. Vielmehr sollen sie ein Gefühl der Vertrautheit und der Sicherheit vermitteln. Die Kinder und Heranwachsenden wissen, was zu tun ist und zu welchem Zeitpunkt etwas geschehen sollte.

2. Stellen Sie einen Katalog mit Familienregeln (oder Klassenregeln) auf.

In diesem Katalog werden Rechte und Pflichten niedergelegt. Die Kinder werden daran beteiligt. Der Katalog enthält Regeln, an die sich Eltern und Kinder bzw. Lehrer und Schüler halten. Er kann mündlich abgesprochen oder schriftlich fixiert sein. Mit zunehmendem Alter und in regelmäßigen Abständen verhandeln Eltern und Kinder bzw. Lehrer und Schüler darüber, ob Pflichten und Rechte der Kinder und Jugendlichen ausgeweitet werden können. Beispiel: „Um sechs / sieben / acht / neun Uhr bist du zu Hause."

3. Geben Sie dem Kind Rückmeldung über sein Verhalten.

Das ist wichtig für den Aufbau der eigenen Wertmaßstäbe. Jedes Kind hat ein Recht auf Disziplin, Grenzen und Konsequenzen. Ein Kind, das dies nicht kennengelernt hat, hatte keine Gelegenheit, Wertmaßstäbe aufzubauen. Es ist möglicherweise dann, wenn es darauf ankommt, orientierungslos und kann nicht Nein sagen.

4. Erfüllen Sie dem Kind nicht jeden Wunsch.

Ein Kind, dem jeder Wunsch erfüllt wird, lernt nicht zu verzichten. Dieses Defizit in der Entwicklung führt zu einer geringen Frustrationstoleranz, d. h., es kann nicht mit Enttäuschungen und Rückschlägen umgehen (s. Gesetz 25).

5. Schaffen Sie Rituale, die der Ordnung einen Gewöhnungseffekt geben.

Das sind z. B. Körperpflege zu bestimmten Zeiten und nach bestimmtem Vorgehen, Aufräumen des eigenen Zimmers, Hausaufgaben zu einer festgelegten Zeit und das Ins-Bett-Gehen nach bestimmten Ritualen.

6. Sorgen Sie dafür, dass es Gemeinschaftsrituale gibt.

Gemeinschaftsrituale geben dem Alltag eine Struktur, vermitteln zudem Geborgenheit und stärken die Verbindung zwischen Eltern und Kind. Beispiele: das Zubettbringen mit Vorlesen, das gemeinsame ausgedehnte Frühstück am Sonntagmorgen, das Geschenkauspacken am Geburtstag im Beisein der ganzen Familie, Weihnachten, Geburtstage, Feiertage nach bestimmten Abläufen. Signalisieren Sie dem Kind, dass auch Sie diese Gemeinsamkeit genießen und dass es für Sie keine lästige Pflicht ist.

Kinder brauchen Kooperation

11. Gesetz: Vermeiden Sie Verbote! Verzichten Sie auf Strafen!

Was *logische Konsequenzen* bedeuten

Wenn Kinder die Schule schwänzen oder ihre Eltern über die schulischen Ergebnisse und Vorkommnisse belügen, kann das zwei Gründe haben. Eltern lassen ihre Kinder mit allem Schulischen allein, weil es ihnen lästig ist. Oder Väter und Mütter handeln autoritär und die Kinder haben Angst, die Wahrheit zu sagen. Weil Strafen Angst erzeugen und Angst das Lernen blockiert, entsteht ein verhängnisvoller Teufelskreis, in dem das Scheitern der Schüler oft vorprogrammiert ist. Wie Schulprobleme gelöst werden können, sei am Beispiel eines *Verhandlungshaushalts* erläutert.

Jürgen ist 16 Jahre alt und ein mittelmäßiger Schüler. Jetzt hat er wieder einmal eine Mathematikarbeit verhauen, weil er nicht sorgfältig und genügend gelernt hat. Er war am Wochenende mit seinen *Kumpels* unterwegs und hatte einfach keine Zeit, sich auf diese wichtige Arbeit vorzubereiten. Wie sollen die Eltern reagieren? Sie könnten schimpfen oder drohen und Jürgen ins Gewissen reden, es das nächste Mal besser zu machen. Sie könnten auch Fernsehverbot erteilen, das Taschengeld kürzen und die verabredete Schifffahrt streichen.

Weil es in Jürgens Familie eine gute Kommunikationskultur gibt, reden Eltern und Sohn in aller Ruhe über das Problem und erörtern die Lösungsmöglichkeiten. Die Eltern scheuen sich nicht, Jürgen seine falsche Lernstrategie vorzuhalten. „Schule", so machen sie Jürgen unmissverständlich klar, „ist dein Job. Und wir erwarten, dass du den verantwortungsvoll erledigst." Gleichzeitig geben sie ihm aber auch das Signal, dass sie zu ihm stehen und bei der Lösung des Problems mitwirken. Das Gesprächsergebnis lautet so: Jürgen macht konkrete Zusagen für die Änderung seines Lernverhaltens. Die Eltern und Jürgen teilen sich die Kosten für ein Dutzend Nachhilfestunden. Wer diese Stunden geben könnte, werden der Vater und Jürgen demnächst gemeinsam bei Jürgens Mathematiklehrer erfragen.

Was tun bei Fehlverhalten?

Eltern machen sich oft Sorgen, ihr Kind könne aus dem Ruder laufen oder es tut es tatsächlich. Sie sind ratlos und fragen sich, was sie in diesem Fall tun sollen. Die alte Teppichklopfer-Pädagogik hat ausgedient, Ohrfeige und Rohrstock sind tabu. Wegsperren in den Keller kommt nicht infrage. Auch andere Strafen schaffen unerwünschtes Verhalten nicht wirklich aus der Welt. Aus Bequemlichkeit wird Fehlverhalten vielfach einfach übersehen.

Wer aus vermeintlicher Liebe immer beide Augen zudrückt, gibt dem Kind zu verstehen, dass ihm sein Verhalten gleichgültig ist. Wie entsteht da ein Selbstbewusstsein? Nichts fördert die Selbstachtung von Kindern mehr, als wenn man sie daran gewöhnt, dass ihr Verhalten von Bedeutung ist, weil es für alle Beteiligten Folgen hat.

AUS DER WISSENSCHAFT

Johanna Graf (Psychologin):
Fehlverhalten: Was nicht hilft
„Einige Überzeugungen über Kindererziehung sind weit verbreitet und trotzdem völlig verkehrt. […] So glauben viele Eltern, unangemessenes Verhalten lasse sich nur durch Drohen, Schimpfen und Strafen begrenzen. […] ‚Eltern an die Macht' heißt die neue Marschrichtung. Kehrt der Kohlenkeller im neuen Gewand zurück? Was als neue Pädagogik verkauft wird, ist nichts anderes als seelische und körperliche Grausamkeit.
Viele Eltern glauben, man müsse kämpfen und sich richtig anstrengen, um sich Respekt zu verschaffen und Kinder dazu zu bewegen, ihre Aufgaben zu erledigen. Doch alle Erziehungsmethoden müssen sich an der Frage messen lassen: Was lernt das Kind dabei?"   (Graf 2006:47 f.)

Gute Autorität lässt logische Konsequenzen eintreten

Logische Konsequenzen müssen auf ein Verhalten folgen, das nicht folgenlos bleiben darf. Sie müssen berechenbar sein und sollen zum Nachdenken anregen. Ich beobachte eine Mutter, die mit ihrem schreienden Dreijährigen im Supermarkt darum kämpft, ob er heute einen Schokoriegel oder doch lieber ein Überraschungsei bekommt. Eine junge Studentin, mit der ich in der Warteschlange ins Gespräch komme, kommentiert die Auseinandersetzung: „Uns war früher klar, dass unsere Mutter uns nicht wieder mit zum Einkaufen nimmt, wenn wir so herumzetern."

Ganz klar, die Eltern der jungen Dame hatten Autorität bei ihren Kindern, ohne autoritär zu handeln. *Gute Autorität* ist weder Macht noch Zwang. Sie schließt im Gegenteil den Gebrauch von Zwang aus und wo sie Gewalt einsetzt, hat sie schon versagt. *Gute Autorität* setzt sich aus den Komponenten Bindung und emotionale Wärme, klare Regeln und Grenzen und Gewährung von Eigenständigkeit zusammen. *Gute Autorität* scheut sich auch nicht, bei Fehlverhalten *logische Konsequenzen* folgen zu lassen.

Hinweise für den erzieherischen und schulischen Alltag

1. Stellen Sie Regeln auf.

Gehen Sie stets so vor: Vorher wird angekündigt, wie weit das Kind gehen darf, wo eine Grenze gesetzt wird, an welcher Stelle die Freiheit aufhört und welche Konsequenz es bei einem Regelverstoß zu erwarten hat.

Sinnvolle Regeln sollen unmissverständlich formuliert sein. Es führt möglicherweise zu Irritationen und Missverständnissen, wenn gewisse Erwartungen in der Familie unausgesprochen existieren. Hält sich das Kind nicht an eine verabredete Vereinbarung, muss eine *logische Konsequenz* folgen. Dem Kind muss verständlich gemacht werden, dass es für Grenzüberschreitungen Verantwortung übernehmen muss.

2. Prüfen Sie bei Fehlverhalten, ob die Ursache in mangelnder Zuwendung zu suchen ist.

Nicht selten ist Fehlverhalten von Kindern und Jugendlichen eine Reaktion auf häusliches (oder schulisches) Übersehenwerden. Es ist nicht ausgeschlossen, dass ein Kind bewusst Fehlverhalten zeigt, weil es auf diese Weise die Aufmerksamkeit der Mutter, des Vaters oder vielleicht auch des Lehrers auf sich zieht.

3. Halten Sie sich an die Regel: Alles sehen, vieles übersehen und nur eingreifen, wenn es unbedingt notwendig ist.

Springen Sie nicht über jeden Stock, der Ihnen hingehalten wird. Nicht jeder Regelverstoß ist eine Rüge wert. Und greifen Sie nie im Affekt heraus ein.

4. Verzichten Sie auf Drohen, Schimpfen und Gewalt.

Sie verstärken das Fehlverhalten lediglich. Sollte Schimpfen dennoch ausnahmsweise notwendig sein, zeigen Sie dem Kind neben Ihrer Enttäuschung über sein Verhalten auch, dass Ihre Liebe und Zuneigung darunter nicht gelitten haben. Gewalt ist in jedem Fall tabu. Kinder lernen von ihren Eltern, dass ein gewaltfreies Miteinander möglich ist.

5. Lassen Sie das Kind bei einem gravierenden Fehlverhalten den Vorgang zu Papier bringen.

Das dient der Klärung des Sachverhalts und als Grundlage für ein ruhiges und sachliches Gespräch. Regen Sie das Kind im Gespräch zum Nachdenken über wiederholtes Fehlverhalten an.

6. Gestalten Sie einen Verhandlungshaushalt.

Sprechen Sie dabei über Probleme, Regelverstöße oder Grenzverletzungen. Mit zunehmendem Alter sollte die Neufestsetzung von Regeln und Möglichkeiten für größere Freiheiten für das Kind diskutiert und möglichst einvernehmlich entschieden werden.

12. Gesetz: Fragen Sie das Kind: „Bist du glücklich?"

Warum glückliche Kinder in der Schule erfolgreicher sind

In der Kinderrechtskonvention von 1989 bekräftigen die Vereinten Nationen das Kinderrecht auf Glück:

„Zur vollen und harmonischen Entfaltung seiner Persönlichkeit soll das Kind in einer Familie und umgeben von Glück, Liebe und Verständnis aufwachsen." (UN-Kinderrechtskonvention 1989)

Im Auftrag des ZDF hatte im Jahr 2007 der Salzburger Glücksforscher Anton Bucher 1239 Kinder in Deutschland aus allen sozialen Schichten nach ihrem Glücksempfinden befragt. Der weit überwiegende Teil unserer Vier- bis Zwölfjährigen gab an, zu Hause in hohem Maße Geborgenheit und Glück zu erleben. 40 Prozent der befragten Kinder bewerteten ihre Kindheit als *„total glücklich"*, 44 Prozent als *„glücklich"* und 14 Prozent als *„weder noch"*, was wohl als traurig zu werten ist. Das Glück der Kinder steht und fällt mit dem Wohlbefinden und den Aktivitäten in der Familie. Ein durch Liebe, Anerkennung und Unterstützung geprägtes familiäres Klima sowie gemeinsame Unternehmungen fördern kindliches Glück (in Schwilk 2007).

Glück bringt Erfolg – nicht umgekehrt

„Erfolg macht glücklich", hieß es früher. In einer Untersuchung an Studenten der Universität Kalifornien wurde herausgefunden, dass es umgekehrt ist: „Glück macht erfolgreich." Glückliche Menschen erreichen mehr im Leben als weniger glückliche. Wer positive Emotionen erlebt, kann sich weiterentwickeln. Er kann sich der eigenen Fähigkeiten bewusst werden, sich Ziele setzen und an deren Verwirklichung arbeiten. Er kann sich aber auch ausruhen und entspannen, um Energie für neue Aufgaben zu tanken. Glückliche Menschen, so lautet das Fazit der Untersuchung, sind beruflich erfolgreicher, stressresistenter, verdienen mehr Geld, pflegen engere soziale Kontakte und sind gesünder als der Durchschnitt (Wilhelm 2006:11).

Ähnliches gilt auch für Kinder. Sind Sie glücklich, haben sie Erfolge in den für sie wichtigen Lebenswelten.

AUS DER WISSENSCHAFT

Anton Bucher (Glücksforscher):
Merkmale glücklicher und unglücklicher Schulkinder
Ein glückliches Schulkind …
wird häufig gelobt, erfährt Anerkennung, unternimmt in der Freizeit viel mit seinen Eltern, trifft sich häufig mit Freunden, wird nicht streng, sondern mit Argumenten erzogen, hat Erfolge in der Schule, erfährt Lehrer als freundliche Personen, erlebt einen spannenden Unterricht, fürchtet sich nicht vor den Schularbeiten.
Ein unglückliches Schulkind …
langweilt sich häufig, fürchtet sich vor Schularbeiten und sitzt überdurchschnittlich lange daran, wird von seinen Eltern häufig mit Schimpfen erzogen, bekommt selten nette und lobende Worte zu hören, hat wenig Freizeit, unternimmt wenig mit Freunden.   (nach Fuhrer 2007:33)

Es gibt kein Glück ohne Krisen

Schlechte Noten und andere schulische Erlebnisse können das Leben von Schülern schwer machen. Werden die Herausforderungen aber erfolgreich gemeistert, gehen sie gestärkt daraus hervor und erleben Glück. Wenn Eltern allerdings stets darauf bedacht sind, ihren Kindern unangenehme Erfahrungen ersparen zu wollen, und keine Gelegenheit auslassen, sich zwischen das Kind und seine Probleme zu werfen, verhindern sie, dass es die erforderlichen (Konflikt-)Bewältigungsstrategien entwickelt. Krisen gemeinsam meistern heißt nicht, dem Kind oder Jugendlichen alle Sorgen und Anstrengungen abzunehmen.

Gerade Kinder benötigen neben Anregungen auch Herausforderungen, an denen sie wachsen können. Dabei ist es gleichgültig, ob Kinder und Jugendliche sie immer bestehen oder auch einmal daran scheitern. Um lebenskompetent zu werden, müssen sie lernen, Zurücksetzungen zu ertragen, auf die Erfüllung von Bedürfnissen zu warten, Rücksicht zu nehmen und Ärger angemessen auszudrücken.

Eltern, rät der Familien- und Konfliktberater Jan-Uwe Rogge, sollen sich auch zurücknehmen können und ihre Kinder „einfach mal machen lassen". Kinder brauchten einen elternfreien Raum ohne Kontrolle, in dem sie Konflikte selber lösen müssten. „Sie wollen herausgefordert werden. Eine unbeschwerte Kindheit, in der nie etwas Heikles passiert und Konflikte stets von den Eltern aus dem Weg geräumt werden, ist nicht nur furchtbar langweilig, sie gibt dem Kind auch nichts mit fürs Leben" (in Hardam 2007: 25).

AUS DER WISSENSCHAFT

Prof. Michael Schulte-Markwort (Kinderpsychologe):
Kein Glück ohne Krisen
Eine unbeschwerte Kindheit zu erleben, heißt nicht, nie Sorgen zu haben. Im Gegenteil: Kinder, die es schaffen, eine Krise zu bewältigen, gehen gestärkt aus dieser Erfahrung hervor. Die Hauptaufgabe der Eltern ist es dabei, ihren Kindern Unterstützung und Liebe angedeihen zu lassen.
(nach Hardam 2007:23)

Familie ist der wichtigste Faktor für Kindheitsglück

Kindheit heute in Deutschland ist nicht die Kindheit der Kinder von Bullerbü. Und auch in Schweden wird es diese Idylle nie gegeben haben. Wichtig ist, wie das Kind aufwächst, ob es sich in seinem Umfeld sicher aufgehoben und geborgen fühlt, ob es Freiräume hat, sich zu entwickeln, ob es enge Vertraute hat, mit denen es seine Zeit verbringen kann. Das Wichtigste von allem ist, dass Eltern, Geschwister oder Nachbarskinder da sind und man miteinander reden und spielen kann.

Weil Heranwachsende die Zukunft unserer Gesellschaft sind, sind ihre Erziehung und ihre Bildung immer auch eine Investition in die Zukunft. Kinder und Jugendliche brauchen eine glückliche Kindheit und Jugend. Sie sollen davon ihr Leben lang zehren können, als seien sie ihre Aussteuer und Ausrüstung für das Leben.

Viele Eltern glauben, dass es vor allem ihre Vorstellungen, ihre Ziele, ihre Erziehungsabsichten sind, die für die Entwicklung ihrer Kinder von Bedeutung seien. Dass es tatsächlich aber auf etwas ganz anderes ankommt, meint der Kinder- und Familientherapeut Wolfgang Bergmann in seinem Buch *Disziplin ohne Angst:* Bedeutsam seien die vielen kleinen Blicke, der Austausch zwischen Mutter und Kind beim Abendbrot, das einvernehmliche Gespräch von Vater und Kind zwischen Tür und Angel, die Atmosphäre, besser gesagt die *Kultur* einer Familie. Sie entscheidet über Glück oder Unglück der Kinder und damit auch über ihren Schulerfolg (Bergmann 2007: 51).

Auf die Wichtigkeit von Familienbindungen auf die Entwicklung Heranwachsender wurde bereits im ersten und zweiten Gesetz hingewiesen. Und hier im zwölften Gesetz schließt sich der Kreis: Familie und intakte Beziehungen machen dauerhaft glücklich. Bindung und emotionales Klima in der Familie sind ausschlaggebende Glücksfaktoren. Bedingungslos und verlässlich angenommene Kinder sind selbstbewusster, autonomer und glücklicher. Gelungene elterliche Erziehung, so lautet das Fazit der ersten zwölf Gesetze des Schulerfolgs, macht Kinder leistungsmotiviert und bestrebt, schulische Herausforderungen anzunehmen und zu bestehen. Gelungene Erziehung macht Kinder glücklich. Und dieses Glücksgefühl ist ein unersetzbares Kapital für ihre (schulische) Zukunft.

Hinweise für den erzieherischen und schulischen Alltag

1. Machen Sie Glück zu Ihrem Erziehungsziel.

Glückliche Erwachsene haben von klein auf einen guten Umgang mit Gefühlen gelernt. Schaffen Sie bei dem Kind die Grundlage dafür. Fröhlichkeit kann eine gute Gewohnheit werden. Nur ein glückliches Kind kann sein Potenzial entfalten und kommt in seiner persönlichen Entwicklung voran.

2. Tragen Sie dazu bei, dass die Fähigkeiten des Kindes beständig wachsen.

Achten Sie dabei auf altersgemäße Herausforderungen. Verlangen und erwarten Sie etwas von dem Kind und geben Sie ihm, wenn nötig und erwünscht, Hilfestellung. Glücklich macht es ein Kind, wenn das Vertrauen in die eigene Fähigkeit wächst, wenn es jeden Tag ein bisschen besser zurechtkommt und dabei weiß: „Wenn ich mal Pech habe, kann ich zu den Eltern (oder zum Lehrer) gehen."

3. Lachen Sie mit dem Kind.

Lachen ist wie ein gutes Wachstumshormon. Lächeln und Lachen machen konzentriert, belastbar und fantasievoll.

4. Sorgen Sie für ein emotional ausgeglichenes Familienklima.

Ein ausgeglichenes und glückliches Kind hat es in der Schule leichter. Es kann sich auf das konzentrieren, was im Unterricht abläuft, und braucht sich nicht mit Problemen zu beschäftigen, die ihm im Elternhaus aufgeladen werden.

5. Fragen Sie sich bei schlechten Leistungen, ob Familienprobleme die Ursache sein können.

Auch Kinder, die nur einigermaßen glücklich sind, können gute Schüler sein. Werden die emotionalen Belastungen aber zu groß, wird das Kind in seiner Leistungsfähigkeit geschwächt. Wird beispielsweise aus einer Trennung der Eltern ein Scheidungskrieg, belastet das das Kind sehr stark und schulische Misserfolge sind vorprogrammiert.

6. Fragen Sie das Kind: „Bist du glücklich?"

Das Kind über den Schulalltag berichten zu lassen und mit ihm über das Schulgeschehen im Gespräch zu bleiben, sollte zum täglichen oder wöchentlichen Pflichtritual in jeder Familie gehören. Gerade nach den Vorfällen am Gutenberg-Gymnasium in Erfurt oder der Geschwister-Scholl-Realschule in Emsdetten sollten Eltern (und auch Lehrer) das Kind immer wieder einmal fragen: „Geht es dir gut?" „Fühlst du dich wohl?" „Bist du glücklich?"

Richtig motivieren – besser lernen

Eltern motivieren ihre Kinder und begleiten sie bis zum letzten Schultag

13. Gesetz: Jedes Kind hat Freude am Lernen. Tragen Sie dazu bei, dass es so bleibt!

Warum Eltern die Neugier immer wieder anregen müssen

An der Tür zur Klasse 1a einer privaten Grundschule in Hamburg hängt ein Zettel, auf dem die Klassenlehrerin ihre pädagogische Grundüberzeugung festgehalten hat:

> *„Fast jedes Kind kommt neugierig und lernwillig in die Schule. Wenn man es richtig anregt und anleitet, wird es – den eigenen Interessen folgend und dem eigenen Entwicklungstempo gemäß – den notwendigen Lernstoff von selbst erarbeiten"* (Michal 2006:46).

Dass die Lehrerin mit ihrer Einschätzung richtig liegt, zeigen Exkursionen, die die Wissenschaftler mit Kindergarten- und Grundschulkindern durchführen. Bei diesen ersten Forschungspraktika ihres Lebens sind die Mädchen und Jungen bis in die Haarspitzen motiviert, stellen Fragen und wollen alles ganz genau wissen. Sie halten regelrecht Ausschau nach Neuem, und wenn sie es erkundet und sich einen Reim darauf gemacht haben, forschen sie weiter. Schon die Kleinsten suchen nach Herausforderungen, die es lohnt, zu meistern (Kahl 2007c).

Wenn beim Entdecken und Forschen das Interesse der Kinder angefacht ist, überraschen sie ihre Begleiter immer wieder durch ihre Hypothesen und Rückschlüsse. Erstaunt sind die Sozialpädagogen und Wissenschaftler dann darüber, mit welcher Konzentration schon die Kleinsten bei der Sache sind. Selbst zappelige Kinder sind erstaunlich ruhig. Und oft können sie sich noch nach Wochen an Einzelheiten ihrer Beobachtungen und Experimente erinnern. Niemand brauchte ihnen einzuschärfen: „Das musst du dir merken!" (ebd.).

Das Gehirn: ein *Selbstorganisationsprozess*

AUS DER WISSENSCHAFT

Prof. Gerald Hüther (Hirnforscher):
Kinder wollen die Welt entdecken
Kinder sind neugierig, sie wollen die Welt entdecken, riechen, schmecken, begreifen. Entscheidend für die Gehirnentwicklung ist, dass ein Kind diesem Entdeckerdrang auch nachgehen kann.

(nach Hüther 2006)

Der Hirnforscher Prof. Wolf Singer hat Kinder bei Expeditionen in den Wald begleitet und ist dabei zu dem Schluss gekommen, man könne nicht gegen das kindliche Gehirn anarbeiten: „Wird der Informationshunger des Gehirns adäquat gestillt, dann antwortet das Kind mit Freude und Wohlbefinden. Wird ihm aber die Anregung vorenthalten oder zu viel hineingestopft, zeigt es Frustration" (in Kahl 2007c). Das sich entwickelnde Gehirn werde in einem *Selbstorganisationsprozess* so angelegt, dass es sich die benötigten Informationen zum richtigen Zeitpunkt aktiv sucht und holt. Man könne in ein sich entwickelndes Gehirn daher nichts hineinprogrammieren, wofür es noch keine offenen Fenster gebe, so der Hirnforscher. „Neben Freude ist Aufmerksamkeit ein zweites Kriterium: Wenn keine Aufmerksamkeit für etwas aufgebracht wird, dann kann man nichts lernen" (ebd.).

Die moderne Hirnforschung hat gründlich mit dem Irrglauben aufgeräumt, wir müssten unsere Kinder laufend belehren oder sie gar zum Lernen zwingen. Im Gegenteil, ihr Gehirn lernt immerzu. Neues zu erfahren und zu verstehen und über den Horizont hinauszuschauen, sind Errungenschaften unserer menschlichen Entwicklungsgeschichte. Dieses Grundverhalten ist uns regelrecht ins Gehirn eingraviert. Das Dazulernen war für unser Überleben notwendig. Dabei waren für unsere Vorfahren nur Informationen von Wert, die neu, anders und überraschend waren. Diese Neugier verschaffte ihnen einen Vorsprung an Wissen.

Kinder sind, wie übrigens alle Säuger, *Neugierwesen*, die aktiv neue Situationen und Objekte aufsuchen und erkunden. Neugierverhalten zeige dabei viele Übereinstimmungen mit Spielverhalten, so der Verhaltensbiologe Norbert Sachser (2004). Und beide Bereiche seien untrennbar mit dem Lernen verbunden. Neugierverhalten und Spiel treten allerdings nicht von selbst auf. Sie benötigen ein entspanntes Umfeld, das sowohl Anregung als auch Sicherheit bietet. Wenn Kinder und Jugendliche zu Hause und in der Schule ein solches Umfeld vorfinden, erfolgen zahlreiche Lernprozesse aus eigenem Antrieb und bedürfen keiner weiteren Motivierung. Allerdings bestehen zwischen einzelnen Kindern große Unterschiede in der Ausprägung ihres Neugier-, Spiel- und Lernverhaltens. Sachser hält dafür mehrere Faktoren für ursächlich und nicht etwa die genetische Ausstattung allein. Wie bereits in Gesetz 1 und nachfolgend in Gesetz 14 dargestellt wird, hat vor allem das Vorhandensein von Bindungspartnern in der frühen Entwicklung positive Effekte für die weitere Entwicklung (ebd.).

Der Botenstoff Dopamin steigert das Lernvermögen

Dopamin, das an mehreren Orten des Gehirns produziert wird, sorgt u. a. dafür, dass beim Lernen Euphorie empfunden wird. Durch das Verstehen eines Zusammenhangs wird das kindliche Gehirn regelrecht berauscht. Dopamin steigert das Lernvermögen, unterstützt das Selbstbewusstsein, stimmt optimistisch, löst Vorfreude aus und motiviert, nach Neuem zu suchen. Dieser molekulare Glücksstoff aktiviert also den gesamten Belohnungskreislauf.

„Dieses System", so der Hirnforscher Manfred Spitzer, „treibt uns um, motiviert unsere Handlungen und bestimmt, was wir lernen" (2007b:195).

Hat das Kind die Euphorie nach erfolgreich gelöster Aufgabe erlebt, ist dies im Gehirn gespeichert. Das macht es leichter, neue Hürden in Angriff zu nehmen. Weitergelernt wird, weil Lernen positive Konsequenzen hat. Und auch der Zusammenhang dieser positiv besetzten Erinnerung wird mit abgespeichert. Das kann z.B. so weit gehen, dass ein Schüler im Sommer nur noch auf dem Balkon Vokabeln lernt, weil das beim letzten Vokabeltest zu einem überraschend guten Erfolg geführt hat.

Neulust: Alle Kinder wollen Neues entdecken

Der Hirnforscher Manfred Spitzer gibt in seinem Buch *Lernen* eine Antwort auf die Frage, warum Babys und Kleinkinder wahre Meister des Lernens sind: Wir hatten noch keine Gelegenheit, es ihnen abzugewöhnen (2007b:195). Jedes Kind ist ein *Selbststeuerer* und liebt Neues. Seine *Neulust* muss man nicht erst erzeugen, sie ist einfach da. Eltern und Lehrer müssen sie am Leben erhalten und sie nicht durch Verbote, Einengungen, Dirigismus oder Besserwisserei austreiben.

Kinder brauchen Erwachsene daher nicht als ständige Antreiber. Und die Frage, wie man Menschen motiviere, ist nach Prof. Spitzer so sinnvoll wie die Frage: Wie erzeugt man Hunger? Die einzig vernünftige Antwort darauf lautet: Gar nicht, denn Hunger stellt sich von allein ein (Spitzer 2007b:192ff.). Nach Spitzer sind Menschen von Natur aus motiviert. Sie können gar nicht anders, denn sie haben ein äußerst effektives System hierfür im Gehirn. Ihr *Entwicklungsmotor* besteht zu 100 Prozent aus Freude daran, neue Herausforderungen zu suchen, spannende Entdeckungen zu machen, an Erfolgen wie auch an Missgeschicken zu wachsen.

Konsequenzen für das häusliche und schulische Lernen

Lifelong learning – lebenslanges Lernen heißt das Motto der heranwachsenden Generation. Die Voraussetzungen dafür sind hervorragend. Jedes Kind will lernen – aber kein Kind will lernen müssen. Jedes Kind will aus eigenem Antrieb lernen, aber kein Kind will belehrt werden. Jedes Kind will selbstentdeckend lernen, aber kein Kind will gegängelt werden. Der Neurobiologe Henning Scheich plädiert daher für mehr Selbstständigkeit beim Lernen und offene Lernkonzepte: „Das Lustgefühl, das sich nach dem eigenständigen Lösen einer Aufgabe einstellt, ist nachhaltiger als jede Belohnung von außen" (in Doerry/Mohr 2003:240).

Das Lernen in der Schule ist nur ein kleiner Ausschnitt des Lernens. Auch wer sich in der Schule schwer tut, lernt ständig Neues hinzu. Es gibt keine schlechten Lerner. Es gibt Kinder, denen das Lernen schwerer fällt als anderen. Und es gibt Kinder, die außerhalb der Schule besser lernen als in der Schule. Aber auch sie lernen und haben Lernerfolge. Ich denke dabei zum Beispiel an den 17-jährigen Olaf. In der Schule gelingt ihm nichts mehr, aber ganz nebenbei und problemlos macht er den Bootsführerschein.

Jeder Schüler konzentriert sich am besten auf eine Aufgabe, die er aus sich heraus als sinnvoll empfindet oder mit der er gute Erinnerungen verbindet – mag sie noch so anspruchsvoll sein. Sein Schulerfolg hängt wesentlich davon ab, dass er weiß, warum er lernt, was er lernt. Die stärkste Antriebskraft für das Lernen ist und bleibt dabei seine Neugier. Auch wenn es eine genetische Veranlagung zu stärkerer oder schwächerer Ausprägung gibt, ist diese Neugier bei jedem Kind vorhanden. Dass man mit ihr sogar Nobelpreisträger werden kann, verrät uns Albert Einstein: „Ich habe keine besondere Begabung. Ich bin nur unendlich neugierig."

Hinweise für den erzieherischen und schulischen Alltag

1. Bieten Sie dem Kind Gelegenheiten, die zum Forschen anregen.
Bieten Sie ihm durch Ausflüge in die Natur, Besuche in der Bücherei, in Ausstellungen oder Erlebnis-Museen vielfältige Anregungen. Das Kind wird sich dann das Thema selbst aussuchen, das es interessiert und das es in seiner Entwicklung weiterbringt.

2. Ermuntern Sie das Kind, Fragen zu stellen.
Geben Sie auf Fragen sachliche Erläuterungen. Machen Sie Sachverhalte plausibel, die für das Kind rätselhaft, unerklärlich, faszinierend, wissenswert sind. Beenden Sie die Erklärungen, wenn das Kind nicht weiterfragt.

3. Ermöglichen Sie Erfolgserlebnisse.
Das Kind will eine Aufgabe lösen, ein Aha-Erlebnis haben und erfolgreich sein. Halten Sie sich zurück, mischen Sie sich nicht ein, geben Sie aufmunternde Rückmeldung, aber lassen Sie das Kind selbst machen.

4. Sorgen Sie für ein entspanntes und anregendes Lernumfeld.
Das Kind muss sein Lernen stets mit positiven Emotionen verbinden. In einer Atmosphäre der Offenheit, der Unbeschwertheit, der fröhlichen Gelassenheit und der Entspannung lernen Kinder am leichtesten. Hat das Kind unter diesen Umständen eine Aufgabe erfolgreich gelöst, ist auch die Freude darüber im Gehirn gespeichert.

14. Gesetz: Stärken Sie die Faktoren der Motivation!

Welche Grundlagen für eine hohe Motivation gegeben sein müssen

Bei einer Fahrradfahrt auf dem Ostseeküstenweg machen wir Rast an einem kleinen malerischen mecklenburgischen Hafen. Da läuft ein etwa dreijähriges Mädchen an mir vorbei und auf ihre Mutter zu. Ihren triumphalen Ausruf habe ich noch jetzt im Ohr: „Mama, Mama, ich habe es geschafft! Und ich habe es ganz allein gemacht!" Ich weiß nicht, was die Kleine ganz allein gemacht hat, worauf sie so stolz ist, sodass sie jetzt in einen Jubelruf ausbricht. Aber die Mutter empfängt sie mit ausgebreiteten Armen, lobt sie für ihre Tüchtigkeit und drückt sie fest an sich.

Offenbar wurden bei dem Mädchen alle für die Selbstmotivation wichtigen Grundbedürfnisse befriedigt: etwas selbst tun, sich dabei als fähig sowie geliebt und anerkannt fühlen. Gelingt es der Mutter und den Lehrern, diese drei Ansprüche immer wieder zu befriedigen, bereiten sie damit dem Mädchen eine solide Grundlage für eine eigenverantwortliche Arbeitshaltung und eine erfolgreiche Schullaufbahn.

Die drei Faktoren hoher Motivation

Die von den beiden Psychologen Deci und Ryan im Jahr 2000 aufgestellte *Selbstbestimmungstheorie* war wegweisend für die moderne Motivationsforschung. Danach gibt es drei psychologische Grundbedürfnisse des Menschen. Ihre Erfüllung ist Bedingung dafür, dass Kinder *in eigener Regie* tätig werden und mit Begeisterung bei der Sache sind. Diese Faktoren fördern die *intrinsische Motivation* (Motivation von innen heraus), die stärkste und wertvollste Motivation. Eltern, die die Eigenmotivation ihrer Kinder stärken und sie zur Selbstständigkeit erziehen wollen, müssen daher diese drei Faktoren von Anfang an in ihrem Erziehungshandeln umsetzen:

▸ Autonomie
▸ Kompetenz
▸ Bindung (in Fuhrer 2007:153 f.).

1. Autonomie: Kinder wollen etwas selbst machen

Motivierte Kinder sind selbstständige Kinder. Sie entwickeln eine hohe Lernmotivation und ein gutes Lernverhalten, wenn sie die Erfahrung machen, dass sie frei entscheiden können, statt unnötig bevormundet zu werden, dass sie Einfluss nehmen und selbst Lösungen finden können. Ein Schlüssel für eine selbstbestimmte Lernmotivation ist die autoritative Erziehung. Sie kombiniert elterliche Liebe mit Regeln und Kontrolle. Innerhalb eindeutiger Grenzen erhält das Kind Freiräume, die es mit Eigenverantwortung, Eigenaktivität, Selbstbestimmung und Selbstständigkeit ausfüllt.

Auch in der Schule ist es motivationsfördernd, wenn ein Lehrer wenig direktiv und kontrollierend auftritt und Kinder selbstreguliert lernen (s. auch Gesetz 5). Wenn Schüler bei der Unterrichtsgestaltung mitreden dürfen, sich selbstbestimmt fühlen und auch Gruppen- und Projektarbeit auf dem Plan steht, lernen sie lieber.

2. Kompetenz: Kinder wollen etwas können

Prof. Elsbeth Stern (Lernforscherin):
Kompetenz ist der wichtigste Faktor für die Motivation
„Zu den größten Freuden der Menschen zählt das Erlebnis, etwas zu können. Dann kommt die Motivation von ganz allein. Ich halte es für sinnlos, die Motivation von der Kompetenz zu trennen."
(nach Friedrich 2002)

Barbaras Mutter dauern die Hausaufgaben ihrer Tochter im vierten Schuljahr mal wieder zu lange. Sie schiebt die Tochter beiseite, reißt das Mathematikheft an sich, rechnet und hat schnell die Lösung gefunden. Die wird von der gleichermaßen erleichterten wie frustrierten Tochter eifrig notiert. Ein gutes Gefühl will sich bei Barbara allerdings nicht einstellen. Die Mutter hat ihr einen Bärendienst geleistet. Sie hat der Tochter die Möglichkeit genommen, selbst auf die Lösung zu kommen und sich dabei als autonom und fähig zu erleben.

Dabei ist es gerade in der Grundschulzeit wichtig, dass Kinder sich möglichst oft als kompetent erleben. Wer Erfolgserlebnisse hat, zweifelt nicht am Sinn seiner Anstrengung. Wenn Eltern ihren Kindern klare Rückmeldung geben, wenn sie ihnen bestätigen, dass sie etwas können, etwas allein geschafft und gute Leistungen erbracht haben, dann ermöglichen sie ihnen die Wahrnehmung ihrer eigenen Kompetenz.

3. Bindung: Kinder wollen eingebunden sein

Prof. Joachim Bauer (Mediziner, Psychotherapeut):
Motivation braucht Interesse, soziale Anerkennung und Wertschätzung
„Entscheidende Voraussetzung für die biologische Funktionstüchtigkeit unserer Motivationssysteme sind das Interesse, die soziale Anerkennung und die persönliche Wertschätzung, die einem Menschen von anderen entgegengebracht werden."
(Bauer 2007:19)
Unser Gehirn ist auf Sozialverhalten ausgerichtet. Der Mensch ist ein Wesen, dessen zentrale Motivation auf Zuwendung und gute mitmenschliche Beziehungen gerichtet ist. Über die Interaktion mit anderen Menschen, wie den Eltern, Großeltern, Freunden und Lehrern, lernen Kinder.
(nach Bauer 2007:19)

Kinder entwickeln eine hohe Lernmotivation, wenn sie sich sicher in ihrer Familie eingebunden fühlen und emotionalen Rückhalt und Bindung haben. Sie sind sich gewiss, dass ihre Eltern, und idealerweise auch ihre Lehrer, großes Interesse an ihnen, ihrem alltäglichen Leben und ihrem Lernfortschritt haben. In dieser sozialen Eingebundenheit erfahren sie ihre eigene Wichtigkeit und Bedeutung.

Eltern vermitteln ihren Kindern das Gefühl von Geborgenheit, wenn sie Zeit für Gespräche haben, Interesse an ihren Aktivitäten und alltäglichen Erfahrungen in der Schule und mit Freunden zeigen. Sie stärken das Gefühl sicherer Bindung, wenn sie in der Familie für eine Atmosphäre sorgen, die von Wertschätzung und emotionaler Wärme gekennzeichnet ist. Je mehr Liebe Kinder erfahren, desto geringer ist die Angst zu versagen und desto stärker entwickelt sich die Neugier. Kinder mit sicherer Bindung trauen sich mehr zu.

Das *Flow-Erleben* – die totale Versenkung

Kinder und Jugendliche wenden zuweilen sehr viel Aufmerksamkeit und Energie für ihr Hobby, ihr Lieblingsfach, ihre Pferdelektüre oder ihre Bastelei zum Muttertag auf. Sie nehmen dann jede körperliche oder geistige Anstrengung auf sich und fühlen sich dabei rundherum glücklich. Und je mehr sie dann von einer Sache wissen, je besser die sportlichen Übungen klappen, je schöner die Bastelei wird, desto mehr wird ihr Ehrgeiz angefacht.

Je stärker die drei Faktoren Autonomie, Kompetenz und Bindung bei einer Tätigkeit ausgeprägt sind, desto mehr wandelt sich ihr Wohlbefinden in eine Art Trance-Zustand, *Flow* (Fließen) genannt. Es kommt zu einem Arbeitseifer, der die Kinder alles um sich herum vergessen und höchste Effektivität und Eigenmotivation erzielen lässt. Aufmerksamen Eltern entgeht dieses *Flow-Erleben* ihrer Kinder nicht, denn es zeigt sich ein ganz erstaunliches Potenzial, das es auszuschöpfen gilt. Wächst hier vielleicht ein Künstler, ein Leistungssportler, ein Handwerksmeister oder ein Forscher heran?

Hinweise für den erzieherischen und schulischen Alltag
1. Fördern Sie die Eigeninitiative des Kindes.
Ermöglichen Sie dem Kind, eigenständig Erfahrungen zu machen. Lassen Sie das Kind selbst machen. Wenn es sagt: „Ich kann das allein", sagen Sie: „Dann bitte, mach es!" Heben Sie das Kind nicht immer wieder auf die Schaukel, sondern warten Sie und beobachten Sie, ob es nicht selbst hinaufkommt.

2. Vermitteln Sie dem Kind das Gefühl: „Ich kann etwas!", „Ich hab das ganz allein gemacht!", „Ich bin in meiner Familie wichtig!"
Übertragen Sie dem Kind z. B. schon früh Pflichten und Verantwortung im Haushalt. Gleiches gilt auch in der Schule.

3. Geben Sie dem Kind klare Rückmeldung.

Bestätigen Sie ihm, dass es etwas kann, etwas erreicht hat, gute Leistungen erbracht hat, und ermöglichen Sie ihm dadurch die Wahrnehmung der eigenen Kompetenz.

4. Befähigen Sie das Kind, sich intensiver mit einer Sache auseinanderzusetzen.

Ermöglichen Sie ihm die Erfahrung, dass es Freude bereitet, tiefer in eine Materie einzudringen, dass es ein gutes Gefühl ist, etwas von einer Sache zu verstehen. Gehen Sie mit ihm in die Bücherei, wenn das Kind zum ersten Mal ein kleines Referat halten soll, und zeigen Sie ihm, wie es sich mit Literatur versorgen kann. Helfen Sie ihm, weitere Informationsquellen zu erschließen.

5. Sorgen Sie dafür, dass das Kind seine eigenen ganz speziellen Interessen entwickeln kann.

Beobachten Sie, was es interessiert, fesselt und weiterbringt – wann sich das *Flow-Erleben* einstellt. Signalisieren Sie Interesse für das, was das Kind gerade beschäftigt. Lassen Sie sich zum Beispiel auch über das Buch berichten, das das Kind gerade liest. Vergessen Sie nicht, positive Rückmeldung zu geben.

6. Lassen Sie die Verantwortung für das Lernen beim Kind.

Kinder müssen ihre Erfahrungen selbst machen. Wenn Ihr Kind als Fünftklässler sich erst kurz vor dem Schlafengehen die Vokabeln ansieht und dann eine Fünf schreibt, bleiben Sie gelassen. Sagen Sie ihm aber unmissverständlich, dass es seine Fünf ist, dass Sie ihm jedoch dabei helfen, in Zukunft seine Ergebnisse zu verbessern.

15. Gesetz: Stärken Sie den Glauben des Kindes an sich selbst!

Warum Kinder ihre Intelligenz als *formbar* erleben müssen

Psychologen arbeiten in einer Untersuchung mit mehreren Schülergruppen. Der einen erzählen sie, Kinder mit blauen Augen sind intelligenter als Kinder mit braunen Augen. Einer anderen Gruppe vermitteln sie genau das Gegenteil. Darauf schneiden die Kinder, die sich aufgrund der ihnen gegenüber gemachten Aussage für intelligenter halten, auch besser ab. Ähnlich verläuft ein anderer Versuch mit zwei Schülergruppen. Die Mädchen, die gehört haben, dass Jungen in Mathematik besser sind, bringen in Mathematiktests schlechtere Ergebnisse. Ohne diese Vorbelastung sind die Ergebnisse gleich.

Das zeigt: Wer an seinen Erfolg glaubt, hat ihn auch. Wer sich für schlau hält, steigert seine Leistungen. Bei Schülern, die ihre Fähigkeiten dagegen für ungenügend halten, sinken die Leistungen.

Die Pyramide des Lernens

Die verschiedenen Faktoren, die für das Lernen verantwortlich sind, stellt der Kinder- und Jugendlichen-Psychotherapeut Joachim Hackler in einem *Dreieck des Lernens* zusammen (2006:110). Demnach sind es, den Seitenlinien eines Dreiecks gemäß, drei Faktoren, die das Lernen beeinflussen:

▸ Gedächtnis, Konzentration und Motivation
▸ Lernstrategien, also Techniken, um sich Wissen anzueignen
▸ Selbstorganisation, also Verantwortung für das eigene Lernen übernehmen, die erforderliche Zeit planen und aufbringen, die Bereitschaft, sich anzustrengen und Phasen der Lernunlust zu überwinden, dem Erwartungsdruck von innen und außen standhalten und Energien mobilisieren

Die Spitze des Dreiecks bildet ein vierter Faktor:
▸ Selbstwirksamkeitserwartung, also die Zuversicht in die eigene Leistungsfähigkeit. Je mehr ein Kind lernt und je vielfältiger seine Lernanlässe sind, desto besser entwickeln sich die Lernfaktoren.

Während die Faktoren 1 bis 3 in anderen Gesetzen behandelt werden, soll in diesem Gesetz die Selbstwirksamkeitserwartung näher erläutert werden.

Man muss an die jungen Menschen glauben, damit sie an sich glauben

AUS DER WISSENSCHAFT

Prof. Peter Struck (Erziehungswissenschaftler):
Sagt man einem Kind, es sei *schlecht*, fühlt es sich auch schlecht
Man muss einem Kind nur häufig genug sagen, dass es *schlecht* ist, dann fühlt es sich schließlich auch schlecht und verhält sich schlecht. Bekannt ist dieses Phänomen bei Hauptschülern, die nur selten dem Typus des Hauptschülers entsprechen, wenn sie zur Hauptschule kommen. Aber wenn sie nach Jahren die Hauptschule verlassen, entsprechen sie im Sinne der *Self-Fulfilling-Prophecy* (sich selbst erfüllende Prophezeiung) tatsächlich dem Bild, das sich Menschen von Hauptschülern machen. Das Vorurteil bestätigt sich schließlich zum Urteil.

Nur zehn Prozent der jungen Menschen sind in der Lage, ihr Umfeld damit zu überraschen, dass sie sich anders entwickeln, als ihnen vorhergesagt wurde. (nach Struck 2005:90)

Man muss an die jungen Menschen und ihre Potenziale glauben, damit sie an sich glauben können, so der Choreograf Royston Maldoon: „Sobald man einen Raum betritt, wissen die jungen Leute, ob sie einem vertrauen können oder nicht" (in Kahl 2007d). Für Vertrauen haben Kinder und Jugendliche die feinsten Sensoren. „Fühlen sie nur einen Augenblick, dass man nicht an ihr Potenzial glaubt, so wird man ein Teil der Welt, die sie nicht respektiert, und sie fallen sofort in ihre Meinung zurück, Versager zu sein" (ebd.).

Schulerfolg setzt Selbstwirksamkeitserwartung voraus

AUS DER WISSENSCHAFT

Carol Dweck (Psychologin):
Schüler müssen die Plastizität ihres Gehirns erleben
Wer einen plastischen Begriff von Intelligenz hat, glaubt an das Lernen und an den Wert der Anstrengung. Wenn man dagegen meint, Intelligenz sei eine vorgegebene Größe, lässt die Anstrengungsbereitschaft nach. (nach Doskoch 2006:25)

Kein Mensch kann auf Anhieb erfolgreich einen Marathon laufen. Aber mit ausdauerndem Training bekommen es auch durchschnittliche Läufer hin. Dass man sein Gehirn ebenso wie einen Muskel trainieren kann, ist bei Schülern nicht bekannt. Das führt bei ihnen zu Fehleinschätzungen ihres Könnens. Haben sie erst einmal einige

Misserfolge erlitten, werden sie mutlos und halten sich für unbegabt. Sie glauben, Intelligenz sei eine vorgegebene Größe, daher lässt ihre Anstrengungsbereitschaft nach.

Die Psychologin Carol Dweck hält positive Selbstwirksamkeitserwartung für wichtiger als die Beherrschung von Lerntechniken (in Doskoch 2006:25). Sie hat deshalb mit ihrem Forscherteam ein Computerprogramm entwickelt, das Schüler aus ihrer Lern-Lethargie befreien soll. In diesen *brainology workshops* (*gehirnbezogene* Kurse) wird den Schülern ausführlich erklärt, wie sich während des Lernens neue neuronale Strukturen im Gehirn bilden und dass sie selbst diesen Prozess beeinflussen und verbessern können.

Kinder und Jugendliche mit hoher Selbstwirksamkeitserwartung sind erfolgsorientiert und erfolgszuversichtlich. Sie trauen sich die Lösung auch schwierigerer Aufgaben zu und suchen regelrecht nach neuen Herausforderungen. Ihr höheres Vertrauen in die eigene Fähigkeit führt sie bei gleichen Voraussetzungen, also bei gleicher Intelligenz und gleichen Fähigkeiten, zu besseren Ergebnissen als bei ihren Altersgenossen mit wenig Vertrauen in ihren Erfolg. Das wiederum sorgt für neue Zuversicht. Je optimistischer Kinder und Jugendliche an Aufgaben herangehen, desto motivierter sind sie. Schulerfolg ist somit nicht nur eine Frage der Begabung, sondern auch der Einstellung. Um die Ziellinie siegreich zu erreichen, müssen Kinder und Jugendliche wie Wettkämpfer an ihren Triumph glauben.

Hinweise für den erzieherischen und schulischen Alltag

1. Stärken Sie das Selbstvertrauen des Kindes.

Eine Voraussetzung dafür ist, dass Sie selbst Selbstvertrauen besitzen. Und nur wer selbst wertgeschätzt wird, kann sich selbst wertschätzen und anderen Wertschätzung entgegenbringen.

2. Steigern Sie die Selbstwirksamkeitserwartung des Kindes.

Eltern und Lehrer erleichtern Erfolgserlebnisse und Kompetenzerfahrungen, wenn sie dem Kind die Lösung einer Aufgabe zutrauen. Das stärkt seine Selbstwirksamkeitserwartung. Das Kind wird alles versuchen, der Erwartung seiner Eltern und Lehrer sowie seiner eigenen gerecht zu werden. Geben Sie ihm entsprechende Rückmeldung: „Prima, dass du den Text richtig übersetzt hast. Behaupte nicht immer, du seist in Latein eine Niete."

3. Ermöglichen Sie dem Kind Erfolgserlebnisse und Kompetenzerfahrungen.

Stärken Sie seine Selbstwirksamkeitserwartung auch dadurch, dass Sie etwas von ihm erwarten. Übertragen Sie ihm altersgemäße Aufgaben und Pflichten im Haushalt (und in der Schule). Arbeit erlaubt nicht nur, den eigenen Lebensunterhalt zu sichern. Arbeit, auch schulische Arbeit, dient ebenso zur Entfaltung der eigenen Talente.

4. Unterstützen Sie das Kind darin, die Ursachen seiner Leistungsergebnisse vor allem in den eigenen Anstrengungen zu sehen.

Wer immer wieder darauf verweist, was das Kind durch Übung, Lernen, Ausdauer oder gute Strategien bereits alles erreicht hat, stärkt seine Selbstwirksamkeitserwartung. Aussagen wie „Da habe ich Glück gehabt!" oder „Mathematik kann ich eben nicht!" dürfen Eltern und Lehrer nicht stehen lassen oder sogar verstärken.

5. Helfen Sie dem Kind, seine Kompetenzen zu erkennen und zu erweitern.

Wenn Eltern (und Lehrer) die Erfolge und Lernfortschritte des Kindes wahrnehmen und ihm dazu eine bestätigende Rückmeldung geben, stärken sie seine Selbstwirksamkeitserwartung, sein dynamisches Selbstbild sowie seine Vorstellung von der Formbarkeit seiner Intelligenz.

6. Gewöhnen Sie das Kind früh daran, Verantwortung für sich und andere zu übernehmen.

Wer seine Aufgaben selbst erledigen, seine Probleme selbst lösen kann und dazu noch für andere wichtig ist, erlebt Selbstachtung, Selbstbewusstsein und Selbstwertgefühl.

16. Gesetz: Werden Sie Motivationscoach des Kindes!

Was man von Jürgen Klinsmann lernen kann

Die Botschaft war eindeutig: „Mi sind die, wo gewinne wellet!" Und Bundeskanzlerin Angela Merkel hat in ihrer Neujahrsansprache 2007 so darauf reagiert: „Klinsmann hat uns gezeigt, was mit Fleiß, Zielstrebigkeit und Glaube an die eigenen Möglichkeiten erreicht werden kann." „Von Klinsmann lernen heißt siegen lernen", sagen sich inzwischen auch deutsche Manager. Dass sie vom Führungsstil des ehemaligen Fußballnationaltrainers tatsächlich lernen können, hat eine Untersuchung von Joachim Gläser und Stephan Zinser ergeben. Ihr zufolge ist die Situation, die der ehemalige Teamchef bei seinem Amtsantritt vorgefunden habe, ähnlich wie in vielen deutschen Unternehmen: „Das Produkt hat einmal zur Weltspitze gehört, ist aber mittlerweile international nicht mehr wettbewerbsfähig." Neue Motivation ist nötig, damit sich wieder zur Spitze aufschließen lässt (in Gläser 2006:2).

Wie die Nationalspieler brauchen auch unsere Kinder einen Coach, der an sie glaubt und ihnen alle Möglichkeiten gibt, sich zur Entfaltung zu bringen. Unsere Kinder können etwas. Eltern müssen motiviert sein wie Klinsmann, dann können sie ihre Kinder begeistern, wie Klinsmann seine Spieler begeistert hat. Von Klinsmann lernen heißt Motivation lernen, dann springt der Funke auf die Kinder über. Selbst aus beschränkten Mitteln werden Schüler dann das Beste machen.

Leistungsvermögen setzt Leistungserwartung voraus

Klinsmann machte jeden Spieler persönlich für seinen Fitnesszustand verantwortlich. Seine Philosophie beruhte auf eigenständigem und kollektivem Denken. Der Einzelne ist demnach selbstständig, arbeitet zugleich jedoch teamorientiert.

Eltern können der Klinsmann ihrer Kinder sein, wenn sie Motivator, Coach, Betreuer, Lernbegleiter, Ratgeber und Helfer werden. Wenn sie Leistung erwarten, werden ihre Kinder je nach individuellem Vermögen auch Leistung erbringen können. Trauen Sie dem Kind etwas zu und erwarten Sie von ihm, dass es auch allein verantwortlich arbeiten kann. Gleichzeitig braucht es das Gefühl, in eine Gemeinschaft eingebunden zu sein. Machen Sie ihm daher Mut und geben Sie Rückhalt. Angela Merkel schließt ihre Neujahrsansprache 2007 so: „Überraschen wir uns damit, was möglich ist! Fangen wir einfach an – am besten morgen früh."

Eine Kultur der Anstrengung

Der 16-jährige Denis gehörte zu meiner Zeit als Schulleiter zu den strebsamen Schülern. Gleichzeitig war er Nachwuchssportler in der Landesauswahl. Wie brachte er beides unter einen Hut? Denis berichtete:

„Wenn ich mit meinem Vater irgendwo im Lande zum Training oder zum Turnier fahre, ist es selbstverständlich, dass ich das Vokabelheft, das Mathebuch oder andere Schulsachen dabeihabe. Ich nutze dann die freie Zeit zwischen den Turnier- oder Trainingszeiten für meine Schulaufgaben. Meine Eltern verlangen, dass schulische Leistungen Priorität vor meinem sportlichen Hobby haben."

Auf die Frage, ob der Sohn nicht versucht war, die Schule mal zu schwänzen, wenn er das ganze Wochenende unterwegs war, antwortete der Vater:

„Über Pflichten wird bei uns nicht diskutiert. Und Schule ist sein Job. Als Eltern erwarten wir, dass er sich nicht nur im Sport verausgabt, sondern sich auch in der Schule einbringt. Aber wenn einmal eine Arbeit danebengeht, nehmen weder wir Eltern noch er selbst das besonders tragisch. Wir stehen ihm bei und machen ihm Mut. Bei Problemen finden wir gemeinsam heraus, was ihn belastet, und helfen ihm weiter."

Nach meiner Beobachtung förderte der Sport nicht nur Denis' Selbstbewusstsein, sondern auch seine Lernfreude. Trotz der doppelten Belastung trugen seine sportlichen Aktivitäten zu seinem Schulerfolg bei. Sport und Lernen stärkten sein inneres Gleichgewicht. Er erschien rundum zufrieden und glücklich.

Eltern reißen sich aus der Bequemlichkeitszone

AUS DER WISSENSCHAFT

Prof. Joachim Bauer (Mediziner, Psychotherapeut):
Motivation ist wie eine Pflanze, die der Sonne entgegenwächst
Motivation ist Kindern nicht angeboren. Sie gleicht einer Pflanze, die der Sonne entgegenwächst. *Die Sonne* der Motivation von Kindern oder Jugendlichen ist das Interesse, die Zuwendung seiner maßgeblichen Bezugspersonen, in der Regel also der Eltern. Erlischt die Sonne, wird die Pflanze ihr Wachstum einstellen und zugrunde gehen. (nach Bauer 2007:95)

Übertragen auf die Situation von Denis bedeutet das, dass der Vater die *Sonne* für die Motivation des Sohnes war. Aber der Sohn spielte ebenfalls eine wichtige Rolle für die Motivation des Vaters. Die Motivation des Sohnes motivierte den Vater. Die Zuwendung und das Interesse des Vaters beziehungsweise des Sohnes halfen ihnen wechselseitig, sich immer wieder neu zu motivieren. Der Vater war bereit, etwas zu geben, nämlich Zeit am Wochenende. Daher konnte er auch etwas von seinem Sohn verlangen, was der auch gerne gab.

Vater und Sohn haben sich gegenseitig aus der Bequemlichkeitszone gerissen und pflegten eine *Kultur der Anstrengung.* Denis genoss die schulfreien Tage mit ihren sportlichen Verpflichtungen, während seine Klassenkameraden sich nach dem Wochenende erst einmal von ihrem Freizeitstress erholen mussten. Während diese am Schulmontag abgekämpft in ihren Schulbänken hingen, war er topfit. Denis' Familie verkörperte die einfache Wahrheit, dass das Glück darin besteht, sich selbst Ziele zu setzen und zu erreichen, statt der Bequemlichkeit nachzugeben.

Möglicherweise verbrachte Denis am Wochenende mehr Zeit mit seinem Vater als die anderen Söhne in der Klasse mit ihren Vätern zusammen. Daneben gab Denis' Vater dem Sohn Gelegenheit, seine Talente zu entdecken und an ihnen zu feilen. Gemeinsam erfuhren sie, dass man Widerstände und vermeintliche Grenzen überwinden kann. Denis erhielt die Chance zum Sichbewähren und machte dabei etwas aus sich. Arbeit und Anstrengung, das hatte Denis längst gelernt, dienen zur Entfaltung eigener Talente und stärken das Selbstwertgefühl. Ganz nebenbei ebneten Denis und sein Vater auch den Weg für die berufliche Zukunft des Sohnes: Betriebe stellen gern Sportler, Musiker und sozial engagierte Menschen ein, da sie hochmotiviert, leistungsfähig und zielstrebig sind.

Hinweise für den erzieherischen und schulischen Alltag

1. Vermitteln Sie eine positive Grundeinstellung zur Schule und zum schulischen Lernen.

Ein Kind soll spüren, dass es Notwendiges, Sinnvolles, Bereicherndes tut. Begleitend zu Kindergarten, Grundschule und weiterführender Schule können Eltern Neugier und eine positive Spannung vermitteln.

2. Trauen Sie dem Kind zu, dass es einen Willen zum Lernen mitbringt.

Erwarten Sie etwas, damit das Lernen zu seiner Sache wird. Dann fühlt sich das Kind von seinen Eltern und Lehrern ernst genommen und wird zur Leistung angespornt.

3. Geben Sie die Devise aus, der einzige Weg ist der Weg nach oben.

Geben Sie dem Kind eine Perspektive, erleichtern Sie ihm, seine Potenziale zu erkennen, verabreden Sie mit ihm (erreichbare) Ziele, achten Sie dabei auf die Begabungen, Interessen und Neigungen. Machen Sie Mut zu Ausdauer: „Du schaffst das!" „Du hast schon viel schwerere Brocken bewältigt." „Du kannst immer noch besser werden."

4. Vermitteln Sie positive Gefühle beim Lernen.

Das Gehirn des Kindes bewertet seine Erfahrungen nach dem Schema: *gut gewesen, wieder tun oder schlecht gewesen, bleiben lassen.* Motivationspsychologen wissen, dass nur diejenigen Entscheidungen in Handlung umgesetzt werden, die auch von einem starken positiven Gefühl begleitet sind. Sorgen Sie dafür, dass das Kind Spaß am Lernen entwickelt.

5. Motivieren Sie das Kind durch Sport.

Es gibt einen engen Zusammenhang zwischen intellektueller Fähigkeit und Bewegung. Bestimmte Verschaltungen im Gehirn werden durch körperliche Bewegung ermöglicht und führen zu einer Steigerung der Hirnaktivitäten und damit zu mehr Leistungsfähigkeit.

6. Motivieren Sie das Kind in drei Schritten zum Lernen.

Schreiben Sie folgende Grundsätze auf und hängen Sie sie an die Pinnwand.
1. Finde dein eigenes Ziel! 2. Motiviere dich mit positiven Gefühlen nach Erfolgserlebnissen! 3. Räume die Stolpersteine aus dem Weg, die dein Lernen erschweren!

Die Erkenntnisse der Lern- und Hirnforschung erleichtern das Lernen

17. Gesetz: Unterstützen Sie das Kind beim Aufbau eines Wissensnetzes!
Warum Wissen, nicht Intelligenz der Schlüssel zum Können ist

Der Lehrer spricht im Grammatikunterricht von einem *Substantiv*. Henning hat dieses Wort noch nie gehört. Er kennt auch nichts Ähnliches und kann deshalb nichts damit anfangen. Renate dagegen hat mehr Glück: Ihr Vater ist von Beruf Chemiker. Er erzählt zu Hause häufig von seiner Arbeit und hat Renate dabei auch den Begriff *Substanz* erklärt. Renate kann sich daher überlegen, dass ein *Substantiv* etwas mit *Substanz* zu tun hat: Es bezeichnet etwas, das man anfassen kann. Henning ist nicht dumm, nur weil er das Wort *Substantiv* nicht versteht. Renate aber kann die neue Information mit Bekanntem verknüpfen. Er kennt einfach kein ähnliches Wort – und deshalb *bleibt es nicht hängen*. Vera F. Birkenbihl meint dazu: Was wir nicht kennen, können wir nicht wahrnehmen. Sie spricht von einem Wissensnetz, das alles umfasst, was wir kennen. Eine neue Information bewegt sich auf dieses Netz zu wie eine Fliege, die einem Spinnennetz entgegenfliegt. Wenn diese Information im Wissensnetz etwas Ähnliches findet, bleibt sie hängen und das Netz wird ein wenig dichter. Findet die Information nichts Ähnliches, fliegt sie durch das Netz hindurch und ist verloren (in Schlenther 2006).

Gene und die Umwelt beeinflussen die Intelligenz
Jedes Kind wird mit einem individuellen genetischen Potenzial geboren. Seine Intelligenz wird jedoch nicht nur durch die Gene, sondern auch stark durch die Umwelt beeinflusst. Die Intelligenz kann daher durch Anregung von außen wachsen oder sie kann durch Mangel an Anregung schrumpfen. Gene und Erziehung wirken zusammen: Gene sind die Mitgift – was daraus wird, hängt von der Erziehung und der Umwelt ab. Die Lernforschung geht heute davon aus, dass Intelligenz nur zu etwa 50 Prozent von den Eltern über die Gene vererbt wird. Der Rest bildet sich durch Erziehung und Umwelt: durch Erfahrung, Lernen, durch die richtige Dosierung von Förderung zum richtigen Zeitpunkt.

AUS DER WISSENSCHAFT

Prof. Angela Friederici (Neuropsychologin):
Eltern fördern ihre Kinder durch Kommunikation und Interaktion
„Kinder zwingen zu wollen, etwas zu machen, was sie nicht wollen, ist nicht erfolgreich. Da muss man einfach nur sensibel bleiben. Wenn Kinder keinen Input (Eingabe) mehr haben wollen, dann machen sie mental zu. [...] Was Eltern sollen, ist in erster Linie, sich mit dem Kind beschäftigen. Dazu kann es reichen, ihnen ein Kinderlied vorzusingen." (Friederici 2008)

Für die schulische Leistungsfähigkeit, so Klaus Hurrelmann und Gerlinde Unverzagt, sei es nicht entscheidend, ob man im Elternhaus schon das Abc und die Grundrechenarten einstudiert und erste Schreibübungen gemacht habe. Viel wichtiger sei ein anregendes Familienklima „mit dieser gesunden Mischung aus Fördern und Fordern, die das Geheimnis einer guten Erziehung ist" (2008:168).

AUS DER WISSENSCHAFT

Prof. Gerald Hüther (Hirnforscher):
Anregung ohne Hysterie
Im Interview mit dem Magazin *stern*:
„Professor Hüther, Frühförderung, muss das sein?
Hüther: Was zurzeit passiert, ist eine gigantische Hysterie. Es wird ohne Sinn und Verstand gefördert, auch Fähigkeiten, für die das kindliche Gehirn noch gar nicht reif ist und die nur den Vorstellungen ehrgeiziger Eltern entsprechen. Gesunde Kinder lernen von ganz allein und in ihrem eigenen Tempo. Sie legen sich die Latte immer selber ein Stückchen höher – ohne dass es jemand von ihnen erwartet.
Das heißt, auch ohne Early English und musikalische Früherziehung hat mein Sohn oder meine Tochter Chancen, später erfolgreich in Schule und Beruf zu sein?
Hüther: Ja. Allerdings müssen Eltern dafür sorgen, dass genügend Anregungen zum Spielen und Experimentieren da sind und der Wissensdurst der Kleinen gestillt wird. Aber bevor Sie mit Kursen anfangen, sollten Sie Ihrem Kind erst mal selbst Freude am Lernen vermitteln, es motivieren. Wer das tut, braucht sich keine Sorgen zu machen." (in Gronwald 2004)

Das Gehirn verhält sich wie ein Schneeball

Manche Eltern wollen bei ihrem Kind Fähigkeiten fördern, für die das kindliche Gehirn noch gar nicht reif ist. Ihre Vorstellung, Architekten oder Baumeister des Kindergehirns zu sein, ist absurd. Ein Wissensnetz aufzubauen, bedeutet nicht, das Kind mit isoliertem Faktenwissen vollzustopfen, weil sein Gehirn jeden Lernstoff angeblich wie ein Schwamm aufsaugt. Das Gegenteil ist der Fall. Jedes gesunde Kind hat ein gut funktionierendes Gehirn, das ständig neue Lernanreize sucht. Es bestimmt auch sein Lerntempo selbst. Das frühe Lernen ist ein Lernen aus Erfahrung und kein Lernen von Fakten. Anderenfalls bleibt es totes Wissen, mit dem Kinder nichts anfangen können.

In das Lernen, dies zeigt auch das Beispiel von Renate und Henning, fließen immer auch die vorher gemachten Erfahrungen ein: Erinnert eine Information an etwas Bekanntes oder kann bei einer Aufgabe auf Vorwissen zurückgegriffen werden, winkt Belohnung: Im Gehirn wird Dopamin ausgeschüttet. Dieses Glückshormon verstärkt die Aufmerksamkeit und macht Lust auf mehr (s. Gesetze 3 und 13). Lernen ist daher ein sich selbst fördernder Prozess. Je mehr wir gelernt haben, desto mehr lernen wir dazu. Unser Gehirn verhält sich dabei ähnlich wie ein Schneeball oder eine Lawine:

Je mehr Informationen es bereits zu einem Thema hat, umso leichter nimmt es zusätzliche auf.

Wissen schlägt Intelligenz

AUS DER WISSENSCHAFT

Prof. Elsbeth Stern (Lernforscherin):
Wissen und Intelligenz
Was ein Mensch kann, hängt von der Intelligenz ab, jedoch ebenso vom Wissen, das er etwa durch guten Unterricht oder eigenes Üben erwirbt.
Guter Unterricht und Üben werden mit zunehmendem Alter sogar wichtiger. So kann man die mathematische Kompetenz eines Grundschülers noch relativ gut mit einem zu Schulbeginn erhobenen Intelligenztest vorhersagen. Im Jugendalter ist dies längst nicht mehr so gut möglich. Da spielt dann das Wissen, auf das man mit den Jahren immer wieder neues Wissen aufbaut, die entscheidende Rolle.   (nach Kerstan 2003)

Die Lernforscherin Elsbeth Stern hat sich eingehend mit dem Verhältnis von Wissen und Intelligenz beschäftigt. Intelligenz verliere zur Erklärung von Leistungsunterschieden an Bedeutung, so Stern. Auf die Begeisterung für das Lernen und das sinnvoll vernetzte Wissen komme es an. Intelligentere Kinder lernten zwar leichter, nehmen sie die Gelegenheit zum Lernen aber nicht wahr, dann verschenkten sie ihren Vorsprung. Wenn sie ihre Intelligenz nicht in Wissen umsetzen, bleiben sie zurück. Sie werden von den weniger intelligenten Kindern überholt, die sich Wissen aneignen (in Kerstan 2003).

Wer sich auf seinen Lorbeeren ausruht, wird also abgehängt. Defizite in der Intelligenz könnten, so Elsbeth Stern, durch Vorwissen wettgemacht werden. Defizite im Vorwissen hingegen nicht. Und wenn man die Intelligenz nicht in Wissen umsetzt, nütze sie einem gar nichts. Den größten Einfluss auf Lernfortschritte hat das verfügbare Wissen, weitgehend unabhängig vom Intelligenzquotienten. Nicht Intelligenz, Wissen ist der Schlüssel zum Können. Das Fazit ihrer Studien lautet: „Wissen schlägt Intelligenz" (ebd.).

Hinweise für den erzieherischen und schulischen Alltag
1. Lassen Sie das Kind intensiv den Alltag erfahren.
Kinder sollen möglichst früh ihr Denken schulen. Wenn ein Dreijähriger ein Stück Kuchen in zwei Hälften teilt, entwickelt er ein Verständnis für Zahlen und das Prinzip der Teilbarkeit. Ein Großteil seines Wissensnetzes bildet sich durch alltägliche Erfahrungen.

2. Geben Sie dem Kind Gelegenheit zum Forschen, Suchen und Experimentieren.
Kinder erwerben mit Leichtigkeit neues Wissen, wenn sie dabei möglichst viel selbst ausprobieren und mit Gegenständen experimentieren, die sie aus ihrem Alltag kennen. Wenn sich das Kind mit einer Aufgabe beschäftigt und sie durch *Versuch und Irrtum* und erneuten Versuch löst, werden vom Gehirn Glückshormone ausgeschüttet. Sie führen dazu, dass das Kind nach neuen Herausforderungen sucht.

3. Unterstützen Sie die Experimente und Beobachtungen des Kindes mit Sachwissen.
Seien Sie offen für die Fragen des Kindes. Geben Sie kindgerechte Antworten auf seine Fragen. Geben Sie Erläuterungen. Zur Erinnerung: Hören Sie damit auf, sobald das Kind nicht mehr fragt oder sein Interesse erkennbar anderen Dingen zuwendet. Überfüttern Sie das Kind nicht mit Faktenwissen.

4. Spielen Sie mit dem Kind „Stadt-Land-Fluss".
Das ist eine einfache Methode zur Erweiterung des Wissensnetzes, die in jedem Alter Freude macht. Die Themenliste lässt sich beliebig erweitern, z.B. zu Stadt-Land-Fluss-Physik-Sport oder Stadt-Land-Fluss-Biologie-Fußball.

5. Bedenken Sie: Entscheidend für Leistung ist Wissen.
Auch ein intelligentes Kind muss lernen, selbst wenn es zügiger lernt als ein weniger intelligentes Kind. Wer aber seine Intelligenz nicht in Wissen umsetzt, bleibt zurück.

6. Erfreuen Sie sich an den Fortschritten des Kindes – und zeigen Sie dem Kind das auch.

18. Gesetz: Erleichtern Sie den Übergang vom Kurzzeit- ins Langzeitgedächtnis!
Wie Kinder den Lerngegenstand bewältigen

Der Klausurtermin in Geschichte ist seit Wochen angesagt und Julia hat ihn auch mit Rotstift in ihrem Kalender festgehalten. Es geht um den Geschichtsstoff der letzten Wochen. Wie immer lernt Julia *auf den Punkt,* also genau zu diesem Termin. Diese Lernstrategie klappt mehr schlecht als recht, meistens kommt sie damit einigermaßen durch. Aber dieses Mal geht es schief. Und als sie die Klausur mit der Note Fünf zurückerhält, fällt sie aus allen Wolken: „Aber ich habe doch das ganze Wochenende gelernt!"

„Das ganze Wochenende gelernt" bedeutet für sie, sich den Geschichtsstoff kurzfristig, allein und durch wiederholtes Anschauen im Geschichtsheft und Geschichtsbuch einzupauken. So wie Julia bereitet sich die Mehrzahl der Schüler in Deutschland auf eine Klassenarbeit vor.

Schule begünstigt das *Bulimie-Lernen*
Lernen tut gut. Alle Kinder wollen lernen. Das Gehirn lernt immer. Das behaupten Hirnforscher und Lernforscher. Doch wie kommt es dann, dass Millionen von Schülern keine Lust zum Lernen haben? Die Erklärung ist denkbar einfach. Während es vor Eintritt in die Schule heißt „Lerne, was dich interessiert und worauf du Lust hast!", ist die Parole nach der Einschulung bald eine andere: „Lerne, was die Schule dir vorgibt!" Aber Kinder wollen vor allem nach ihren Interessen lernen und nicht belehrt werden, wie es in der Schule meist der Fall ist. Millionen von Schülern reagieren aus diesen und anderen Gründen mit Schulfrust, Schulunlust, Schulverweigerung oder, wie im Fall von Julia, mit einer falschen Lernstrategie.

Der Lehrstoff wird bei uns oft zu isoliert vermittelt und deshalb nur halb verstanden. Das isolierte Wissen bleibt träge und Schüler können damit nichts anfangen. Sie können es nicht sinnvoll in ihr Wissensnetz einbauen (s. Gesetz 17) und daher in neuen Situationen nicht anwenden. Der Stoff wird als Information von ihnen aufgenommen, jedoch schnell wieder vergessen. Je mehr Wert die Schule auf eingeschränktes und abfragbares Wissen legt, desto mehr reduziert sie daher die Lernmöglichkeiten der Kinder.

Julia hat sich mit ihrem Lernstil darauf eingestellt, dass es in vielen Fächern zum großen Teil um isoliertes Faktenwissen geht. Ihr Geschichtslehrer strebt seine Leistungsziele direkt an, überprüft sie und überlässt sie dann anscheinend dem Verfall. Für Julia und ihre Klassenkameraden bedeutet dies, sich an den Vortagen den Lernstoff anzueignen, um ihn dann bei der Klausur wieder loszuwerden. *Bulimie-Lernen* nennen die Schüler selbst dieses Verfahren. „Ich bin taktisch faul", bekennt daher auch Julia freimütig. „Ich lerne nur das, was ich für Klausuren und Prüfungen brauche, und packe das in mein Kurzzeitgedächtnis."

Aktionsplan: Besser lernen

Lernen bedeutet, Informationen so im Gehirn zu verankern, dass sie jederzeit abrufbar sind. Es reicht für Schüler weder, dass der Lernstoff dreimal gelesen wird, noch genügt es, dass der Lehrer dreimal das Gleiche erzählt. Von diesem Lernstoff bleibt wenig hängen, kaum etwas findet den Weg ins Langzeitgedächtnis. Damit Informationen aus dem Kurzzeit- ins Langzeitgedächtnis gelangen, muss der Lerngegenstand für den Lernenden von Bedeutung sein, zur Mitarbeit aktivieren, anschaulich gemacht werden, im Schlaf verankert werden und noch weitere Voraussetzungen erfüllen.

Der Lerngegenstand muss für den Lernenden von Bedeutung sein

Lehrerin A und Lehrer B unterrichten in Parallelklassen Erdkunde. Bei Lehrerin A lernen die Schüler viel, bei Lehrer B eher wenig. Das ist nicht verwunderlich. Während Herr B seinen Schülern alles als gleichwertige Kost vorsetzt, versteht es Frau A hervorragend, jedem Lerngegenstand ein besonderes Gewicht zukommen zu lassen, wichtige Inhalte hervorzuheben und durch Setzen von Prioritäten an die Schüler weiterzugeben.

1. Geben Sie dem Lerngegenstand eine Bedeutung.
Je intensiver das Kind sich mit dem Lerngegenstand beschäftigt, desto mehr Verbindungen kann es zu bereits Bekanntem herstellen und daher wird das Gelernte besser im Gedächtnis gespeichert.

2. Fördern Sie Aha-Erlebnisse.
Sie treten dann ein, wenn sich der Lernstoff überraschend mit bereits vorhandenem Wissen im Gehirn vernetzen kann.

Der Lerngegenstand muss zur Mitarbeit aktivieren

Im Münchener Museum *Mensch und Natur* sind in einem Kasten verschiedene Tiere nebeneinander aufgestellt: ein Pferd, ein Strauß, ein Gepard usw. Die Frage an die jungen Besucher lautet: „Weißt du, wer der Schnellste, Zweitschnellste usw. ist?" Die Kinder stellen eine Rangordnung auf. Dann drücken sie einen Knopf und die Tiere laufen los. Das Ergebnis sehen die Kinder bildhaft und lebendig vor sich und erfahren umgehend, ob ihre Vermutung richtig war.

1. Fördern Sie Lernprozesse des Kindes, die auf seine aktive Mitarbeit und sein Mitdenken ausgerichtet sind.
Schaffen Sie ein Lernumfeld und stellen Sie die Mittel bereit, durch die das Kind die Außenwelt und die eigene Person erkunden kann. Das Kind lernt dann am meisten, wenn es etwas selbst erarbeiten kann. Holen Sie zusammen mit dem Kind aus der Bücherei z. B. Bücher aus der Reihe *Was ist was* zu Gebieten, die das Kind interessieren, nach denen es bereits gefragt hat und auf denen es sich selbstständig weiterbilden kann.

2. Ermutigen Sie das Kind zu Referaten, Präsentationen und zur Zusammenarbeit mit anderen.

Dabei muss es selbst tätig werden und sich aktiv mit dem Lerngegenstand auseinandersetzen. Fördern Sie die Zusammenarbeit des Kindes mit Mitschülern. Auch Nachhilfe bringt dem am meisten, der selbst erklären muss.

3. Halten Sie sich an den Grundsatz von Maria Montessori: Hilf mir, es selbst zu tun.

Geben Sie dem Kind nur so viele Anregungen, wie es braucht, um selbstständig weitermachen zu können. Lassen Sie es eigenverantwortlich ausprobieren und experimentieren. Vertrauen Sie dem Kind, greifen Sie nicht gleich regelnd ein. Das Kind findet die Lösung selbst.

Der Lerngegenstand muss anschaulich gemacht werden

„Wenn ich über Rechtfertigungslehre predige, senkt das Volk die Köpfe und nickt ein. Wenn ich aber Beispiele bringe und Geschichten erzähle, dann reckt es die Hälse und spitzt die Ohren", sagte Martin Luther über seine Gottesdienstbesucher in der Schlosskirche zu Wittenberg.

Wer wie Julia glaubt, beim Lernen gehe es darum, Fakten zu büffeln, lernt falsch. Statt nachhaltig zu lernen und zu behalten, verschwendet sie ihre Zeit mit sinnlosem Gepauke. Der Hirnforscher Manfred Spitzer sieht es so: Fakten verhalten sich zu den Geschichten wie das Skelett zum ganzen Menschen. Nur im Zusammenhang sind Einzelheiten interessant. Und nur wenn sie interessant sind, werden sie von den Schülern auch behalten. Geschichten treiben uns um, lassen uns aufhorchen, betreffen uns und gehen uns nicht mehr aus dem Sinn (2007b).

1. Erzählen Sie eine Geschichte.

Es reicht nicht, dem Kind zu sagen: „Das musst du dir merken." Verbinden Sie den Begriff oder den Sachverhalt mit einer kleinen Geschichte oder mit einem Frage-Antwort-Spiel.

2. Versuchen Sie, auf Fragen des Kindes kindgerecht zu antworten.

Antworten Sie bildlich, erfahrungsbezogen und emotionsnah. Stellen Sie Bezüge zwischen den Dingen her. Veranschaulichen Sie durch Bilder und Geschichten. Schauen Sie sich mit dem Kind die *Sendung mit der Maus* oder *Löwenzahn* an. Achten Sie dabei auf Fragestellung und Präsentation dieser Sendungen, um ebenso oder ähnlich zu erklären.

3. Bauen Sie eine Eselsbrücke. Sorgen Sie für Assoziationen.

Wenn immer es geht, muss eine Eselsbrücke her. Das Wort *nämlich* schreibt kein Schüler mit *h*, der diese Eselsbrücke kennt: „Wer nämlich mit h schreibt, ist dämlich." Und die Reihenfolge der vier Fälle – Nominativ, Genitiv, Dativ, Akkusativ – kann sich ein Zehnjähriger besser so merken: „N G D A – Norbert genießt die Ananas." Die Telefonnummer 1492 1972 kann sich der leicht merken, der weiß, wann Amerika entdeckt wurde und die letzten Olympischen Spiele in Deutschland stattgefunden haben.

Der Lerngegenstand muss im Schlaf verankert werden

Was von dem Gelernten im Langzeitgedächtnis landet, entscheidet sich auch im Bett. Studien der Universitäten Lübeck und Köln beweisen, dass tagsüber Gelerntes nachts im Gehirn verankert wird. Der Hirnforscher Manfred Spitzer sagt: „Wer sich den Schlaf raubt, um zu lernen, der stört den im Kopf eingebauten Lehrmeister bei der Arbeit" (2007b:132).

1. Sorgen Sie für ausreichend Schlaf.
Der Schlaf ist eine wichtige Voraussetzung dafür, dass sich tagsüber Gelerntes nachts festigen und im Langzeitgedächtnis verankern kann.

2. Schränken Sie den Fernsehkonsum ein.
Nach dem abendlichen Vokabellernen soll das Kind nichts Aufregendes mehr unternehmen, sondern schlafen. Auch Fernsehen oder Computerspiele führen zu Überlagerungen. Statt die Lerninhalte zu festigen, beschäftigt sich das Gehirn im Schlaf mit der Verarbeitung der Krimi-Geschehnisse und die Vokabeln finden ihren Weg nicht ins Langzeitgedächtnis.

Weitere Voraussetzungen, um Lernstoff zu verankern

1. Helfen Sie dem Kind, den roten Faden zu finden.
Er zieht sich logisch durch die aufeinanderfolgenden Lernschritte und erleichtert, dass sich die Lerninformationen im Gehirn mit dem passenden Bereich vernetzen. Ein Erkennen von *Mustern* ermöglicht die Speicherung einer größeren Gesamtzahl von Lerninhalten.

2. Vermeiden Sie „Überlernen".
Wenn der Stoff sitzt, soll der Schüler aufhören, ihn weiter zu büffeln. Das bringt keinen weiteren Nutzen. Sinnvoller ist es, eine Pause einzulegen, um sich dann anderen Lerngegenständen zuzuwenden.

3. Trainieren Sie mit dem Kind, Wichtiges von Unwichtigem zu unterscheiden.
In Texten nur das Merkenswerte anstreichen. Fragen Sie und lassen Sie das Kind sich selbst fragen: Welche Informationen sind bereits vorhanden? Was ist neu?

4. Vermeiden Sie Ablenkung.
Das Kind soll sich längere Zeit auf einen Lerngegenstand konzentrieren können. Vermeiden Sie in dieser Zeit Störungen jeglicher Art.

19. Gesetz: Übung macht den Meister. Unterstützen Sie das Festigen der Lerninhalte!

Wie Übung und Wiederholung zur täglichen Routine der Schüler werden

„Willst du nicht noch für die Mathearbeit morgen üben?", hakt die Mutter besorgt nach. In der Antwort von Klaus liegt eine Spur Genervtheit: „Was soll ich denn noch üben? Ich kann doch alles!" „Müssen nicht auch Profifußballer jeden Tag trainieren, um in Form zu bleiben?", wollte die Mutter ihn noch fragen. Doch da ist der Sohn bereits mit dem Fußball unter dem Arm verschwunden.

Klaus ist Schüler im zweiten Schuljahr. Für die Schule arbeitet er nur so viel, wie er unbedingt muss. „Seine Hausaufgaben erledigt er. Da kann ich mich nicht beklagen. Aber mehr ist nicht drin", stöhnt seine Mutter. Üben und Wiederholen hält er weitgehend für überflüssig. Die Mutter fürchtet, dass Klaus sich überschätzt.

Als die Mutter im Elterntraining ihr Leid klagt, bestärke ich sie darin, dass Üben und Wiederholen für die Festigung des Lernens notwendig sind. Ich berichte von dem Geigenlehrer unserer jüngsten Tochter. Er ist ein begeisterter und begeisternder Musiker. Den musikalischen Funken auf seine Schüler überspringen zu lassen, ist für ihn eine Herausforderung. Unsere Tochter freute sich schon die ganze Woche auf die Begegnung mit ihm und der Musik. Und nie vergaß er zum Schluss, ihr Notenstücke aufzugeben, die sie zu üben hatte, täglich zu üben, wohlgemerkt. „Vergiss es nicht!", schärfte er ihr dann beim Weggehen noch ein. „Wenn du einen Tag nicht übst, merkt es die Hand. Wenn du zwei Tage nicht übst, merkt es die Geige. Und wenn du drei Tage nicht übst, merkt es das Publikum."

Durch Wiederholungen werden *Gedächtnisspuren* tiefer

AUS DER WISSENSCHAFT

Prof. Martin Schuster (Psychologe):
Lernen bedeutet: wiederholen, wiederholen, wiederholen
Lernen passiert folgendermaßen: Man nimmt eine Information auf und vergisst sie bald wieder, wenn sie nicht abgerufen wird. Je öfter man sie aber nutzt, umso tiefer wird die *Gedächtnisspur*. Ist die Information durch einige Abrufe dann sicher in den Langzeitspeicher gelangt, bleibt sie dort auch ohne weitere Abrufe eine Weile erhalten.
In einem Bild ausgedrückt: Wie eine Wasserspur in einem Sandabhang erst durch weiteres Wasser vertieft wird, vertieft sich die *Gedächtnisspur* nur, wenn die zu lernende Information immer wieder abgerufen wird.

(nach Schuster 2007:27)

„Es ist noch kein Meister vom Himmel gefallen." „Übung macht den Meister." Unsere Volksweisheiten enthalten pädagogische Weisheiten, die heute hochaktuell sind. Neues muss wiederholt werden, damit der Übergang vom Kurzzeit- ins Langzeitgedächtnis gelingt, sagen die Lernforscher. Nur so wird das Gelernte im Langzeitspeicher gesichert. Gleichzeitig wird im Kurzzeitgedächtnis für neue geistige Aktivitäten Platz gemacht. Wiederholung ist die Mutter des Lernens.

Lernen ist nach Auffassung der Hirnforscher nichts weiter als Änderung der Stärke von Synapsen (Verbindungen der Nervenzellen) im Gehirn. Wiederholung ist deshalb gut für das Lernen, weil Impulse immer wieder über die entsprechenden Synapsen laufen und diese sich durch den wiederholten Gebrauch nachhaltig verstärken. Wann immer das Gehirn also gebraucht wird, verändert es sich. Es entstehen Spuren dieses Gebrauches, *Gedächtnisspuren.*

Die Übungsphase ist häufig eine Durststrecke

Joachim Bauer stellt in *Lob der Schule* (2007:37 ff.) zwei Prinzipien des Lernens gegenüber: das *hydraulische* und das *plastische* Prinzip. Um Wasser durch ein Rohr zu pumpen, ist nichts weiter als hinreichend großer Druck erforderlich. Die *schwarze Pädagogik* früherer Zeiten, also die Pädagogik der gewaltsamen Einwirkung auf das Kind, bediente sich dieses *hydraulischen Prinzips.* Heute hat sie in Schulen längst ausgedient. Und in Elternhäusern, in denen der Nachwuchs blanker Einschüchterung und Gewalt ausgesetzt wird, leiden die Kinder und werden ihre Leistungskraft nicht zur Entfaltung bringen.

Das *plastische* Prinzip der Pädagogik zielt dagegen auf die Formung der Schüler durch Übung. Üben ist unabdingbar, um Kompetenz zu erwerben, sei es im Lesen, im Rechnen, beim Erwerb einer Sprache, in Sport, Musik oder Kunst. Was häufig trainiert wird, führt zu einer Optimierung der neuronalen Verknüpfungen in den jeweiligen Nervenzellnetzen. Und das hat zur Folge, dass eine bestimmte Fähigkeit immer weiter ausgebaut wird.

Wenn der Schüler dann erkennt, dass ein gewisses Maß an Können erreicht ist, erzeugt dieser Moment hohe Befriedigung. Solch ein Glücksgefühl stellt sich unabhängig davon ein, ob das Kind gelernt hat, einen Ball zu dribbeln, eine bestimmte Tonfolge auf der Geige zu spielen, eine mathematische Aufgabe zu lösen, einen Brief auf Englisch zu schreiben oder bei einer Theateraufführung mitzuwirken. Immer löst der Gedanke „Ich kann etwas", „Ich habe es selbst geschafft" eine Dopamin-Ausschüttung im Gehirn und damit positive Gefühle aus.

Diesem Erfolgsglück geht allerdings stets eine Phase der Übung voraus, die durchaus zu einer Durststrecke werden kann. Denn fleißig zu sein und etwas zu erlernen, ist kein reines Vergnügen, sondern mit Rückschlägen und Phasen der Unlust verbunden. Eltern und Lehrer haben deshalb die Aufgabe, diese anstrengenden Phasen des Übens zu begleiten und darauf zu achten, dass ein Kind nicht auf halber Strecke *verdurstet* und aufgibt. Um das Kind zu den langen Durststrecken der Unlust auf dem Weg zu Bildungszielen zu motivieren, bedarf es, so Joachim Bauer (s. auch Gesetz 1), „der zwischenmenschlichen Beziehung und einer durch sie ausgelösten Resonanz" (Bauer 2007:38 ff.).

AUS DER WISSENSCHAFT

Prof. Joachim Bauer (Mediziner, Psychotherapeut):
Übung braucht zwei neurobiologische Stellschrauben

▸ **Zwischenmenschliche Beziehung:** Kinder und Jugendliche müssen durch Beziehung begleitet werden, also von Interesse, Nachfragen, Ansporn und Forderung, von Kritik ebenso wie von Anteilnahme, Hilfe und Ermutigung. Eltern und Lehrer, die Kindern mit Anspruch und Zuwendung begegnen, stimulieren ihre Motivationssysteme.

▸ **Resonanz:** Nur wenn sich Pädagogen (Eltern oder Lehrer) selbst für eine Sache begeistern können, kann der Bildungsfunke bei der Vermittlung überspringen. Genauso erlebt sich das Kind in den Spiegelungen, die sein Bestreben im Erwachsenen auslöst. Wenn es diese Spiegelung wahrnimmt, kommt es zur *Resonanz*. Mittels *Resonanz* zwischen Erwachsenen und Schülern werden Neugier und Begeisterung übertragen.   (nach Bauer 2007:39)

Wiederholungen werden zur Routine

Zurück zu Klaus, dem Schüler im zweiten Schuljahr. Die Sorge der Mutter ist nicht unberechtigt. Regelmäßige Wiederholung und Vertiefung sind auch für Klaus unverzichtbar. Nur so kann sein Gehirn etwas auf Dauer erlernen, also aufnehmen und es dann auch behalten. Diese Zusammenhänge sollte die Mutter ihm bei passender Gelegenheit verdeutlichen. Ihr Beispiel mit dem Profifußballer ist gut gewählt.

Ermutigen könnte die Mutter von Klaus eine Geschichte, die ein Vater im Elterntraining erzählte: „Ich habe eine Fünf in Mathe", beichtete ihm der neunjährige Sohn Thomas, um gleich wie zum Trost hinzuzufügen: „Und Ole hat eine Sechs." Aber der Vater interessierte sich wenig für die Note des Freundes, sondern reagierte sofort. Er führte ein offenes Gespräch mit Thomas über dessen Mathematikprobleme und verordnete ihm ein Übungs- und Wiederholungsprogramm. Maulend bis widerwillig willigte der Sohn in dieses Programm ein, das der Vater *Mathematikolympiade* nennt. Es bestand aus halbstündigen Übungseinheiten, von denen täglich eine zu absolvieren war. Und siehe da, der Widerwillen gegen diese extra Ration Mathematik schwand von Tag zu Tag mehr. Die Übungen wurden bald zur (liebgewonnenen?) Routine.

Hinweise für den erzieherischen und schulischen Alltag
1. Halten Sie das Kind zum nachhaltigen Lernen an.
Es reicht nicht, gelegentlich einen Blick ins Heft zu werfen. Machen Sie dem Kind die Notwendigkeit des Übens am Beispiel von Sportlern deutlich. Nicht nur der Körper muss immer wieder die gleichen Übungen ausführen, bevor sie sitzen. Auch das Gehirn braucht Wiederholungen, um Verstandenes zu verankern und Wissen zu automatisieren.

2. Geben Sie Hilfestellung beim Vokabellernen.

Folgende Wiederholungssequenzen werden empfohlen: Mittags nach der Schule damit beginnen, abends wiederholen, dann Wiederholung am nächsten Tag, nach drei bis vier Tagen, nach zehn Tagen, nach drei Wochen. Siebenmal müssen Schüler Vokabeln wiederholen (gründlich anschauen, hören und schreiben), damit sie sitzen. Besser bleiben Vokabeln hängen, wenn sie nicht als einzelnes Wort, sondern in einem sinnvollen Satz gelernt werden.

3. Raten Sie dem Kind vom „Überlernen" ab.

Sobald das Kind Vokabeln fehlerfrei beherrscht, sollte es nicht weiterbüffeln. Wenn der Stoff für den Moment sitzt, kann es damit aufhören und etwas anderes lernen. Die ursprüngliche Lektion soll es sich dann später, etwa nach einem Tag, wieder vornehmen.

4. Lassen Sie das Kind den Stoff innerhalb von 24 bis 48 Stunden wiederholen.

Wenn neue Informationen in diesem Zeitraum wiederholt werden, verstärkt sich die Bautätigkeit an den Synapsen des Gehirns. Dann stehen die Chancen gut, dass der Lernstoff im Langzeitgedächtnis verankert wird. In der Zwischenzeit sollten Störeffekte wie z. B. übermäßiger Medienkonsum oder Streitereien vermieden werden.

5. Lassen Sie das Kind beim Lernen Pausen einlegen.

Ausreichende Ruhepausen zwischen den Lektionen sind für das Funktionieren des Langzeitgedächtnisses unerlässlich. Denn Inhalte, die dauerhaft im Gehirn verankert werden sollen, erfordern einen grundlegenden Umbauprozess an den Nervenzellen, der mindestens 24 Stunden in Anspruch nimmt. Kommen neue Informationen zu schnell hintereinander, konkurrieren ihre Inhalte und löschen sich aus. Ohne Pausen weiß das Gehirn nicht mehr, was es speichern soll.

6. Lassen Sie das Kind die Übungspflicht zur Neigung machen.

Eltern müssen dafür die nötige Standhaftigkeit aufbringen und vor ihrer Kinder Unwillen nicht gleich kapitulieren. Diskussionen über Pflichten gar nicht aufkommen und sich von dem „Ich habe keine Lust" nicht beeindrucken zu lassen, ist ihre Herausforderung. Je fester der Tag strukturiert ist, je weniger über Pflichten und Routinen diskutiert wird, desto mehr Zeit bleibt für ihre tatsächliche Erledigung.

Literatur

Übungshefte wie im Beispiel der *Mathematikolympiade* gibt es für Deutsch, Mathematik und Fremdsprachen in jeder Buchhandlung.

20. Gesetz: Zeigen Sie dem Kind sinnvolle Lernstrategien!

Wie Eltern das *Lernen lernen* erleichtern

Wenn Christiane Stenger an die Entdeckung Amerikas denkt, stellt sie sich vor, wie Kolumbus auf einen Baum klettert. Er entdeckt dabei aber nicht Amerika, sondern nur ein Schaf, das kegelt. Kolumbus fährt mit dem Fahrrad zu ihm, um mitzuspielen. Und prompt hat Christiane die passende Jahreszahl parat: 1492. „Die 1 steht für den Baum, die 4 für das Schaf, die Kegel für die 9 und das Fahrrad für die 2", erklärt die Studentin und Gedächtnistrainerin aus München. Aus diesen vier Begriffen baut sie sich dann eine kleine Geschichte zusammen. Diese Geschichte merkt sie sich und kommt sofort auf die entsprechende Jahreszahl (in Kandler-Schmitt 2008).

Vokabeln und Fremdwörter merkt sich Christiane Stenger, indem sie für jedes Wort ein ähnlich klingendes Schlüsselwort sucht. Und dieses verknüpft sie im Geist mit der deutschen Bedeutung. Zum Beispiel *cubare* heißt auf Lateinisch *liegen*. Die Gedächtnistrainerin denkt dabei an eine Kuh, die auf der Bahre liegt. Oder sie stellt sich vor, wie sie auf Kuba am Strand liegt (ebd.).

In der Schule war Christiane Stenger zunächst unterfordert, langweilte sich und bekam schlechte Noten. Erst auf einem Internat mit Begabtenförderungsprogramm startete sie durch und machte mit 16 Jahren Abitur. Sie ist dreifache Jugend-Gedächtnis-Weltmeisterin. Jetzt als Studentin schreibt sie Bücher und arbeitet als Gedächtnistrainerin. Für Schüler sind diese Gedächtnistricks äußerst nützlich, sagt Christiane Stenger: „Mit Kreativität und Fantasie lernt man schneller und hat außerdem mehr Spaß." In ihren Seminaren lachen die Kinder zum Beispiel beim Zahlenlernen oft, weil ihre Geschichten so lustig sind (ebd).

Mehr Lernerfolg durch Einsatz aller Sinne

Zum systematischen Lernen brauchen wir unsere Sinne. Sie transportieren Informationen aus der Umwelt in unser Gehirn. Leider machen Schüler freiwillig oder unfreiwillig nur wenig Gebrauch von den zahlreichen Möglichkeiten, die ihre Sinnesorgane bieten. Der Jugendforscher Klaus Hurrelmann führt viele Lernprobleme unserer Schüler auf dieses Manko zurück. Das von ihm beklagte Ungleichgewicht zwischen Körper, Psyche und Umwelt wird noch dadurch verstärkt, dass Schüler in der Schule in erster Linie nur zuhören und sich zu Hause dann auf das Lesen und Schreiben beschränken (in Friebe 2005).

Je mehr Sinneskanäle angesprochen werden, desto effizienter speichert das Langzeitgedächtnis die neuen Informationen ab. Ein Mix aus Hören und Sehen erhöht bereits den Speichereffekt. Noch besser bleiben die Informationen erhalten, wenn sie nicht nur mit verschiedenen Sinnen aufgenommen werden, sondern auch gleich in mehreren Zusammenhängen auftauchen und der Lernende dabei noch selbst tätig werden kann, z. B. durch die Verknüpfung von Lesen und anschließendem Handeln.

Wer beispielsweise beim Vokabellernen zu jeder Vokabel einen kurzen Satz spricht und diesen aufschreibt, erzielt einen höheren Lerneffekt. Und im Gehirn eines Dreijährigen wird sich die Zahl 5 relativ leicht festsetzen, wenn der Kindergarten das Zahlenverständnis durch Singen, Turnen, Reimen, Malen und Spielen fördert. Kinder und Jugendliche könnten daher effektiver lernen, wenn sie Lerninhalte *sichtbar, hörbar* oder *begreifbar* machen und dazu noch selbst tätig werden. Der Pädagoge Pestalozzi sprach in diesem Zusammenhang bereits vor 200 Jahren von dem Lernen mit *Kopf, Herz und Hand.*

Lernen lernen: vielfältige Lernstrategien anwenden

AUS DER WISSENSCHAFT

Prof. Peter Struck (Erziehungswissenschaftler):
Kinder brauchen wirksamere Lernformen
Von dem, was Kinder selbst tun, bauen, herstellen, reparieren oder aufführen, bleiben auf die Dauer im Schnitt 90 Prozent haften, von dem, was sie selbst erklären, 80 Prozent. Diese Erkenntnisse müssen auch auf das schulische Lernen übertragen werden. Es empfiehlt sich beispielsweise Lernen durch Forschen und Handeln, Lernen durch Zusammenarbeit und Erklären, Lernen durch Üben und Anwenden. (nach Struck 2005:197 ff.)

In einem Seminar des Lernexperten Heinz Klippert gesteht eine 13-Jährige mit hochrotem Kopf, sie würde ihrer Puppe das Gelernte in Vorträgen erzählen. Sie meint, etwas Verrücktes zu tun, und geniert sich ein wenig dafür. Der Lernexperte ermuntert die Schülerin aber, diese Lernstrategie weiterzuverfolgen. Den Schülern, die keine Puppen oder Teddys mehr haben, schlägt er vor, Gelerntes vor dem Spiegel vorzutragen. Auch die Anfertigung von Spickzetteln hält Klippert für hilfreich, allerdings nur unter der Voraussetzung, dass sie im Unterricht nicht zum Einsatz kommen (in Esser/ Jeddeloh 2002:73 ff.).

Klippert beklagt, dass das herkömmliche Unterrichtsgeschehen „immer linear vom Lehrer zum Schüler und zurück" verlaufe. Vieles von dem, was Schüler selbsttätig leisten könnten, werde vom Lehrer gemacht. Dabei sind die Lernprozesse sehr viel effektiver, wenn die Schüler stärker einbezogen werden. So haben sie viel weniger Probleme mit der häuslichen Nachbereitung (ebd.).

Das Lernen lernen – gar nicht so schwer

Kurz und bündig sei zum richtigen Lernen Folgendes festgehalten:

▸ Zweimal am Tag fünfzehn Minuten Vokabelnlernen ist effektiver als stundenlanges stures Einpauken.

▸ Eselsbrücken sollten gesucht und genutzt werden, denn dann wird gehirnfreundlich neu Gelerntes mit Bekanntem verknüpft.

▸ Zum Vertiefen des neuen Wissens ist es hilfreich, anderen – Eltern, Geschwistern oder Freunden – davon zu berichten, denn „Wer lehrt, lernt selbst".

▸ Erfolgserlebnisse beim Lernen lassen Glückshormone im Gehirn frei werden – aber nur, wenn Schüler sich die Freude am Lernen erhalten, nicht zu lange büffeln und sich realistische Ziele setzen.

▸ Methodenkompetenz erwerben Schüler mit diesen Strategien: planvoll und strukturiert arbeiten und üben, Wichtiges in Texten auffällig markieren, Gelesenes gezielt notieren, Heftseiten sauber gestalten, Schaubilder erstellen, rasch etwas nachschlagen können, mit der Lernkartei arbeiten, frei sprechen und erzählen, nach Stichworten vortragen, Gesprächsregeln beachten, ein Lernplakat präsentieren, Mitschülern helfen, die Regeln in Schule und Schulklasse befolgen.

Hinweise für den erzieherischen und schulischen Alltag

1. Lassen Sie das Kind mit verschiedenen Sinneskanälen lernen.

Es soll nicht nur lesen, sondern auch hören, anfassen, sehen und vielleicht sogar in eine Handlung umsetzen.

2. Helfen Sie dem Kind, sich ein „Bild zu machen".

Es ist wichtig, dass das Kind neben einzelnen Details, die es lernen muss, immer auch den Gesamtzusammenhang im Auge behält. Von Inhalten, die durch Lesen, verbal oder akustisch vermittelt werden, soll es sich vor dem inneren Auge *ein Bild machen*.

3. Aktivieren Sie das Kind für die mündliche Mitarbeit.

Wenn das Kind mit der mündlichen Mitarbeit ein Problem hat, zu still oder vielleicht zu schüchtern ist, schließen Sie mit dem Kind ein Abkommen: In jeder Unterrichtsstunde melde ich mich so oft, bis ich mindestens einmal zu Wort gekommen bin.

4. Regen Sie das Kind zum Nachdenken über das Lernen an.

Um nicht *mechanisch* vor sich hin zu lernen, fragen Sie das Kind, wie es lernt und was genau es dabei tut. Fragen Sie auch, wodurch es sich selbst motiviert. Halten Sie es an, sich beim Lernen selbst zu beobachten. Ist z.B. die Hausaufgabe erledigt, fragen Sie das Kind, mit welcher Methode, welcher Strategie sie bewältigt wurde.

5. Helfen Sie bei der Erweiterung des Strategie-Repertoires des Kindes.

Das Kind schöpft Selbstvertrauen, wenn es verschiedene Lernstrategien (s. Aktionsplan) beherrscht.

6. Schreiben Sie die folgenden Lerntipps auf ein DIN-A4-Blatt und hängen Sie es gut sichtbar über dem Schreibtisch oder an der Pinnwand auf.

1. In kleinen Häppchen statt in großen Portionen lernen.
2. Mit dem Einfachen beginnen und sich langsam zum Schwierigen vorarbeiten.
3. Möglichst zwischen verschiedenen Stoffgebieten wechseln, d.h. nach Deutsch lieber Mathematik als Englisch lernen.
4. Genügend Pausen zwischen einzelnen Lernschritten einlegen.
5. Neues Wissen mit bereits Bekanntem verknüpfen.
6. Neuen Lernstoff in regelmäßigen Abständen wiederholen.
7. Möglichst viele Sinneskanäle zum Lernen benutzen, indem man den Lernstoff z.B. aufschreibt, liest, selbst erzählt oder bildlich darstellt.
8. Das Gelernte so oft wie möglich im Alltag verwenden.
9. Für eine optimale Lernumgebung sorgen (s. auch Gesetz 30).
10. Nach dem Lernen lieber toben, spielen oder sich körperlich betätigen, als sich durch emotional aufwühlende PC-Spiele zu klicken. Sonst kann sich der Lernstoff nicht im Gedächtnis verankern (Heuchert/Wessolek 2007:19).

Aktionsplan: Lerntechniken, die das Lernen effektiver gestalten

1. Mindmap: Fertigen Sie mit dem Kind eine Mindmap (Gedanken-Landkarte) an.

Dazu schreiben Sie mit dem Kind den zentralen Begriff in die Mitte eines leeren Blattes. Alle Aspekte, die Ihnen und dem Kind dazu einfallen, notieren Sie rund um den Schlüsselbegriff und verbinden die Worte mit Pfeilen. Anstelle einer Auflistung entsteht ein übersichtliches Bild – eben eine Gedanken-Landkarte. Diese Technik ist besonders gut geeignet, um bereits bekannte Inhalte aufzuarbeiten und neue (andersfarbig) hinzuzufügen.

2. Karteikarten: Lassen Sie das Kind mit Karteikarten wiederholen.

Das Lernen der Vokabeln hat diese Technik bekannt gemacht. Im Fachhandel gibt es bereits fertige Karteikartensysteme für Fremdsprachen. Das Kind lernt damit nur, was es noch nicht kann, und wiederholt schwierige Vokabeln, die noch nicht sitzen, so lange, bis sie im Gedächtnis fest verankert sind. Karteikarten kann das Kind für alle Stoffgebiete auch selbst erstellen: Auf der einen Seite schreibt es die Frage, auf der anderen die Antwort.

3. Lernposter: Fertigen Sie mit dem Kind ein Lernposter an.

Das Lernposter enthält auf Bildern, Skizzen, in Stichworten und Texten den Stoff für die nächste schwierige Arbeit oder für das anstehende Referat.

4. Lernrallye: Organisieren Sie mit dem Kind eine Lernrallye.

Dazu werden z. B. vor wichtigen Klausuren oder Prüfungen größere Klebezettel im Kinderzimmer oder in der Wohnung ungeordnet verteilt. Komplizierte Sachverhalte sind dabei in Wissenshäppchen aufgeteilt. Das Kind geht dann von einem Zettel zum anderen und *erwandert* sich so die Zusammenhänge.

5. Bücherecke: Besorgen Sie dem Kind eine Büchereikarte. Richten Sie eine Bücherecke im Kinderzimmer ein.

Das eigenverantwortliche Arbeiten und selbstregulierte Lernen kann sehr früh beginnen, z. B. mit einem altersgerechten Schülerlexikon. Schüler sollten sich selbst zu Hause eine kleine Handbibliothek aufbauen. Bücher als Weihnachts- oder Geburtstagsgeschenk sollten eine Selbstverständlichkeit sein.

6. Leiten Sie das Kind zur sinnvollen Nutzung des Internets an.

Das Internet hält eine unermessliche Informationsflut bereit. Daraus die benötigten Informationen herauszufiltern, ist nicht einfach. Weil mit dem Internet sehr viel Missbrauch getrieben wird, sollten Sie die Online-Aktivitäten von Zeit zu Zeit kontrollieren. Treffen Sie Vorkehrungen gegen Missbrauch.

Literatur und Links

FOCUS 43/2002: Wie man Wissen schafft

FOCUS-SCHULE: www.focus-schule.de/leichter-lernen

Gesellschaft für Gehirntraining: www.gfg-online.de

Heuchert, Detlev & Wessolek, Stephan (2007): Ich komme ins Gymnasium! – Klett-Elternratgeber. Stuttgart: Klett

Wie Eltern Schutzfaktoren gegen die schulische Krise einsetzen

21. Gesetz: Sorgen Sie für gute Gefühle beim Lernen!
Warum Angst blockiert und positive Emotionen das Lernen fördern

Als junges Mädchen, um 1920 herum, hatte sie Friedrich Schillers *Die Glocke* auswendig lernen müssen. Das war zu einer Zeit, als in unseren Schulen Fehler mit dem Rohrstock ausgetrieben wurden. „Noch als über 90-Jährige konnte die alte Dame alle 32 Strophen von dem Gedicht fehlerfrei aufsagen", erzählt ein bekannter Hirnforscher von seiner Mutter. Aber ihr ganzes langes Leben lang hat sie keine Gedichte mehr gemocht.

Eltern und Erzieher dachten früher, ein Kind lerne am besten, wenn es für korrektes Verhalten gelobt und für fehlerhaftes bestraft wird. Heute wissen wir, dass Motivation von innen heraus kommen muss. Bei Erfolgserlebnissen schüttet das körpereigene Belohnungssystem Glückshormone wie Dopamin aus. Sie sorgen für angenehme Gefühle. Kinder erfahren so, dass Lernen sich gut anfühlt, und lassen sich mitreißen. Aber dieser Ablauf funktioniert nur in einer entspannten Atmosphäre, in der Fehler erlaubt sind. Fehler sind gute Lehrer. Wir lernen aus ihnen, wenn wir keine Angst haben, welche zu machen.

Wer als Reaktion auf einen Fehler aber den Rohrstock fürchten muss, wie in unserem Beispiel die Mutter eines bedeutenden Hirnforschers, wird Angst vor der Situation entwickeln. Er wird sich in ein Vermeidungsverhalten flüchten, statt die Situation wieder zu suchen.

Viele Schüler leiden unter Schulangst
Experten gehen davon aus, dass zwischen 600.000 und 1,2 Millionen der derzeit 12 Millionen Schüler in Deutschland an Schulangst leiden. Sie weigern sich, morgens zur Schule zu gehen, quälen sich in den Klassenraum, unterdrücken zu Beginn der Stunde den Brechreiz, können vor Kopfschmerzen dem Unterricht kaum folgen. Häufig auftretende Symptome sind Zittern, Schweißausbrüche, Bauchweh, Kreislaufattacken, Herzrhythmusstörungen oder Ohnmachtsanfälle. Als Ursache für die große Zahl verzweifelter Schüler werden Leistungsdruck, Mobbing durch Mitschüler, unsensible Lehrer und ehrgeizige oder übertrieben fürsorgliche Eltern genannt.

Nach den Beobachtungen von Wolfgang Oelsner, dem Leiter der Klinikschule der Kinder- und Jugendpsychiatrie der Universität Köln, sind gerade fleißige, leistungswillige und feinfühlige Kinder, wohlerzogen und mit guten Manieren, betroffen. Mehr Jungen als Mädchen leiden unter Schulangst, darunter besonders viele Einzelkinder. Auffällig ist nach seinen Beobachtungen, dass die betroffenen Kinder immer jünger werden. Jedes siebte schulängstliche Kind sei noch nicht einmal zwölf Jahre alt. Die Symptome treten gleich nach der Einschulung auf, aber auch beim Übertritt in die weiterführende Schule oder im Pubertätsalter zwischen 13 und 15 Jahren. Schnell gelten diese Kinder und Jugendlichen im schulischen Umfeld und selbst in der eigenen Familie als Drückeberger, Simulanten, Trantüten und Feiglinge. Was wirklich in ihnen vorgeht, ahnt selten jemand. Die Kinder und Jugendlichen können ihre Probleme nicht in Worte fassen. Häufig verdrängt ihre Seele die Angst, ihr Körper reagiert (in Czermak 2005a:32ff.).

Angst macht dumm

Bei Gefahr verlagert das Gehirn seine Aktivitäten von der Großhirnrinde in das Angstzentrum des entwicklungsgeschichtlich älteren Stammhirns: Kommt der Löwe von links, läuft man automatisch nach rechts. Wer in dieser Situation lange fackelt und erst einmal kreative Problemlösungsstrategien entwirft, lebt nicht lange. Angst verengt die Palette der Handlungsmöglichkeiten auf Flüchten oder Kämpfen. Dies war vor 100.000 Jahren sinnvoll. Heute führt es jedoch zu Problemen, so der Hirnforscher Manfred Spitzer (in Kistler 2003).

Nicht dass unter dem Vorzeichen der Angst gar nichts hängen bliebe. Auch mit dem Rohrstock lernen Schüler. Dabei gibt es jedoch zwei Probleme. Erstens wird beim Abruf der Lerninhalte die Angst mit abgerufen, was zur Verstärkung der negativen Gefühle führt. Und zweitens ist ein kreativer Umgang mit den Lerninhalten unter Einfluss von Angst nicht möglich. Zu lockerem Assoziieren ist der Schüler nicht mehr in der Lage. Strategien zur Problemlösung kann er nicht entwerfen.

Eltern müssen die Hilferufe ihrer unter Schulangst leidenden Kinder erkennen und ernst nehmen, aber nicht dramatisieren. Bevor das Kind ernsthafte Schäden erleidet, sollten sie in jedem Schulalter mit ihm über die Frage „Geht es dir gut?" ins Gespräch kommen. Gemeinsam in der Familie und unter Einbeziehung des Klassenlehrers müssen Lösungen gesucht werden. Anderenfalls wird der Leidensdruck betroffener Kinder und Jugendlicher durch häusliches oder schulisches Übersehenwerden immer größer – und der Lernerfolg bleibt aus. Man kann zusammenfassend sagen: Angst macht dumm.

AUS DER WISSENSCHAFT

Prof. Joachim Bauer (Mediziner, Psychotherapeut):
Was ist Stress?
Angst, unentwegter Lärm, Hetze, überzogener Leistungsdruck, Demütigungen, Einengung und die Gefahr körperlicher Gewalt aktivieren im Menschen einen biologischen Apparat, den Neurobiologen als Stress bezeichnen. Ein Schüler mit aktiviertem Stresssystem verliert die Fähigkeit, das zu tun, worauf es in der Schule ankommt: aufmerksam zu sein und zu lernen.

(nach Bauer 2007:36)

Bei guter Laune lernen Kinder besser

Es ist nachgewiesen, dass Lernen bei guter Laune am besten funktioniert. Hirnforscher bestätigen den engen Zusammenhang zwischen Lernen, Gedächtnis und Gefühlen. Sie betonen, was alle Eltern und Lehrer wissen und jeder an sich selbst beobachtet hat: Ein Kind, das gerne lernt, lernt leichter. Positive Gefühle fördern nicht nur Intelligenzleistungen, sie erleichtern auch die Problemlösung und fördern die Kreativität.

Unter dem Einfluss guter Gefühle werden wir wacher, aufmerksamer und als Folge davon auch lernfähiger (s. auch Gesetz 12). Wenn Kinder und Jugendliche glücklich und zufrieden sind, sind sie freundlich, versöhnlich, neugierig und offen. Positive Gefühle ermöglichen einen erweiterten Wahrnehmungshorizont. Und wenn Kinder sich gut fühlen, sind sie zugleich auf das Sammeln von Informationen und auf das Erforschen der Umwelt eingestimmt. Wolfgang Pohl, Gymnasiallehrer und Buchautor, drückt es so aus: „Nur wenn das Gefühl Ja sagt, gelingt das Lernen. Wenn sich dann noch Erfolg einstellt, wird dieses Gefühl weiter verstärkt. Der Lernende lernt dann mit Lust" (in Esser/Jeddeloh 2002).

Hinweise für den erzieherischen und schulischen Alltag

1. Lassen Sie das Kind in einer Atmosphäre von Wärme und Geborgenheit lernen.

Ein kleines Kind, das auf dem Schoß sitzt, wenn ihm vorgelesen wird, behält viel mehr, als wenn es vor dem Fernseher hockt. Ein Jugendlicher, dem die Mutter, der Vater oder der Lehrer aufmunternd ein paar Worte sagt, wenn er stundenlang für eine Arbeit büffelt, lernt besser, als wenn sie so tun, als gingen sie Schule und Schulerfolg nichts an.

2. Geben Sie dem Kind die drei Z: Zärtlichkeit, Zuwendung und Zeit, und das Kind wird besser lernen.

Nehmen Sie das Kind in die Arme, wenden Sie sich ihm mit Interesse und Aufmerksamkeit zu, lassen Sie sich für das Kind Zeit. Je mehr Liebe und Zuwendung das Kind erfährt, desto geringer ist seine Angst und desto stärker entwickelt sich seine Neugier. Kinder mit sicherer Bindung haben positive Gefühle beim Lernen und trauen sich deshalb auch mehr zu. Sie haben weniger Angst vor Misserfolgen.

3. Sprechen Sie als Eltern positiv über Lehrer, Schule und Lerngegenstände.

Das grundlegende Verständnis für Schule, Lehrer und Lerngegenstand erhöht die Lernbereitschaft des Kindes und löst mögliche Blockaden. Eltern, die sich nicht an diesen Grundsatz halten und vielleicht noch Antipathien schüren, behindern den Lernerfolg ihrer Kinder.

4. Sorgen Sie für Überraschungseffekte.

Das Gehirn des Kindes speichert Überraschendes besonders gut ab. Das gilt für unverhoffte Erfolgserlebnisse ebenso wie für überraschend veränderte Lernumstände. Wer beim Büffeln für die nächste Mathematikarbeit unverhofft am Schreibtisch eine Tasse Kakao mit dem Lieblingskuchen serviert bekommt, empfindet positive Emotionen, die sich auch auf den Lerngegenstand übertragen.

5. Steuern Sie gegen, wenn das Kind Antipathien gegen ein Fach entwickelt.
„Ich mag Englisch nicht!" Die Abwehr gegen das Fach (oder den Lehrer) muss abgemildert und abgebaut werden. Innere Abwehr erhöht den Lernaufwand und erschwert den Lernerfolg.

6. Bauen Sie Ängste beim Kind ab.
Kommen Sie mit ihm über belastende Faktoren ins Gespräch.

22. Gesetz: Bleiben Sie bei Fehlern des Kindes gelassen!

Wie Schüler aus ihnen lernen

Zum Elterntraining kam eine Teilnehmerin nur ein einziges Mal. Bei der zweiten Sitzung ließ sie mir durch ihre Freundin ausrichten, sie wolle gar nicht wissen, was sie alles falsch mache. *Nichts hören, nichts sehen, nichts sagen* ist hier das Motto. Wenn Eltern ihren Fehlern gegenüber die Augen verschließen, schadet das jedoch dem Kind. Wichtig ist es, den Umgang mit Fehlern zu lernen und sie als Chance zu begreifen.

Dies gilt auch für die Fehler des Kindes. Wenn Eltern über das Fehlverhalten ihres Kindes einfach hinwegsehen, weil sie Streit vermeiden wollen, und Lehrer auf Fehler des Schülers nicht eingehen, weil sie ihm Peinlichkeiten ersparen wollen, kann das Kind nichts daraus lernen und sich nicht verbessern.

Zum Lernen gehören Fehler und Misserfolge

„Erfolg macht Spaß", meint die Hirnforschung. Dabei ist es unerheblich, ob er sich rasch einstellt oder man ihn erst nach mehreren Fehlern und mit Mühe erringt. Ein Überflieger, der beim ersten Versuch auf die Lösung kommt, freut sich genauso wie ein weniger Begabter, der mehrere Anläufe benötigt. Zum Lernen, so Prof. Henning Scheich, gehören Erfolg und Misserfolg. Wer sie in einem ausgewogenen Verhältnis erlebt, macht Lernfortschritte (in Siefer 2002).

AUS DER WISSENSCHAFT

Prof. Henning Scheich (Hirnforscher):
Kinder brauchen die Erfahrung von Erfolg und Misserfolg
Das kindliche Gehirn entwickelt sich durch die Erfahrung von Erfolg und Misserfolg. Das heißt: Jeder Schüler muss neben Erfolgen auch die Grenzen seiner Möglichkeiten kennenlernen. Dabei sollten die Kriterien für Erfolg und Misserfolg durchschaubar sein. Nur dann bildet das Gehirn eine Messlatte für die eigne Leistung. (nach Scheich 2002)

Kreativität setzt Fehlertoleranz voraus

„Hast du heute schon einen Fehler gemacht?" Diese Frage enthält eine Aufforderung mit dem Unterton: „Hast du etwa noch keinen Fehler gemacht?" Diese Fragestellung gehört zur Firmenpolitik großer amerikanischer Unternehmen. Sie zielt auf kritische Selbsterforschung ab: „Habe ich heute schon etwas gewagt?" Wer an einem Tag noch keinen Fehler begangen hat, hat noch nicht viel gemacht, vielleicht nur die Hände in den Schoß gelegt und sich noch nicht bewegt.

Aus dieser Perspektive gilt der Fehler nicht mehr als Sünde, sondern als Notwendigkeit. Nur wer Fehler machen darf, ist kreativ und experimentierfreudig. Sie sind Quelle und Anregung für neue Lernprozesse. Während in der Industriegesellschaft am Fließband jeder Handgriff sitzen, jede Schraube passen musste, stellt die Wissensgesellschaft ganz andere Anforderungen. Sie braucht Kreativität. Und die kann nur gedeihen, wenn wir uns trauen, das Undenkbare zu denken und möglich zu machen. Wer Neuland betritt, macht unweigerlich Fehler. In einer Ideengesellschaft, wie Bundespräsident Horst Köhler sie fordert, gelten Fehler als Vorsprung im Lernprozess (in Kahl 2007b).

Fehler als *anfängliche Unvollkommenheit*

Hätte es in der Evolution des Menschen keine Fehler gegeben, wäre der Mensch nicht das, was er heute ist. Dass Fehler die Voraussetzung für Lernen und Fortschritt sind, kann jeder bei einem Kleinkind beobachten. X-mal versucht es, am Stuhlbein zum Stehen zu kommen. Und x-mal geht es daneben, bevor es schließlich klappt. Prof. Werner Sacher hat dafür einen treffenden Ausdruck gefunden, er spricht im Gespräch mit dem Autor von *anfänglicher Unvollkommenheit*.

Diese Einstellung kann auch auf den schulischen Kontext übertragen werden. „Dem Fehler und dem Fehlermachen muss Platz eingeräumt werden. Fehlersituationen werden nicht vermieden oder negativ bewertet. Fehlermachen ist erlaubt", fordert der Psychologe Prof. Fritz Oser (in Ehlers 2007:31f.). Oser verweist auf das Beispiel Japan, ein Land, das in der PISA-Studie besonders gut abgeschnitten hat. Der Ablauf der Schulstunden wird dort viel stärker von den Beiträgen der Schüler bestimmt. „Die Lehrer greifen nur selten ein. Meist warten sie, bis die Kinder den Fehler selbst erkennen und auf die richtige Lösung kommen" (ebd.).

Auch in der Erziehung passieren Fehler

Eine Teilnehmerin berichtete im Elterntraining, sie hätte ihre fünfjährige Tochter voller Ungeduld angeherrscht, weil sie sehr in Eile war und außer Haus gehen musste. Das war ihr dann sehr unangenehm. Dass diese Mutter sich am Abend dafür bei ihrer Tochter entschuldigte, hielten andere Teilnehmer zunächst für unangebracht. Eltern, so ihre Meinung, dürften sich in der Erziehung keine Blöße geben und schon gar keine Fehler zugeben.

Nobody is perfect! – Niemand ist perfekt. Das gilt auch für Eltern. Wolfgang Bergmann, Familien- und Kindertherapeut, rät dazu, bei Erziehungsfehlern locker zu bleiben. Dem Kind gegenüber mal laut werden, ein Klaps auf den Po oder eine Notlüge werfen das Kind nicht aus der Bahn, solange es sicher sein kann, dass seine Eltern sich bemühen, alles gut zu machen. Bergmann ist überzeugt, dass die Liebe jeden Fehler ausgleicht (2007). „Unvollkommenheit macht menschlich", bestätigt auch Erziehungsberater Jan-Uwe Rogge. Er meint damit, dass wir nicht nur Fehler unserer Kinder zulassen sollen, sondern sie auch unsere Fehler sehen lassen dürfen. Auch Elternfehler bieten eine Gelegenheit zum offenen Gespräch und zum Lernen (Rogge 2005). Die

Entschuldigung der Mutter aus dem Elterntraining gibt dafür einen guten Anlass und stärkt das Vertrauen zwischen Mutter und Tochter.

Hinweise für den erzieherischen und schulischen Alltag

1. Geben Sie dem Kind Gelegenheit, altersgemäße Verantwortung zu übernehmen.

Es soll dabei lernen, über die Folgen der eigenen Handlungsweisen nachzudenken. Fehler und Irrtümer wird es dann als Quelle neuer Erfahrungen und Lernprozesse ansehen.

2. Gehen Sie auf die Fehler des Kindes ein.

Übergehen Sie sie nicht, sondern nutzen Sie sie als Gesprächsanlass und Lernchance. Treten Sie dabei aber nicht als Besserwisser auf. Sicherlich hat sich das Kind bei seiner Haltung etwas gedacht. Da lohnt es sich, nachzufragen.

3. Ermutigen Sie das Kind, Misserfolge als Leistungsansporn zu sehen.

Rasten Sie nicht aus, wenn im Zeugnis eine Fünf in Latein steht. Entwerfen Sie mit dem Kind eine neue Lernstrategie für dieses Fach und begleiten Sie den Weg der Verbesserung.

4. Berichten Sie dem Kind von eigenen Fehlern, aus denen Sie gelernt haben.

Sie erleichtern dadurch dem Kind einen unverkrampften Umgang mit seinen Fehlern. Das Kind muss keine Angst haben, sich Ihnen zu offenbaren, wenn es welche gemacht hat. Diese Offenheit stärkt das Vertrauen zwischen Eltern und Kind.

5. Üben Sie den selbstbewussten Umgang mit Fehlern.

Es werden bei den weiteren Lernprozessen im Leben Hindernisse auftauchen und es wird Rückschläge geben. Dabei hängt es vom Selbstbewusstsein ab, wie Kinder damit fertig werden. Ein selbstbewusstes Kind kann Fehler korrigieren, aus ihnen lernen und mit ihnen fertig werden.

6. Haken Sie nach, wenn Fehler gehäuft auf mangelnde Übung und Wiederholung zurückzuführen sind.

Wenn der Vokabeltest schlecht ausfällt, weil der Schüler nur drei der dreizehn abgefragten Vokabeln wusste, ist ein Gespräch über Lernen, Zeitmanagement, schulische Pflichten und deren sorgfältige Erledigung fällig.

23. Gesetz: Lassen Sie Schulmüdigkeit gar nicht erst aufkommen!
Wie Eltern und Kinder die schulische Krise vermeiden – oder bewältigen

Michael, 14 Jahre alt, lässt sich in der Schule *hängen*. Der Vater beobachtet das mit Besorgnis. Sein Sohn tut für die Schule nur das Allernötigste, er fährt ein schulisches Sparprogramm. Wenn er am Schreibtisch vor seinen Hausaufgaben sitzt, träumt er mehr, als dass er arbeitet. Zwischendurch setzt er sich vor den Computer, telefoniert mit Freunden oder beschäftigt sich mit anderen Dingen. „Das kann doch nicht gut gehen", stöhnt der Vater. Auch im Unterricht zeigt der Junge wenig Einsatz.

Diese Haltung teilt Michael mit Hunderttausenden anderer Schüler aller Altersklassen. Tatsächlich ist zeitweise auftretende Schulunlust weder ungewöhnlich noch besorgniserregend. Fast alle Kinder gehen mal lieber und dann auch wieder lustloser in die Schule. Höhen und Tiefen gibt es in jedem anspruchsvollen Projekt – und dazu gehört auch das Projekt *Schulbildung*. Immerhin ist das Projekt auf einen Zeitraum von 9 bis 13 Jahren angesetzt. Dass dabei auch Durststrecken zu bewältigen und Rückschläge zu verkraften sind, gehört dazu.

Wichtig ist, dass Michael aus seinem Tief herauskommt. Er muss sich selbst wieder motivieren bzw. von anderen motivieren lassen. Schafft er das, ist das Motivationsloch eine Lernchance: Michael erkennt die Kraft der Selbstdisziplin und der Selbstmotivation. Beides ist für die Lebensbewältigung von großer Bedeutung. Bis jetzt gibt es für seinen Vater also noch keinen Anlass, die schulischen Alarmglocken zu läuten. Aber ein leises Bimmeln ist schon angebracht.

Eltern als Ursache für Schulmüdigkeit
Keinesfalls darf die Schulunlust in Schulmüdigkeit übergehen. Denn aus Schulmüdigkeit (Unterrichtsstörungen, Aufmerksamkeitsverweigerung, Verspätungen, fehlende Hausaufgaben etc.) könnte sich Schulverdrossenheit (inneres Ausklinken, Schuleschwänzen) und aus ihr Schulverweigerung (Dauerschwänzen) entwickeln.

Wer als Schüler wiederholt Unangenehmes erfahren hat, wird die Quelle dieser Unannehmlichkeiten abstellen wollen. Das täte er am besten dadurch, dass er das Problem löst. Wenn ihm die Lösung aber allein nicht gelingt und niemand ihm dabei hilft, wird er die Schule verantwortlich machen. Er wird sie mit dem Tenor abwerten: „Schule ist Mist. Lehrer sind nervig! Mitschüler sind blöd." Oder er zeigt Vermeidungsverhalten, weicht dem Problemgebiet Schule aus, indem er einfach nicht mehr hingeht (s. auch Gesetz 25).

Für einen Zusammenhang von elterlichem Erziehungsstil und Schulmüdigkeit gibt es keinen wissenschaftlichen Beleg. Doch zeigen sich, so Karlheinz Thimm, bei schulmüden Jugendlichen u. a. folgende übereinstimmende Verhaltensweisen auf Elternseite (Thimm 2005):

▸ elterliche Kontrollschwächen
▸ mangelnde Unterstützung der Kinder durch die Eltern

‣ Orientierungsmängel, weil Eltern keine Grenzen setzen
‣ Desinteresse bildungs- und schulferner Eltern
‣ Eltern, die schulische Misserfolge und Frustrationen bagatellisieren oder ignorieren
‣ Eltern, die ihre eigenen Kinder von der Verantwortung für den Schulerfolg freisprechen und alle Misshelligkeiten auf die Schule schieben
‣ Eltern, die keine Autorität ausüben, bei denen die Kinder den Ton angeben
‣ eine starke Unstetigkeit und Unberechenbarkeit im elterlichen Handeln
‣ ein unsensibler, einengender, vor allem durch Druckausübung gekennzeichneter Erziehungsstil.

Schutzfaktoren gegen schulisches Abgleiten

Wie kommt es zu diesen Schulproblemen? Von den Schülern erhält man in aller Regel kaum aufschlussreiche Antworten. Meist bleibt es bei Aussagen wie „Der Unterricht ist langweilig" oder „Schule finde ich sinnlos". Oft sind den Kindern und Jugendlichen die Antriebskräfte ihrer ablehnenden Haltung selbst gar nicht bewusst. Hinter ihren Störungen oder Verweigerungen können bei genauerem Nachforschen folgende Botschaften erkannt werden (Timm 2005):
‣ „Ich fühle mich unter- oder überfordert."
‣ „Ich möchte beachtet, anerkannt, gemocht werden."
‣ „Ich will dazugehören."
‣ „Ich räche mich für ungerechte Behandlung."
‣ „Mal sehen, wie weit ich gehen kann."
‣ „Ich möchte meinen Mitschülern etwas bieten, sie unterhalten."
‣ „Ich kann so lange nicht aufpassen und mitmachen, bis ich mit der Welt draußen im Einklang bin."

Nachgewiesene Schutzfaktoren gegen ein schulisches Abgleiten sind (ebd.):
‣ Erwachsene, die ermutigen
‣ Stabilität und Kontinuität in der Betreuung (mindestens eine berechenbare Bezugsperson)
‣ jemand, der nachhaltig Wert auf schulische Erfolge legt und sie unterstützt
‣ Freunde, die sich für Schule engagieren
‣ konstruktive, befriedigende, herausfordernde Freizeitinteressen
‣ regelmäßige Anwesenheit in der Schule
‣ Sprach- und Lesekompetenz.

In einer sich abzeichnenden Krise zeigen Eltern am besten Gelassenheit und verbreiten Optimismus. Dem Kind die Zuversicht zu geben, dass jede Krise sich meistern lässt und dazu noch eine Chance für den Neuanfang bedeutet, vermittelt ihm die Gewissheit, von den Eltern nicht im Stich gelassen zu werden. Das Schlimmste, was Kindern und Jugendlichen in der Krise passieren kann, ist emotionale Vernachlässigung nach dem Motto: „Interessiert mich nicht!" Schulmüdigkeit kann bereits ein Hilferuf gewesen sein. Schulverdrossenheit und Schulverweigerung könnten die Folge davon sein, dass der Hilferuf nicht gehört worden ist. Elterliche Zuwendung und ihr Verständnis dürfen andererseits auch nicht dazu führen, Kinder und Jugendliche von ihrer Verantwortung in der Krise freizusprechen. Weil der eine Schlüssel für den Schulerfolg im Elternhaus und der andere in der Schule liegt, müssen Eltern ihren Kindern für die Schule den Rücken stärken.

AUS DER WISSENSCHAFT

Prof. Wassilios Fthenakis (Frühpädagoge):
Unterstützung statt Ablehnung
„Ein Kardinalfehler ist es, den Schüler, der einen Sechser nach Hause bringt, als dumm oder faul zu diskreditieren. Ein Misserfolg darf die elterliche Wertschätzung und Liebe nicht erschüttern. Das heißt nicht, dass man nicht über das konkrete Ereignis reden und nach Verbesserungsmöglichkeiten suchen muss."

(in Esser 2002:82)

„Jetzt wollen wir mal versuchen, Ordnung in das Chaos zu bekommen", sagten Mutter und Lehrer zu Tom, dem Chaoten aus der achten Klasse. Dieser intelligente Junge brachte gar nichts mehr auf die Reihe, war schulisch ins Schleudern geraten und dabei stets vergnügt. Sport war sein Fach und dort tobte er sich aus. Eingebettet in ein intaktes und beinahe schon überfürsorgliches Elternhaus fehlte dem Kind ein echtes Problem, das zur Lösung ansteht. Ganz offenbar war für ihn nicht wichtig, was keine Konsequenzen hatte. Und dazu gehörte bisher auch die Schule. Weil aber nichts passiert, wenn nichts passiert, sollte Tom jetzt Konsequenzen erleben. Es drohte ein Wiederholungsjahr. Und das wollten alle vermeiden.

Mutter, Lehrerin und Schüler zogen nun die schulische Notbremse und verabredeten ein Zielprotokoll, um den Jungen in die Pflicht zu nehmen. Jeweils im Vierteljahresrhythmus sollte es auf Toms Fortschritte überprüft werden. In der Zwischenzeit blieben sie alle drei darüber im Gespräch.

Hinweise für Eltern: Was Sie in der schulischen Krise tun können

1. Sehen Sie Ihre Rolle nicht als Antreiber, der dem Kind dauernd im Nacken sitzt.
Ermutigen Sie das Kind, sein schulisches Schicksal in seine eigenen Hände zu nehmen und selbst Verantwortung dafür zu übernehmen. Helfen Sie ihm dabei. Weil gerade für Jugendliche Schulerfolg ganz wesentlich davon abhängt, dass sie wissen und einsehen, warum sie lernen und was sie lernen, ist der ständige Gesprächskontakt über Schule, Zukunft und Beruf wichtig.

2. Machen Sie Mut in der schulischen Krise.

Helfen Sie dem Kind im Gespräch, Negativerlebnisse zu bewältigen und abzubauen. Schrauben Sie gegebenenfalls Ihre Ansprüche herunter (und raten Sie dem Kind auch dazu), damit es wieder Kraft tanken kann.

3. Machen Sie mit dem Kind eine schulische Bestandsaufnahme.

Das Kind erzählt, in welchen Fächern alles gut läuft, in welchen es sich verbessert hat und wo es Probleme gibt. Mit diesen Fragen klappt die Bestandsaufnahme: Was läuft gut, was gar nicht gut? Was ist verbesserungsfähig? Was ist verbesserungsbedürftig? Gibt es bessere Wege für das Lernen? Brauche ich ein neues Lernkonzept? Bin ich gut organisiert? Verfüge ich über das richtige Lernwerkzeug? Welche Lernkompetenzen könnte ich verbessern? Wie könnte ich meine Gedächtnisleistung steigern?

4. Helfen Sie dem Kind bei der Verbesserung seiner Lernstrategie.

Nach der Analyse der schulischen Ergebnisse, Fortschritte oder Rückschläge sollte die Lernstrategie an die inzwischen gewonnenen Erkenntnissen angepasst werden. Eine Kooperation mit den Lehrkräften macht Sinn. Überlegen sich Schüler, Eltern und Lehrer gemeinsam einen Aktionsplan, sind die Erfolgsaussichten größer.

5. Nehmen Sie externe Hilfe in Anspruch, wenn die Krise sich bereits verfestigt hat.

Nachhilfe kann aber nur eine Übergangslösung sein. Als Dauereinrichtung wäre sie ein Indiz für Überforderung. In diesem Fall muss über einen Schulwechsel nachgedacht werden. Unterstützung auf erzieherischer Seite bekommen Sie u.a. von Elternschulen oder in einem Elterntraining.

6. Nutzen Sie die schulische Krise zur Stärkung der Persönlichkeit des Kindes.

Aus Erfahrung wird man klug – auch aus schlechter Erfahrung. Deshalb muss man diese auch machen. Jede Schwierigkeit, jedes Problem trägt in sich die Herausforderung zur Persönlichkeitsentwicklung. Wenn ein Kind seine Reserven mobilisiert und eine Krise bewältigt hat, stärkt das seine Selbstwirksamkeitserwartung (s. Gesetz 15).

Hinweise für Schüler: Wie du deine Eigenmotivation wieder stärkst

1. Bewege dich, wann immer es geht.

Bewegung ist das A und O für zusätzliche Energie. Schon zehn Minuten kräftige Bewegung bringen den Körper für zwei Stunden in Schwung.

2. Konzentriere dich auf das, was du besonders gut kannst.

Wenn dir Fremdsprachen besonders liegen, legst du darauf den schulischen Schwerpunkt. Das entspricht deinem Talent. Und deine Erfolgserlebnisse auf diesem Gebiet strahlen auch auf andere Fächer aus. Sie geben dir Kraft, hier mit neuer Energie zu arbeiten oder Rückschläge besser aufzufangen.

3. Fasse ein Ziel ins Auge, das auch erreichbar ist.

Den Weg dorthin teilst du in kleine Abschnitte auf. Dann schaust du dir die Hürden an und nimmst eine nach der anderen. Das wiederum bringt dir Erfolgserlebnisse, die dich wiederum ermutigen, die nächste Hürde zu nehmen.

4. Konzentriere deine Gedanken auf deine Stärken und deine Chancen.

So gewinnst du neuen Mut. Es gelingt dir viel besser, deine Ziele weiter zu verfolgen und dabei einfallsreich zu sein. Außerdem vertreibst du die Gedanken an Probleme und Risiken.

5. Lege ein Erfolgsbuch an.

Lege ein Tagebuch des Erfolgs an. Wer über seine Erfolge Buch führt, richtet seine Aufmerksamkeit wie einen Scheinwerfer auf alles, was für ihn gut gelaufen ist. Und weil die Erfolge schwarz auf weiß festgehalten sind, wird dein Vertrauen in deine Fähigkeiten gestärkt und in deinem Gehirn setzt sich die Überzeugung fest: „Ich kann etwas!"

6. Stell dir vor, du bist eine Lokomotive.

Lerne, dich neu zu motivieren, wenn dir die Hürden wieder sehr hoch erscheinen. In den USA lernen Kinder das bereits im Kindergarten. Sie tun so, als wären sie eine kleine Lokomotive, die ganz viele Anhänger einen Berg hinaufziehen muss. Sie stellen sich vor, wie die Lokomotive ihre Räder dreht, und sagen dazu: „Ich kann's schaffen, ich kann's schaffen ..." Solche Strategien kannst du dir auch ausdenken.

24. Gesetz: Lassen Sie los und geben Sie Halt!

Wie die Pubertät als schwierige Entwicklungsphase auch schulisch zu meistern ist

„Sehr geehrter Herr Timm!

Ihr Sohn Adolf blieb am 19.9.1958 dem Unterricht fern und fuhr, indem er fremde Kraftwagen anhielt, nach Kiel. Wegen dieses Verstoßes gegen die Schulzucht und in Anbetracht seiner bisherigen Führung im Schuljahr 1958/59 (1 Tadel, 1 Stunde Arrest) hat die Konferenz vom 14.10. Ihren Sohn mit einem Verweis bestraft. Dieser wurde vor versammelter Klasse am 16.10. ausgesprochen.
Ihrem Sohn Adolf wurde für das weitere Schuljahr 1958/59 die Fähigkeit aberkannt, das Amt des Klassensprechers zu bekleiden.

Hochachtungsvoll Dr. Thielicke, Dr. Rommel"

Eine Schulkameradin und ich, beides Achtklässler, hatten verabredet, ausnahmsweise einmal auf die Schule zu verzichten und nach Kiel zu fahren. Dort wollten wir auf dem Bundesparteitag der CDU Bundeskanzler Konrad Adenauer live erleben. Um von unserem Schulort kostengünstig in die rund 60 km entfernte Landeshauptstadt zu kommen, entschlossen wir uns zu trampen. Das war für uns, die täglich einen längeren Anfahrtsweg zur Schule bewältigen mussten, nicht ungewöhnlich und ganz im Gegensatz zu heute ungefährlich. Wir hatten noch nicht lange am Straßenrand gestanden, als ein BMW hielt. Vorn am Kühler wehte eine Fahne. Meine Schulkameradin nahm vorn beim Chauffeur und ich auf dem Rücksitz Platz.

Der freundliche Herr neben mir entpuppte sich als der Kultusminister von Rheinland-Pfalz, Dr. Eduard Orth. So sympathisch wie ihn hatten wir uns Kultusminister nicht vorgestellt. Die Fahrt verging bei angeregtem Gespräch wie im Fluge. Genussvoll schnupperten wir dann Kieler Parteitagsluft und durften sogar Konrad Adenauer die Hand geben. Danach drückte Herr Dr. Orth meiner Klassenkameradin und mir jeweils fünf Mark in die Hand. Artig gaben wir ihm das Versprechen, für die Rückfahrt den Bus zu nehmen, bedankten uns und machten uns auf die Heimreise.

Meinen sonst eher strengen Eltern war ich sehr dankbar, dass sie diesen Vorgang relativ gelassen nahmen. Und auch die Schule hätte bei diesem Vorfall schwereres Geschütz auffahren können. In den Augen unseres Klassenlehrers Dr. Rommel glaubte ich sogar, ein Zwinkern zu erkennen, als der Direktor den Verweis verkündete.

Kinder wollen Grenzen überwinden und sich lösen

Nach der Zeit der Bindung und der Anpassung an die elterlichen Wertvorstellungen kommt mit der Pubertät die Zeit der Lösung und des Widerspruchs. Kinder wollen sich von den Eltern abnabeln und sie müssen das tun. Sie loten Grenzen aus, um festzustellen, wo diese wirklich liegen. Wie sonst können junge Leute selbstständig werden und auf eigenen Beinen stehen? Ihre Loslösung zeigt sich sehr früh in Ungehorsam, Widerspruch oder Trotz und gewinnt mit der Zeit oft so etwas wie eine ideologische Komponente: Sie sind dann grundsätzlich gegen alles, was ihre Eltern von ihnen verlangen. Kinder fühlen sich in dieser Phase unverstanden und unglücklich. Oder sie tun gelegentlich so.

Viele Probleme der Pubertät entstehen dadurch, dass Jugendliche größere Verantwortung möchten, als ihnen, auch aus rechtlichen Gründen, zusteht. Dennoch sollten starre Verbote und Gebote vermieden werden. Sinnvoller ist es, den Verantwortungsbereich schrittweise auszubauen.

Der Familien- und Konfliktberater Jan-Uwe Rogge antwortet auf die Frage, ob Eltern sich besser zurückhalten oder eingreifen sollen:

> *„Sie sollten ihren Kindern zumindest einen Raum geben, sich entfalten und beweisen zu können. Das ist manchmal nicht leicht, weil auch Eltern lernen müssen, sich ein Stück zurückzunehmen und das Kind einfach einmal eigenverantwortlich handeln zu lassen. Kinder brauchen auch einen elternfreien Raum ohne Kontrolle, in dem sie Konflikte selbst lösen müssen. Sie wollen herausgefordert werden. Eine unbeschwerte Kindheit, in der nie etwas Heikles passiert und Konflikte stets von den Eltern aus dem Weg geräumt werden, ist nicht nur langweilig, sie gibt dem Kind auch nichts mit fürs Leben" (in Hardam 2007:25).*

Die Gewichte zwischen Kindern und Eltern verschieben sich

Für Eltern ist die Pubertät eine Übergangszeit, in der es um das Austarieren des neuen Gleichgewichts geht. Es gilt, einen Mittelweg zwischen Handlungsstärke und Machtlosigkeit, zwischen dem Beharren auf alten Regeln und dem Ausprobieren neuer Vereinbarungen, zwischen Einbindung und Abgrenzung, zwischen Halten und Loslassen, zwischen Nähe und Distanz zu finden.

Pubertät ist, wenn Eltern schwierig werden nennt sich ein Hamburger Projekt, in dem junge Leute zwischen 13 und 18 Jahren für die Probleme einer schwierigen Entwicklungsphase fit gemacht werden. Oft kritisieren Jugendliche dabei die laxe Haltung ihrer Eltern gegenüber dem Rauchen und dem Alkohol: „Meinen Kindern werde ich das später verbieten!", ist der erstaunliche Tenor vieler junger Leute. Professor Klaus Hurrelmann rät dazu: „Lassen Sie Ihr Kind Distanz zu Ihnen aufbauen. Sagen Sie Ihrem Kind, dass Sie bestimmte Verhaltensweisen absolut nicht in Ordnung finden. Darauf wartet das Kind" (2006:28).

Eltern werden in der Pubertät von Führern zu Begleitern. Wenn Eltern ihren Kindern bereits Wurzeln gegeben haben und dann Flügel verleihen, ist Erziehung gelungen.

AUS DER WISSENSCHAFT

Prof. Klaus Hurrelmann (Jugendforscher):

Distanzieren in der Pubertät

Pubertät ist ein großes Problem, auch weil sie immer öfter schon mit 11 beginnt und nicht erst mit 14. Viele Eltern bekommen die so früh eingeleitete Ablösung nicht hin, umgarnen und behüten ihr Kind weiterhin. Dagegen wehren sich die Kinder mit immer stärkeren Provokationen, denn sie wollen und müssen sich distanzieren.

„Das beginnt beim Anziehen, geht über grün gefärbte Haare bis hin zu verbalen Attacken. Und dann kommt die Mutter daher und fragt, wo es die grüne Farbe gibt. Sie vereinnahmt die Freiheitsversuche des Kindes."

(Hurrelmann/Käßmann 2006:28)

Die schulische Motivation sinkt

AUS DER WISSENSCHAFT

Prof. Gerald Hüther (Hirnforscher):

In der Pubertät wird das Gehirn noch einmal umgebaut

„Da kommt vieles durcheinander, was vorher recht gut funktioniert hat. Betroffen ist davon vor allem das Frontalhirn, von wo aus u. a. auch Motivation und Frustration gesteuert werden. Und auch die Bewertungen. Es entstehen andere Bedürfnisse und Erwartungen. Kein Wunder also, dass Schule – ebenso wie Familie – in dieser Zeit bei vielen Jugendlichen an Bedeutung verliert."

(in Lache 2007:66)

Hinreichend bekannt ist die Klage, Jugendliche neigten zu Faulheit oder Trägheit. Ihre Lust- und Energielosigkeit, ihre Unkonzentriertheit, ihre Unzuverlässigkeit und Nachlässigkeit hat jedoch physiologische Gründe. Die Pubertät ist anstrengend und die physischen und psychischen Veränderungen kosten viel Kraft. Zudem erfolgt in dieser Entwicklungsphase auch noch der Umbau des Gehirns, der erst um das 20. Lebensjahr herum abgeschlossen ist. Themen und Schulfächer, die bis zur Pubertät kein Interesse geweckt haben, werden in der Pubertät möglicherweise vernachlässigt oder sogar fallen gelassen. Jugendliche wissen dann über lange Zeit nicht, was sie überhaupt wollen. Ihr Prozess der Selbstfindung wird von Zweifeln, Rückschlägen, persönlichen Auseinandersetzungen und Krisen begleitet.

Da das hirneigene Belohnungssystem nachlässt, mangelt es bei vielen Jugendlichen an schulischer Motivation. Jugendliche lernen jetzt, weil sie sich bewusst dafür entschieden haben, zu lernen – und nicht aus dem physiologischen Grund *Dopamin-Ausschüttung*. Sie lernen, weil sie lernen wollen, weil sie ehrgeizig sind, weil sie sich Ziele setzen und weil sie etwas erreichen wollen. Sie lernen, weil sie selbstbewusst sind und weil sie sich den Lern- und Schulerfolg zutrauen.

AUS DER WISSENSCHAFT

Wolfgang Bergmann (Kinder- und Familientherapeut):
So kann man helfen
Die Frage einer Mutter an Wolfgang Bergmann:
„Wie motiviere ich Thomas, 17, der am liebsten alles hinschmeißen möchte? Er fühlt sich ausgegrenzt und hat, um cool zu wirken, die Schule schleifen lassen, sodass er jetzt das Gefühl hat, um seinen Hals ziehe sich eine Schlinge zu."
Bergmann:
„Motivieren ist das falsche Wort. Zunächst einmal braucht der Junge Trost. Lassen Sie sich von seinem Alter und von seiner Größe nicht täuschen. In ihm ist jetzt viel kindlicher Zorn und noch mehr Traurigkeit.
Zweitens braucht der Junge Zuversicht. Niemand kann ihm die besser geben als Sie. Gehen Sie schrittweise vor: Entwickeln Sie gemeinsam mit Ihrem Sohn realistische Ideen, wie er aus der Misere herauskommen kann. Es gibt viele schulische Wege, um attraktive Abschlüsse zu erreichen, nicht nur das Abitur.
Ist Thomas wieder einigermaßen zuversichtlich – das geht bei Jungen dieses Alters oft verblüffend schnell – dann erstellen Sie gemeinsam einen Lern- und Arbeitsplan mit festen Zeiten und mit festen Regeln. Aber nicht übertreiben. Ein Jugendlicher braucht mehr als immer nur Lernen. Diesen Plan setzen Sie durch – und zwar mit humorvoller, manchmal selbstironischer, immer jedoch absolut unumgänglicher Autorität."

(in Lache 2007:63)

Hinweise für den erzieherischen und schulischen Alltag
1. Bemühen Sie sich um ein gutes Erziehungsklima, in dem Selbstwertgefühl und Selbstachtung des Kindes gedeihen können.
Nur wenn das Kind als selbstständiges Mitglied der Familie mit eigenen Wünschen, Bedürfnissen und Rechten anerkannt wird, wenn es akzeptiert wird, wie es ist, behalten Eltern Einfluss auf seine Entwicklung, auch in der Zeit der Pubertät.

2. Behalten Sie die Leistungsentwicklung des Kindes in der Schule im Auge.
Es kann zu Schulkrisen und Leistungseinbrüchen kommen. Aber Schule ist der Job des Kindes. Ein klares Wort der Eltern zur Notwendigkeit der Pflichterfüllung ist dann angesagt. Auch ein noch engerer Kontakt zu den Lehrern ist hilfreich. Der Jugendliche soll wissen, dass Eltern und Lehrer an einem Strang ziehen.

3. Beobachten Sie aufmerksam, ob das Kind die Schule schwänzt.

Wenn es einmal geschieht, machen Sie kein Drama daraus. Es kommt aber auf den Grund an. Schwänzt es, um Grenzen auszuloten und weil es auch einmal Spaß macht, die Lehrer an der Nase herumzuführen? Oder ist das Schwänzen ein Hilferuf, weil der Jugendliche den Anforderungen nicht mehr gerecht werden kann oder weil die Eltern sich nicht um ihn kümmern?

4. Markieren Sie die Grenzen sehr klar.

Das Kind im Pubertätsalter wartet darauf: „Das ist nicht in Ordnung!" Es braucht deutliche Hinweise zur Orientierung. Der 15-jährige Sohn darf eben auf keine Party, bei der Alkohol fließt. Und der 16-jährigen Tochter muss ebenfalls verwehrt werden, bis spät in die Nacht in die Disco zu gehen.

5. Geben Sie Halt – auch in schwierigen Situationen darf das Kind nie das Vertrauen verlieren.

Es muss wissen, dass seine Eltern ihm beistehen, ihm Halt und Hilfe geben, wenn es darauf ankommt. Bleiben Sie mit dem Kind im Gespräch, damit es sich nicht hängen lässt.

6. Hören Sie den Jugendlichen an und lassen Sie ihn ausreden.

Selbst wenn das heranwachsende Kind radikale, konfuse oder aus Prinzip oppositionelle Meinungen vertritt, sollten Sie sachlich-argumentativ darauf eingehen. Diskutieren Sie mit ihm, selbst wenn es die ganze Nacht dauert. Der Jugendliche wünscht, dass er respektiert wird.

Familie als Lernort gestalten

In einer Familie mit Ideen lernen Kinder und Eltern

25. Gesetz: Schalten Sie die Lernhemmer aus!

Wie Eltern, Lehrer, Mitschüler oder der Schüler selbst zu *De-Energizern* werden

„Haben Sie schon einmal in den Schulrucksack Ihrer Tochter geschaut?", frage ich Reginas Eltern. Sie haben sich gerade über die Tochter beschwert und sie *stinkfaul* genannt. „Was sollen wir nur machen?", klagen sie und erwarten vom Schulleiter Hilfestellung, vielleicht sogar ein Patentrezept gegen die *Faulheit* ihrer Tochter. „Mit Freunden zusammen sein, vor dem Fernseher hocken, am Computer spielen, nur so rumhängen, alles ist Regina wichtiger als die Schule. Sie hat einfach keine Lust zum Lernen und konzentrieren kann sie sich auch nicht." Meine Frage nach dem Schulrucksack hat die aufgebrachten Eltern irritiert. Ja, geben sie etwas verschämt zu, sie haben ihn schon mal durchforstet, als Regina nicht zu Hause war. „Und haben Sie etwas Verdächtiges gefunden?", frage ich. Als sie verneinen, mache ich sie auf die unsichtbaren Lernhemmer aufmerksam, die sie auch nicht im Schulrucksack der Tochter finden können, nach denen sie gleichwohl forschen müssen.

Motivations- und Konzentrationsprobleme gehören zu den am häufigsten genannten Ursachen für schulische Probleme. Eltern sind mit Schuldzuweisungen rasch bei der Hand. Als Grund für die schlechten Leistungen, wie das Beispiel Reginas Eltern zeigt, nennen Sie etwas vorschnell *Faulheit*. Aber das ist gegenüber den Kindern und Jugendlichen ungerecht.

Dass schlechte Schulleistungen auch ganz andere Ursachen haben können, erkennt, wer die Schüler morgens auf dem Weg zur Schule beobachtet. Manche haben schwer an der Last ihres Rucksacks zu tragen und schleppen sich fast schon mit gebeugtem Rücken zur Schule. Irgendetwas scheint sie regelrecht *herunterzuziehen*. Das sind durchaus nicht immer die zu vielen Bücher und Materialien, die sie Tag für Tag hin- und hertransportieren. Es liegt an den Lernhemmern, die sie mit sich herumschleppen und die ihnen das schulische Leben schwer machen. Wer über Motivations- und Konzentrationsprobleme klagt, muss zunächst nach Motivations- und Konzentrationskillern forschen.

Lernhemmer, die den Schüler herunterziehen

Konzentrationsstörungen – Wohlstandsverwahrlosung – Bewegungsmangel – Verwöhnen – schlechtes Klassenklima – Drogenprobleme – Computerspiele – Stress – Unterforderung – Überforderung – Ehestreitigkeiten – Unterrichtsausfall – Fernsehkonsum – Schulangst – Vernachlässigung –Ernährungsfehler –fehlende Vorbilder – Mobbing – Krankheiten – Internetsucht – Schlafdefizite – Unterrichtsstörungen – Förderwahn – Überbehütung – Lehrplanüberfrachtung – fehlende Bindung – Prüfungsangst – ungeeignete Lernstrategien etc.

Es gibt eine Vielzahl von Lernhemmern in Familie, Schule und Gesellschaft. Nach ihnen zu forschen, sollten Eltern von Zeit zu Zeit unternehmen. Das Durchwühlen des Schulrucksacks ist dafür ungeeignet. Nicht kontrollierende Überwachung ist angebracht, sondern Nähe und Bindung, Offenheit und Vertrauen. Nichts dient diesem Ziel besser als das entspannte Gespräch mit dem Kind.

Dieses Gesetz beschäftigt sich mit einigen wenigen Lernhemmern, bei denen es vorrangig die Eltern sind, die ihrem Kind die Energie entziehen. Auf Teilleistungsstörungen wie Lese-Rechtschreib-Schwäche (Legasthenie) und Rechenschwäche (Dyskalkulie) und andere Störungen wie Konzentrationsstörung, körperliche Probleme wie Hör- und Sehschwäche oder Krankheiten wird nicht eingegangen. Auch sie können Ursache für Lernschwierigkeiten sein. Liegen sie vor, sollte unbedingt das Gespräch mit dem Klassenlehrer gesucht werden.

Überforderung ...

Wachsender Bildungsdruck macht Kinder krank. Nach Beobachtungen steigt der Stresshormonspiegel neuerdings sogar schon Monate vor der Einschulung. Der Kindertherapeut Wolfgang Oelsner, Leiter der Kinder- und Jugendpsychiatrie der Universität Köln, warnt Eltern vor zu hohen Erwartungen: Bei vielen Eltern ist der Eindruck entstanden, mit der Schulwahl werden die Eintrittskarten für das Wohlergehen im späteren Leben gezogen und die Weichen dafür schon bei der Einschulung gestellt. Oelsner rät Eltern zur Gelassenheit und dazu, eine liebevolle häusliche Umwelt zu schaffen (in Czermak 2005a:10).

Angesichts ständiger Hiobsbotschaften über Bildungs- und Schulprobleme werden viele Eltern immer nervöser. Sie schrauben ihre Ansprüche an den Nachwuchs höher, damit der später alle Chancen hat, so die Bildungsjournalistin Barbara Czermak (ebd.). Nicht selten ist Schulangst die Folge, die im Gymnasium häufiger anzutreffen ist als in anderen Schulen.

Viele Kinder verlieren durch diese Ansprüche den Spaß an der Schule – und zwar für immer. Sie sind überfordert und geraten in einen Teufelskreis. Zu hohe Erwartungen, Leistungsdruck sowie eine zu starke Kontrolle lassen ihren inneren Motor immer schwächer werden. Wenn Heranwachsende dann noch für schlechte Noten mit Liebesentzug bestraft werden, verlernen sie vollends, auf ihren eigenen Antrieb zu vertrauen.

Nicht selten neigen überforderte Schüler zum *Self-Handicapping* (Selbst-Behindern). Um aus negativen Ergebnissen keine Rückschlüsse auf die eigenen Fähigkeiten zu ziehen, lernen sie nun überhaupt nicht mehr. Weil sie zu wissen glauben, dass sie es sowieso nicht schaffen, können sie dann ihren Misserfolg erklären. Alternativ schieben sie die Verantwortung für ihr Scheitern auf den Lehrer, der ihnen angeblich keine Chance gibt.

... und Unterforderung

Wenn ein Lehrer nicht in der Lage ist, die Schülerin auf der Höhe ihrer Verständnismöglichkeiten anzusprechen, langweilt sie sich. Wenn der Unterricht eintönig gestaltet wird und es dem Lehrer schwerfällt, Wissbegierde zu wecken, schalten Schüler ab. Bei ihnen ist das gehirneigene Belohnungssystem außer Kraft gesetzt. Häufig sind überdurchschnittlich begabte Schüler betroffen. Sie erzielen schlechtere Noten, als sie aufgrund ihrer Voraussetzungen erreichen könnten. Eltern müssen hier gegensteuern.

Verwöhnen ...

Als Motivationskiller Nr. 1 gelten Verwöhnung und Überbehütung. Sie stehen dem schulischen Durchhaltevermögen und dem Lösungsinteresse entgegen. Eltern, die ihren Kindern jeden Wunsch von den Lippen ablesen, lassen Eigeninitiative und Kreativität verkümmern. Erziehung zu Leistung und Leistungsbereitschaft bedeutet auch, den Kindern Eigenverantwortung zu übertragen und von ihnen Mithilfe z. B. im Haushalt zu erwarten. Kinder und Jugendliche wollen gefordert und nicht in Watte gepackt werden. Sie wollen keine Eltern, die weich wie Knete sind.

Ratgeberautor Gustav Keller schätzt, dass rund 40 Prozent aller Motivationsstörungen auf übermäßiges Verwöhnen zurückzuführen sind (in Lehmann 2005:14). Kinder haben nicht gelernt, dass man sich für gute Leistungen auch ins Zeug legen muss. Denn wenn Eltern ihnen jede Mühe abnehmen, lernen Kinder und Jugendliche, dass es nicht von ihrer Anstrengung abhängt, ob sie Erfolg haben. Ihre Motivation erlahmt.

Wer aus vermeintlicher Liebe immer wieder beide Augen zudrückt, gibt seinen Kindern zu verstehen, dass ihm ihr Verhalten im Grunde gleichgültig ist. Auch Selbstbewusstsein kann ein Kind unter diesen Voraussetzungen nicht entwickeln. Tatsächlich ist Verwöhnung häufig etwas, was Eltern aus purem Eigennutz tun. Sie erfüllen dem Kind seine Wünsche und haben ihre Ruhe. Aber damit verhindern sie, dass Tochter oder Sohn später ein eigenverantwortliches Leben führen können. Man nimmt ihnen, worauf es in der Schule wie im Leben ankommt: die Fähigkeit, sich auf etwas und über etwas zu freuen, sowie den Stolz, selbst etwas geschafft zu haben.

… und Überbehüten

AUS DER WISSENSCHAFT

Prof. Falco Rheinberg (Psychologe):
Überbehütung führt zu Motivationsproblemen
Verantwortlich für Motivationsstörungen sind häufig die beiden Erziehungsextreme Überbehütung und Vernachlässigung.

(nach Lehmann 2005:14)

Michael ist auf dem Lande groß geworden. Dort waren sie viele Kinder, die nachmittags zusammen spielten, gemeinsam etwas ausheckten, aber auch manchmal miteinander in Streit gerieten. Das waren dann die Momente für den Auftritt seiner Mutter. Sobald sie merkte, dass ihr Sohn betroffen war, warf sie sich zwischen ihn und den Gegner. Sie ließ der Kinderschar überhaupt keine Möglichkeit, den Konflikt untereinander auszutragen. Ihre Einmischungsversuche führten dazu, dass die anderen Kinder bald keine Lust mehr hatten, mit Michael zu spielen. Er blieb außen vor.

Überbehütete oder verwöhnte Kinder leiden nicht selten an Schulangst. Sie isolieren sich, werden ängstlich, wie es ihre Eltern sind. Auch Michael hat von seiner Mutter die Ansicht übernommen, dass alle anderen ihm übelwollen, und blieb lieber allein.

Überbehütung geht zumeist auf eine zu starke Bindung zurück. Sie ist nicht weniger problematisch als eine zu schwache Bindung. In beiden Situationen fällt es Kindern schwer, ihre Potenziale auszuschöpfen, weil sie beispielsweise nicht mit Stresssituationen umgehen können. Eltern, die zur Überbehütung oder zum Verwöhnen neigen, schauen außerdem bei Alkohol- und Drogenproblemen eher weg als andere. Das ist bequemer. Aber gerade während der Schulzeit ist es wichtig, dass sich Eltern den Problemen der Kinder stellen. Es gibt immer wieder Rückschläge, mit denen man nicht dadurch fertig wird, dass Eltern die Probleme unter den Teppich kehren.

Hinweise für den erzieherischen und schulischen Alltag
1. Fordern, aber überfordern Sie das Kind nicht.
Haben Eltern übergroße Leistungserwartungen an ihre Kinder, behindern sie damit ihren Schulerfolg. Wer ständig unter Strom steht, kann nichts aufnehmen und gibt auf. Achten Sie auf Alarmzeichen. Wenn Eltern Druck aufbauen, kann es zum *Self-Handicapping* oder zu nach innen gerichteten Aggressionen kommen. Beides sind Hilferufe, die nicht durch ein Mehr an Nachhilfe, sondern nur durch eine intensive Pflege der Eltern-Kind-Beziehung, in der sich der Heranwachsende gut aufgehoben fühlt, behoben werden können.

2. Achten Sie darauf, dass das Kind nicht unterfordert ist.

Die Symptome können die gleichen sein wie bei Überforderung: mangelnde Konzentration, Lustlosigkeit, nachlassendes Interesse an den schulischen Inhalten. Gerade wenn das Kind unterfordert ist, braucht der Unterricht Abwechslung und neue Impulse, Differenzierung und Individualisierung: Projektarbeit, Lernen in Gruppen, Workshops mit Experten, Exkursionen. Sprechen Sie mit dem Lehrer Ihres Kindes (und mit externen Fachleuten) über diese Möglichkeiten. Versuchen Sie auch, im Alltag zusätzliche Lernanreize für das Kind zu schaffen. Gehen Sie ins Theater, besuchen Sie Museen, nehmen Sie an Stadt- und Naturführungen teil. Geben Sie dem Kind so *geistiges Futter*.

3. Trauen Sie dem Kind zu, Konflikte selbst zu lösen.

Eltern, die sich permanent schützend zwischen das Kind und das Problem werfen, schaden dem Kind. Trauen Sie dem Kind zu, kleine Schwierigkeiten wie zum Beispiel Streitereien mit Mitschülern und Konflikte mit Lehrern selbst zu lösen – oder durchzustehen. Auch in der Schule schafft das Kind mehr allein und wird mutiger, wenn die Eltern sich nicht einmischen, keine Fluchtwege eröffnen und nicht alle Grenzen und Hindernisse beiseiteräumen.

4. Haben Sie Mut zur Erziehung.

Verwöhnen und Überbehüten sind Indizien für Angst und Mutlosigkeit. Eltern brauchen Mut zur Erziehung, um dem Kind selbst Mut zu machen. Tatsächlich haben immer mehr Kinder Angst, zum Beispiel Schulangst. Auch hier hilft nur das Prinzip der Offenheit. Der einzige Weg aus der Angst ist die Beschäftigung damit.

5. Lassen Sie das Kind Frustrationstoleranz lernen.

Das Kind muss lernen, Regeln zu akzeptieren und Verzicht zu leisten. Ein Kind, dem jeder Wunsch erfüllt wird, lernt nicht, zu verzichten. Dieses Defizit in der Entwicklung führt zu einer geringen Frustrationstoleranz. Jugendliche mit niedriger Frustrationstoleranz entwickeln schulisch kein Durchhaltevermögen.

26. Gesetz: Begrenzen Sie den Medienkonsum!

Warum der Fernseher nicht ins Kinderzimmer gehört

Eine Katze klammert sich an eine Schnur und sieht aus, als würde sie gleich herunterfallen. Darunter in fetter Schrift: „Halte durch – bald ist Freitag." Ein befreundeter Arzt hat mir dieses Bild zugefaxt. Aus gegebenem Anlass musste ich es gelegentlich am Montagmorgen zu Beginn der ersten Unterrichtsstunde auf den Overheadprojektor legen – sozusagen als Durchhalteparole für eine Schar übermüdeter Schüler.

Jeder Lehrer in Deutschland kennt dieses *Montagssyndrom*: übermüdete, unaufmerksame und unmotivierte Schüler. Es tritt in allen Schulen und Klassenstufen auf und hat verschiedene Gründe. Wer sich das ganze Wochenende in seinem multimedialen Kinderzimmer vor dem Fernseher Gewaltfilme angeschaut oder bei brutalen Computerspielen mitgewirkt hat, kann am Montag nicht sofort auf Schule umschalten.

Der Jugendforscher Prof. Klaus Hurrelmann beklagt, die Sinne des Kindes würden durch übermäßigen Fernsehkonsum einseitig stimuliert: Einem audiovisuellen Overkill durch Fernsehen und Unterhaltungselektronik stehen die Sinne Riechen, Schmecken, Fühlen oder Tasten eher verwaist gegenüber (s. auch Gesetz 20). Solche Fehlsteuerungen der Sinneskoordination führen zu Störungen der intellektuellen Leistungsfähigkeit und der Gefühlsentwicklung (in Friebe 2005).

Ständig wachsender Medienkonsum

Eine im März 2005 veröffentlichte amerikanische Studie über die Mediennutzung von Kindern und Jugendlichen zwischen acht und achtzehn Jahren kommt zu alarmierenden Ergebnissen, mit denen wir uns beschäftigen müssen. Denn viele in den USA zu beobachtende Probleme treten zeitversetzt auch bei uns auf. Auch in Deutschland nehmen unzählige Familien z. B. nicht einmal mehr eine Mahlzeit ein, ohne dass ein Showmaster, der Star einer Seifenoper oder eine Sportmoderatorin mit dabei ist.

Studie der Kaiser-Familienstiftung (USA): Generation M: Medien im Leben von Kindern

1. Fast ein Drittel aller Schüler in den USA sieht bei den Hausaufgaben nebenbei fern, surft im Internet oder telefoniert.
2. Die Zahl der Kinder, die dieses *Multitasking* betreibt, lag 1999 bei 16 Prozent, im Jahr 2004 bei 26 Prozent.
3. Bei 63 Prozent der Familien läuft während der gemeinsamen Mahlzeiten das Fernsehgerät.
4. 68 Prozent aller Kinder haben ein Fernsehgerät im Zimmer, 54 Prozent einen Video- oder DVD-Recorder.
5. Täglich verbringen Kinder und Jugendliche im Durchschnitt fast vier Stunden vor dem Fernsehgerät und 105 Minuten hören sie Musik.

Ein Fernseher im Kinderzimmer ist Körperverletzung

Tatsache ist, dass ein ständiges Überangebot an Reizen und die Vermeidung von *Leerlaufzeiten* (s. Gesetz 5) die Entwicklung von Eigeninitiative behindern. Wer das Fernsehen als *Babysitter* für seine Kinder einsetzt, darf sich über nachteilige Auswirkungen auf die Entwicklung und das Verhalten seiner Kinder nicht wundern.

Wer Kinder vor dem Fernseher ruhigstellt, nimmt ihnen die Möglichkeiten, mit Gleichaltrigen Kontakt aufzunehmen, ein Buch zu lesen oder sich etwas zum Zeitvertreib ausdenken zu müssen. Nicht nur die Beziehungsebene zwischen Eltern und Kind leidet, auch die Sprache verarmt, von den Verrohungseffekten ganz zu schweigen.

Eine Untersuchung des Kriminologischen Forschungsinstituts Niedersachsen (KFN) untermauert die These, nach der hoher Medienkonsum die Schulleistungen der Kinder verschlechtert. Je mehr Zeit sie vor dem Fernseher oder der Playstation verbringen, desto schlechter sind die Noten, so das Ergebnis der Befragung von 23.000 Kindern und Jugendlichen im Alter von 10 bis 15 Jahren. Kinder auf Hauptschulen sitzen nach der KFN-Untersuchung mehr als doppelt so lang vor Bildschirmen wie Gymnasiasten. Hinzu komme, dass Kinder mit eigenen Unterhaltungsgeräten viel häufiger verbotene Sendungen oder Spiele mit hohem Gewaltanteil sehen, was die Lernfähigkeit ebenfalls senke. „Ein Übermaß an Medienkonsum macht dick, dumm, krank und traurig", bringt der Chef des KFN Christian Pfeiffer die Ergebnisse der Studie auf einen Nenner (2005).

Prof. Klaus Hurrelmann warnt in diesem Zusammenhang vor dem Fernseher, den Eltern ins Kinderzimmer stellen, weil sie ihre Kinder damit glücklich machen wollen.

> *„Eltern überlassen sie dem Fernseher, sind sie als lästige Quälgeister los und haben ihre Ruhe. Dabei wären sie heute mehr gefordert denn je. Zum Beispiel als Moderatoren: Schließlich stürzen Informationen aller Art ungefiltert über die Kinder herein – Bilder eines Selbstmordattentats etwa, das wehrlose Kinder in den Tod reißt. Wenn Kinder mit solchen Eindrücken allein gelassen werden und gleichzeitig noch die Ängste, Belastungen und Konflikte der Eltern spüren, bringt sie das an die Grenzen ihrer psychischen Belastbarkeit" (Friebe 2005).*

Auch aus anderen Gründen ist ein Fernseher im Kinderzimmer dem Schulerfolg des Kindes abträglich. Bewegte Bilder sind nicht kreativitätsfördernd, weil sie das Vorstellungsvermögen des Kindes überflüssig machen. Da Texte in viel stärkerem Maße die Fantasie des Kindes fördern, muss auch aus diesem Grund die Familien-Devise lauten: Fernseher raus, Bücherbord hinein!

AUS DER WISSENSCHAFT

Prof. Joachim Bauer (Mediziner und Psychotherapeut):
Stundenlanges Fernsehen oder Computerspielen lässt Heranwachsende verkümmern
Heranwachsende stundenlang dem Fernsehen oder Bildschirmspielen zu überlassen, ist ein Begabungszerstörungsprogramm erster Klasse. Es lässt Kinder und Jugendliche nicht nur intellektuell, sondern auch hinsichtlich ihrer Kreativität und Emotionalität verkümmern.

(nach Bauer 2007:99)

Computer sinnvoll nutzen

Eine Studie des Münchener Wirtschaftsforschungsinstituts Ifo unterstreicht, dass die Verwendung von Computern keineswegs zu besseren Leistungen führen muss. Im Gegenteil: Die beiden Forscher Ludger Woessmann und Thomas Fuchs fanden anhand von PISA-Daten heraus, dass sehr häufige Computernutzung die Lese- und Rechenkompetenz der Schüler verschlechtert.

Die Ifo-Forscher unterscheiden zwischen der Auswirkung von Computern zu Hause und im Unterricht. Das Ergebnis: Computer im Kinderzimmer drücken die Noten, weil auf ihnen mehr gespielt als gelernt wird. In der Schule wirken sie sich nur positiv aus, wenn sie nicht mehr als einmal die Woche angeschaltet werden. „Möglicherweise", so Woessmann, „gehen die erlernten Multimedia-Fähigkeiten zulasten klassischer Ausbildungsziele. Es ist die Frage, was für das spätere Leben wichtiger ist" (in Guststedt 2005:58).

Unstrittig ist heute, dass exzessiver, also grenzenloser Fernseh- und Bildschirmkonsum, negative Auswirkungen auf die Entwicklung von Kindern hat. Dennoch kann man diesen Medien nicht jeden Wert absprechen. Viele Kinder und Jugendliche beziehen aus dem Fernsehen und Internet wichtige Informationen – oder lassen sich nur gelegentlich unterhalten. Ein Kind, das seinen schulischen Alltag bewältigen soll, kommt an den neuen Medien nicht vorbei. Wie immer kommt es auch hier auf das richtige Maß an.

Hinweise für den erzieherischen und schulischen Alltag

1. Lassen Sie kein eigenmächtiges Bedienen des Fernsehers oder Computers zu.
Den Gebrauch des Fernsehers sollten Sie, auch im Interesse des Schulerfolgs, dosieren, minimieren und kontrollieren. Über seine Nutzung muss es in der Familie feste Absprachen geben. Halten Sie sich auch hier an die Regel: Das rechte Maß macht es.

2. Lassen Sie das Kind ein Medientagebuch führen.
In dieses Medientagebuch trägt es die Zeiten ein, die es vor dem Fernseher oder am Computer gesessen hat. Eingetragen wird auch, welche Sendung es gesehen hat, welches Computerspiel es gespielt hat und ob es das Internet privat oder schulisch genutzt hat. Nutzen Sie das Medientagebuch zur Kontrolle und als Gesprächsanlass.

3. Setzen Sie deutliche Grenzen beim Fernsehen und Computergebrauch.

Setzen Sie *informierendes Monitoring* (informierende Kontrolle) ein. Sobald Sie Missbrauch feststellen, wird als *logische Konsequenz* der Konsum eingeschränkt (s. Gesetz 11).

4. Führen Sie Rituale als Gewohnheitsrechte ein.

Eine bestimmte Sendung zu bestimmten Zeiten an bestimmten Tagen darf das Kind anschauen, ohne die Eltern zu fragen. Solche Gewohnheitsrechte beim Fernsehkonsum haben z. B. den Vorteil, dass nicht jeden Tag wieder aufs Neue um Verlängerungen, einzelne Sendungen etc. gerungen werden muss (s. Gesetz 10).

5. Lassen Sie das Fernsehen nie zu einem Ersatz für echte Erlebnisse und Aktivitäten werden.

Stellen Sie das Kind nicht vor dem Fernseher ruhig. Bieten Sie Alternativen. Suchen Sie gemeinsam mit dem Kind danach. Schließen Sie ein Theaterabonnement ab oder besuchen Sie gemeinsam mit dem Kind einen Sprach- oder Kochkurs bei der Volkshochschule. Treiben Sie mit ihm zusammen Sport. Lassen Sie das Kind Vorschläge machen. Der Fernsehkonsum wird bei interessanteren Alternativen von selbst eingeschränkt.

6. Lassen Sie das Kind fremdsprachige Filme ansehen.

Diese Filme mit oder ohne deutsche Untertitel bieten eine hervorragende Möglichkeit, seine Fremdsprachenkenntnisse zu verbessern. Die guten Sprachkenntnisse skandinavischer Schüler sind darauf zurückzuführen, dass Fernsehfilme bei ihnen oft im Original und nicht synchronisiert gezeigt werden. Verbinden Sie beim Medienkonsum das Angenehme mit dem Nützlichen.

27. Gesetz: Machen Sie Ihre Familie zum Lernort!

Wie Kinder und Eltern ein *Familienprojekt* durchführen – und viel dabei lernen

„Macht ihr heute wieder nach Dresden rüber?", fragte die freundliche junge Dame auf Sächsisch an der Rezeption des Jugendgästehauses Mortelgrund im Erzgebirge. „Nein, nicht nach Dresden, heute fahren wir nach Freiberg. Dort gehen wir in ein Bergwerk. Und morgen fahren wir nach Meißen", gab unser 13-jähriger Sohn bereitwillig Auskunft. Das war kurz nach der Wende und wir hatten uns für zehn Tage im Erzgebirge eingemietet. Obwohl es nahezu ununterbrochen regnete, gab es keine langweilige Minute, sondern ein höchst abwechslungsreiches Urlaubsprogramm.

Wir, meine Frau, unsere drei Kinder und ich, befanden uns auf unserer *Entdeckungsreise durch Deutschland*. Im Herbst und zur Osterzeit machten wir uns auf, um Deutschland und seine schönsten Landschaften und interessantesten Städte zu entdecken. Unsere gemeinsame Entdeckungsreise hat zwölf Jahre gedauert. In dieser Zeit haben wir viel gesehen, viel erlebt – und viel gelernt. Von diesem Familienprojekt zehren wir alle, nachdem die Kinder längst erwachsen und außer Haus sind, noch heute.

Kinder profitieren von einem Familienprojekt

Die Familie ist der primäre und wichtigste Lernort für die Kinder. Eltern legen die Basis dafür, was Schule leisten soll. Der Schulerfolg der Schüler bemisst sich danach, welche Kompetenzen und Einstellungen sie aus dem Elternhaus mitbringen.

Von einem Familienprojekt wie der *Entdeckungsreise durch Deutschland* profitieren in erster Linie die Kinder: Sie werden in die Planung einbezogen. Zeitweise sind sie es sogar, die dabei führen. Sie übernehmen Aufgaben bei der Vorbereitung und Nachbereitung der Reisen. Sie wälzen Fahrpläne und studieren Stadtführer. Sie suchen sich interessante Museen heraus und informieren sich über wichtige historische Epochen und Ereignisse. Sie schreiben Reiseberichte und sammeln dazu Postkarten. Und immer wieder sprechen sie darüber mit ihren Eltern.

Kinder lernen dabei Neues, Geheimnisvolles, Rätselhaftes und Schönes. Sie knüpfen an ihrem Wissensnetz und erweitern ihren Horizont. Das, was sie erleben, ist auch durch die Gemeinschaft von Eltern und Geschwistern mit positiven Emotionen verbunden. Es prägt sich dadurch besser ein und Kinder erleben Eltern, die Zeit für sie haben. Sie lernen ihre Eltern von einer neuen Seite kennen. Gemeinsames Tun und aktives Miteinander vermitteln ihnen Erfahrungen für ihr Leben.

Außerdem wird bei jedem Projekt die Familie als Team erlebt. Jeder hat seine Aufgabe, die er erfüllen muss und auf deren Erfüllung andere sich verlassen. Jedes Kind macht so sehr früh wichtige Erfahrungen: „Es kommt auch auf mich an, wenn das Projekt gelingen soll" und „Ich bin wichtig!"

AUS DER WISSENSCHAFT

Prof. Volker Krumm (Lernforscher):
Familie ist entscheidend für den Schulerfolg
Kinder, die vor und während der Schulzeit von den Eltern viel Förderung erhalten, können die Lernchancen in der Schule besser nutzen.
Die Schulleistungen von Kindern lassen sich eher durch Bedingungen in der Familie als durch solche in der Schule erklären.
(nach Fuhrer 2007:161 ff)

Familienprojekte stärken den Zusammenhalt

Eltern, die ihren Kindern neue Horizonte eröffnen, gewinnen selbst sehr viel dabei. Auch sie lernen. Einigermaßen überrascht erleben dann Sohn und Tochter, dass Vater und Mutter die Fähigkeit, sich zu begeistern, neugierig zu sein und dazuzulernen, nicht verloren haben. Auch Eltern lernen ihre Kinder von einer ganz anderen Seite kennen und kommen gelegentlich aus dem Staunen nicht heraus. Sie erleben Stärken ihrer Kinder, die ihnen neu sind, und können dann besser auf sie eingehen.

Profitieren wird auch die Familie als Ganzes. Gemeinsame Lernerfahrungen sind eine Basiskraft. Sie stärken die Gemeinschaft. Das *Wir-sind-eine-Familie-Gefühl* gibt allen Kraft für den kommenden Schul- und Berufsalltag. Gemeinsame Erfahrungen sind gemeinsame Erinnerungen. Familiäre Sprachlosigkeit wird es nicht geben. Noch nach Jahren kommt man im Gespräch immer wieder auf gemeinsam Erlebtes zurück.

Jedes Familienprojekt hat aber noch eine weitere wichtige Begleiterscheinung: Das Herumhängen vor dem Fernseher, das Daddeln am PC, das Zeittotschlagen mit Computerspielen oder das Herumgammeln in der Freizeit werden uninteressant. Alternativen zu bieten, kreativ zu sein, sich mit Kindern etwas auszudenken und es für den Aufbau ihres Wissensnetzes, zur Persönlichkeitsbildung sowie für das Gemeinschaftserleben zu nutzen, sollten sich alle Väter und Mütter zur Aufgabe machen. Mit einem Familienprojekt kommen sie ihrer zentralen Elternaufgabe nach: Bildungsgelegenheiten für Kinder und Jugendliche schaffen. Die Familie wird zum Lernort.

Projekte bieten außergewöhnliche Lernanlässe

In den 80er-Jahren bin ich während der Projektwoche meiner Schule regelmäßig mit einer Gruppe besonders interessierter Schüler in die DDR gefahren. Eine dieser Reisen von Deutschland nach Deutschland hat das ZDF mit dem Redakteur Thomas Euting plus Kamerateam begleitet. Unser Motto lautete: *Das Gemeinsame suchen – das Trennende nicht übersehen.* Die Projektfahrten waren ein Lernerlebnis der besonderen Art. Für die Schüler war das Politikunterricht live. An der Studio-Gestaltung der Sendung mit dem pädagogisch versierten Redakteur haben die jungen Leute übrigens maßgeblich mitgewirkt.

Bei einem Vorbereitungstreffen für eine Projektfahrt schlug ich den jungen Leuten einen Besuch der Staatsoper in Ostberlin vor. Dagegen erhob sich lautstarker Protest. „Oper? Nein danke", lautete der einhellige Tenor. Frank aus der zehnten Klasse fasste ihren Widerstand so zusammen: „Oper ist doch, wenn alle schreien und keiner was versteht." Aber letztlich war ihre Neugier stärker als ihr Vorurteil. Einige Wochen später genossen wir *Tosca* in der Oper *Unter den Linden*. Minutenlanger Applaus und stehende Ovationen folgten. Am begeistertsten waren meine Schüler, an ihrer Spitze Frank.

Kinder sind geborene Lerner, Eltern geborene Lehrer

AUS DER WISSENSCHAFT

Prof. Klaus Hurrelmann (Sozialwissenschaftler), Gerlinde Unverzagt (Journalistin):
Ein anregendes Familienklima schaffen
„Der Tagesgestaltung in der Familie kommt eine riesige Bedeutung zu. Je anregender und erlebnisreicher, je abwechslungsreicher und lebendiger der Alltag und die Freizeitgestaltung in der Familie, desto besser schneidet das Kind in den Unterrichtsfächern der Schule ab."

(Hurrelmann/Unverzagt 2008:168)

Das Beispiel *Opernbesuch* zeigt, dass auch Eltern sich auf Neues mit ihren Kindern einlassen sollten. Sie selbst erweitern dabei ihren Erfahrungshorizont und ihre Kinder sind immer gern dabei, wenn es etwas zu entdecken und zu erleben gibt. Warum also nicht einmal einen Besuch in der Oper, im Theater, im Museum, bei einer Ausstellung oder bei einem Freiluftkonzert wagen? Viele Kultureinrichtungen bieten auch attraktive Programme für Kinder und Jugendliche.

Lernen bedeutet nicht nur schulisches Lernen. Aber alles Lernen hat positive Auswirkungen auf das schulische Lernen. Familie ist mehr als eine Wohngemeinschaft, die sich gelegentlich am Kühlschrank trifft. Familie ist Lernort und Bildungsinstitution. Während die Schule der Ort des formellen Lernens ist, ist die Familie der Ort des informellen Lernens. Eltern tragen eine Mitverantwortung dafür, dass ihre Kinder Bildungsgerechtigkeit erleben. Sich für Erziehung und Bildung ihrer Kinder einzusetzen, ist elterliche Pflicht.

Ist das Kind, so Hurrelmann / Unverzagt (2008:57), schon aus der Familie gewohnt, sich in neues Terrain hineinzubewegen, fremde Welten zu erkunden und zu ertasten, dann kann es auf diese Weise auch die schulischen Inhalte für sich erschließen. Detlef Träbert, Bundesvorsitzender der *Aktion Humane Schule* stellt fest: Jede gelungene Bildungsbiografie beginnt im Elternhaus. Und die Autorin des Erfolgsbuches *Weltwissen der Siebenjährigen*, Donata Eschenbroich, macht Vätern und Müttern Mut: Kinder sind die geborenen Lerner – und wir, die Eltern, sind die geborenen Lehrer (2001).

Hinweise für den erzieherischen und schulischen Alltag

1. Organisieren Sie ein Familienprojekt als ein länger andauerndes Gemeinschaftsunternehmen.

Dafür gibt es zu Hause, in der Stadt und ihren Kirchen und Museen, in der näheren Umgebung, im Wald, am Strand etc. unendlich viele Möglichkeiten. Gemeinsames Kochen, einen Teich anlegen, die Wohnung renovieren, gemeinsam Musik machen, gemeinsam basteln und heimwerken, zusammen Sport treiben, ein Familienabonnement für Theater oder Konzert, Führungen usw. bieten die Chance für gemeinsames Lernen.

2. Nutzen Sie das Kulturangebot in Ihrer Nähe.

Museen, Ausstellungen, Theater, Freilichtmuseum, Kirchen, Schlösser bieten (Kinder-) Führungen an. Lesungen, Vorträge, Volkshochschulkurse für Kinder und Jugendliche, historische Stadtführungen oder Kinder- und Jugendkonzerte bieten weitere Möglichkeiten.

3. Nutzen Sie die Ausflugsziele in Ihrer Umgebung.

Zoo, Aquarien, Wald-Lehrpfad, historische Mühle, Bauernhof usw. laden ein. Achten Sie darauf, was auf das Interesse des Kindes stößt. Veranstalten Sie ein Picknick mit Kindern auf einer Frühlingswiese und staunen Sie darüber, was sie alles entdecken. Gehen Sie in den Wald und hören Sie mit dem Kind den Vogelstimmen zu oder beobachten Sie gemeinsam, wie sich eine bestimmte Buche oder Eiche im Laufe des Jahres verändert.

4. Wecken und unterstützen Sie die kindlichen Interessen.

Gleichgültig ob sich das Kind für Ameisen, Wolken am Himmel oder Raumfahrzeuge interessiert, es soll erfahren, dass es ein gutes Gefühl ist, etwas zu verstehen. Es soll spüren, dass es Wissen braucht, um Antworten auf seine Fragen zu finden. Eltern, Großeltern und Lehrer stärken die Interessen und Hobbys durch zusätzliche Informationen, Anregungen und Gespräche. Signalisieren Sie Interesse für das, was das Kind gerade beschäftigt, z. B. für das Buch, das es gerade liest.

5. Schauen Sie sich gemeinsam mit dem Kind die Nachrichten an.

Für Jüngere gibt es Kindersendungen. Ältere sollten regelmäßig die ARD- oder ZDF-Nachrichten anschauen. Die Eltern sollten auf Rückfragen zu den Meldungen Antworten geben. Abonnieren Sie eine Tageszeitung und machen Sie das Kind auf interessante Artikel aufmerksam. Sprechen Sie mit dem Kind über aktuelle Ereignisse.

6. Lassen Sie den Bildungsfunken überspringen.

Entfachen Sie in der Familie Begeisterung für Bildung. Schaffen Sie Lernanlässe und eine positive Lernatmosphäre. Vermitteln Sie dem Kind von Anfang an, dass Lernen etwas Spannendes ist. Seien Sie Begleiter der Exkursionen des Kindes in die Welt des Wissens. Werden Sie Ihrer Verantwortung für seinen Schulerfolg gerecht.

28. Gesetz: Reden Sie mit dem Kind! Treffen Sie sich zu gemeinsamen Mahlzeiten!

Warum ein *Donnerstags-Gespräch* nützlich ist

In einigen Gegenden Englands beklagen sich die Lehrer darüber, dass sich immer mehr Schulanfänger durch Laute verständigen, die mehr einem Grunzen als einer Sprache ähneln. Auch in Deutschland ist der Anteil sprachgestörter Kinder im Alter von drei bis vier Jahren seit 1982 von 4 Prozent auf heute 34 Prozent gestiegen. Ob diese Zahlen nur darauf zurückzuführen sind, dass man heute genauer hinsieht als früher, ist fraglich. Grundschulpädagogen können nicht leugnen, dass immer mehr Schulanfänger einen zu kleinen Wortschatz haben. Sie können keine Sätze nachsprechen. Sie kennen wenige Lieder und gar keine Gedichte. Sie nuscheln, reden zu leise und verstehen nicht, was man ihnen mit Worten erklären will.

Die Ursachen für diese Erscheinungen sind vielfältig. Häufig wird der Migrationshintergrund verantwortlich gemacht. Aber warum haben so viele Kinder mit deutscher Muttersprache ebenfalls Probleme? Liegt es daran, dass ihre erwachsenen Bezugspersonen immer schneller und seltener miteinander reden? Auch die *akustische Umweltverschmutzung* mag eine Rolle spielen: Wenn sich in den ersten Lebensmonaten die Nervenbahnen im Gehirn zur Unterscheidung von Tönen entwickeln, können Radio, Fernsehen, Straßenlärm, Staubsauger oder anderes Gerät dies erschweren. Junge Mütter haben gerade noch die Zeit, ihre Kinder zu wickeln. Das bewusst hohe, lautbetonte Sprechen, mit dem Mütter in allen Kulturen ihre Kinder ansprechen, kommt zu kurz. Vielfach herrscht eine innerfamiliäre Sprachlosigkeit.

Reden ist Gold

AUS DER WISSENSCHAFT

Martin Korte (Hirnforscher):
Das Gespräch fördert das Kind am besten
„Unterstütze das Kind beim richtigen Sprechen, beantworte geduldig alle Fragen, gehe auf Kommentare ein, höre genau zu und lest miteinander!"   (in Miketta 2004:17)

Aus der oben beschriebenen Vernachlässigung erwachsen große sprachliche Probleme. Etwa jeder fünfte 15 Jahre alte Schüler in Deutschland ist laut PISA-Studie ein verkappter Analphabet. Er erreicht beim Lesen nur ein sehr elementares Niveau und ist kaum in der Lage, dem Text einen Sinn zu entnehmen. Weil Sprechen, Lesen und Schreiben ebenso wenig voneinander zu trennen sind wie Denken und Sprechen, sind diese jungen Leute kaum ausbildungsfähig. Ihre Zukunftschancen sind stark beeinträchtigt.

Die Wichtigkeit des Miteinander-Sprechens kann kaum deutlicher gemacht werden. Statistisch gesehen bleiben für Gespräche täglich ganze 19 Minuten. Der Rest ist Schweigen. Ein Austausch von Meinungen über Alltag und reales Leben findet in diesen Familien nicht statt. Aber nicht Schweigen, sondern Reden ist Gold.

„Komm, lass uns miteinander reden!"

Wie schlimm es für sie war, als sie mit zwölf Jahren ihre Mutter verlor, erzählt eine alte Dame. Sie hatte plötzlich niemanden mehr, mit dem sie reden konnte. Und später, als ihr Mann starb, waren ihre Kinder weit weg, und sie stand wiederum allein da. Sie fühlte sich erneut sehr einsam. Jetzt hat es sich gefügt, dass zwei Enkelkinder in ihrer Nähe wohnen und sie regelmäßig besuchen. Wer im Gespräch bleibt, ist nicht allein. Die alte Dame ist regelrecht aufgeblüht. Sie genießt es und gibt Rat, sie diskutiert, ihre Meinung ist gefragt, sie wird gefordert und gebraucht. Sie ist von ihrer Einstellung her jünger geworden, mit Mitte 80.

Was für Großeltern gilt, gilt ebenso für Eltern. Im Gespräch gehen Vater oder Mutter auf das Kind ein. Sie sind ihm nahe. Sie können auf Schwankungen seiner Befindlichkeit oder seines Verhaltens reagieren. Sie können nachforschen, was das Kind bedrückt, womit es sich beschäftigt, welche Ängste es plagen. Sie nehmen Anteil an den Leiden wie an den Freuden des Kindes. Sie brauchen keine unnötigen und sinnlosen Strafen zu verhängen, sondern können sich mit ihrem Kind über zwischenmenschliche Probleme aussprechen. Sie zeigen ihrem Kind, dass sie sich mit ihm verbunden fühlen und dass sie als Vater oder Mutter da sind, wenn das Kind sie braucht. So entsteht eine friedvolle Atmosphäre, ohne dass sie ihr Kind in den Kohlenkeller oder auf den *stillen Stuhl* schicken müssen. Für kontroverse Diskussionen und Kritik sind sie offen. Wenn sie als Vater oder Mutter selbst etwas falsch gemacht haben, entschuldigen sie sich bei ihrem Kind und nehmen es in die Arme. „Komm, lass uns miteinander reden" wird zum Familienmotto.

Verzichten Sie nicht auf gemeinsame Mahlzeiten mit dem Kind

Die 13-jährige Ute schreibt in einem Aufsatz: „Um 19 Uhr wird bei uns gegessen. Dann sind Papa und Mama da und auch noch die zickige Schwester und der nervige Bruder. Ich freue mich jeden Tag darauf." Essen ist dann nicht nur Stopfen hungriger Mäuler. Das Am-Tisch-Sitzen ist ein Gemeinschaftserlebnis, welches Vertrautheit und Geborgenheit bietet. Bei Tischgesprächen werden Kinder los, was sie beschäftigt. Manchmal wird auch gestritten. Dann sprechen Mutter oder Vater ein Machtwort und fordern dazu auf, sich jetzt wieder verbindenden Themen zuzuwenden.

In dieser lebendigen Atmosphäre, die durch Nähe und Wärme geprägt ist, interessiert sich der eine für den anderen, für seine Sorgen, Nöte und Freuden. Die Freude an der Geselligkeit, das Erleben von Zusammenhalt, die wechselseitige Anteilnahme und das Miteinander-Sprechen sind für die Entwicklung der Kinder überaus wichtige Bausteine, so der Mediziner und Psychotherapeut Prof. Joachim Bauer (2007a:99f.).

Gemeinsame Mahlzeiten fördern den Schulerfolg

Das Essen in der Gruppe gehört zu den ältesten menschlichen Ritualen. Auch für die Familie ist die gemeinsame Mahlzeit das wichtigste tägliche Ritual. Die Eltern sollten nach Joachim Bauer die Mahlzeit dazu nutzen, sich bei ihren Kindern nach deren Befinden zu erkundigen (2007:99f.). Bei diesen Gelegenheiten bringen sie auch zum Ausdruck, was ihnen wichtig ist, und fragen zum Beispiel nach, ob der Sohn oder die Tochter eine verabredete Aufgabe erledigt hat.

Wissenschaftlich erwiesen ist, dass zu Hause mit den Eltern oder einem Elternteil eingenommene Mahlzeiten eine positive Auswirkung auf den Bildungserfolg von Kindern und Jugendlichen haben. Die Kinderärztin Maria Eisenberg hat, so Joachim Bauer, in einer Studie nachgewiesen, dass Kinder und Jugendliche, die mindestens siebenmal in der Woche mit Familienangehörigen essen, gegenüber denen, die das nur zweimal oder seltener tun, auffallend bessere Schulnoten haben. Außerdem weisen sie ein niedrigeres Drogenrisiko auf, leiden weniger an Essstörungen und besitzen eine deutlich bessere Allgemeinverfassung (ebd.).

Hinweise für den erzieherischen und schulischen Alltag

1. Führen Sie das „Donnerstags-Gespräch" ein.

Weil Kinder es nicht schätzen und es auch selten der Entspannung dient, sollten Erziehungsprobleme nicht immer spontan und nie bei Tisch verhandelt werden. Stattdessen bietet sich das *Donnerstags-Gespräch* an. Einmal in der Woche trifft sich die Familie zu einem Kritikgespräch. Von Vorteil ist, dass Eltern nicht spontan meckern oder in kleineren Konfliktsituationen eingreifen müssen. Trotzdem bleibt nichts unausgesprochen. Und auch Kinder wissen: Beim *Donnerstags-Gespräch* spreche ich an, was mich an meinen Eltern oder Geschwistern stört.

2. Fördern Sie die Sprachentwicklung des Kindes.

Erzählen Sie Geschichten, lesen Sie vor, lassen Sie sich vorlesen oder eine Geschichte erzählen. Wortspiele, Gedichte, Schüttelreime, Abzählverse, Rätsel und Witze machen dem Kind Spaß und fördern sein Sprachgefühl. Reduzieren Sie den Musikkonsum mit Kopfhörern sowie den Fernsehkonsum des Kindes – und gehen Sie mit gutem Beispiel voran.

3. Konzentrieren Sie sich auf das Gespräch mit dem Kind.

Wenn es nicht eine nebenbei geführte Plauderei über Belanglosigkeiten ist, sollten Sie sich dem Kind mit dem ganzen Körper und dem Gesicht zuwenden. Sprechen Sie nicht von der Seite, das vermittelt den Eindruck von Beiläufigkeit und Distanz. Wenn Sie dem Kind Wichtiges mitzuteilen haben oder wenn das Kind Wichtiges mitzuteilen hat, dann erfordert das volle Aufmerksamkeit auf beiden Seiten.

4. Seien Sie geduldig! Lassen Sie und nehmen Sie sich Zeit.

Das ist eine Grundbedingung für jede gute Kommunikation. Wichtige Gespräche können nicht zwischen Tür und Angel geführt werden. Achten Sie außerdem darauf, dass ein Gespräch auch ein Gespräch ist. Es sollte ein wechselseitiges Miteinander sein. Monologe oder Auf-das-Kind-Einreden sind kein Gespräch, sondern einseitige Kommunikation.

5. Bemühen Sie sich, mindestens einmal am Tag mit dem Kind zu essen.

Anzustreben ist, dass ein Elternteil auch am Morgen wenigstens für kurze Zeit mit dem Kind beim Frühstück zusammensitzt. Denn es ist wichtig, dass das Kind mit freundlichen Worten, einer liebevollen Umarmung oder aufmunternden Blicken in den Tag entlassen wird. Vollzeitbeschäftigte Eltern sollten versuchen, das gemeinsame Abendessen als festes und tägliches Familienritual zu leben.

6. Pflegen Sie das Tischgespräch bei den gemeinsamen Mahlzeiten.

Beziehen Sie das Kind in die Elterngespräche ein. Sorgen Sie dafür, dass die gemeinsamen Mahlzeiten zum festen, unumstößlichen Ritual in der Familie gehören. Laden Sie auch gelegentlich Gäste ein, die für das Kind Interessantes zu berichten haben.

Schlüsselkompetenzen sind Grundlage für den Schul- und Lebenserfolg

29. Gesetz: Lesen Sie dem Kind vor! Lassen Sie es lesen!

Warum Lesen einer der beiden Basisfaktoren für den Schulerfolg ist

„Stell dir vor", sagt meine Bekannte, die gerade Großmutter geworden ist, „Sabines Zwillinge sind doch erst sechs Monate alt und nun liest sie ihnen schon ‚Pu, der Bär' vor. Wie findest du das?" Ich finde das sehr gut. Nur jedem fünften Kind in Deutschland lesen die Eltern vor. Und die Zahl der vorlesenden Eltern ist stark rückläufig. Waren es 1992 noch 50 Prozent und 2002 noch 25 Prozent sind es 2007 nur noch 20 Prozent. Dabei ist die elterliche Vorleserolle unentbehrlich für die Lesekompetenz des Kindes.

Lesen beginnt im Kleinkindalter mit dem gemeinsamen Betrachten der Bilderbücher und dem Vorlesen ihrer Texte. Nur wenn Eltern Geschichten vorlesen und dann auch noch mit ihren Kindern darüber sprechen, merken diese, dass sich hinter gedruckten Texten eine interessante und faszinierende Welt verbirgt. Wenn Kinder sich dann in die Rolle des Helden der Geschichte hineinversetzen, sich mit ihm freuen oder mit ihm leiden, fördert das ihre Sensibilität und ihre Fantasie. Und es fördert die Lust auf das Lesen. Sabines Zwillinge verstehen vielleicht noch nicht viel vom Inhalt. Aber sie lauschen dem Sprachrhythmus und der Sprachmelodie der Texte. Vor allem genießen sie die Zuwendung und die Nähe der Mutter.

Auch größere Kinder lieben es, wenn ihnen vorgelesen wird. Zum Beispiel in den Tagen zwischen Weihnachten und Neujahr, nach dem gemeinsamen Kaffeetrinken mit Weihnachtsplätzchen kann es in einer Familie ein besonderes Vorleseritual geben: Märchen, Heiligengeschichten, griechische und deutsche Heldensagen und Ähnliches sind bei heranwachsenden Kindern sehr beliebt. Und nebenher ergeben sich interessante Gespräche, zum Beispiel über die Moral von der Geschichte. Es gibt übrigens noch einen anderen Grund, warum Kinder so früh wie möglich an das Lesen herangeführt werden sollten: Die Grundmotivationsphase für das Lesen dauert bis zum zwölften Lebensjahr. Danach werden aus Lesemuffeln kaum noch Leseratten.

AUS DER WISSENSCHAFT

Prof. Wassilios Fthenakis (Frühpädagoge):
Mit dem Vorlesen gleich nach der Geburt beginnen
im FOCUS-Interview:
„FOCUS: Wann sollten Eltern beginnen, das kindliche Lernen zu fördern?
FTHENAKIS: Unmittelbar nach der Geburt. Zum Beispiel fördert das Vorlesen und gemeinsame
Betrachten von Bilderbüchern bereits Monate nach der Geburt die Kommunikation zwischen El-
tern und Kind.
FOCUS: Ist das nicht etwas verfrüht?
FTHENAKIS: Babys verstehen mehr, als wir glauben. Sie haben ein großes Interesse an solchen
Bildern. Eine derartige Situation sollte über alle Phasen der Entwicklung bis in die Schule hinein
gepflegt werden, wenn man die sprachlichen Fähigkeiten fördern will. […]
FOCUS: Neigen wir dazu, unsere Kinder zu unterschätzen?
FTHENAKIS: Durchaus.“   (in Esser 2002:82)

Basisqualifikation für den Schul- und Lebenserfolg

Warum müssen Eltern alle Anstrengungen unternehmen, ihre Kinder an das Lesen heranzuführen? Die Antwort liegt auf der Hand. Lesen ist von zentraler Bedeutung für den Schulerfolg. Lesen ist Grundvoraussetzung für das Lernen und für die Teilhabe an einem verantwortlichen Leben. Es ist eine Basiskompetenz, die auch eine Voraussetzung für das Lernen in mathematisch-naturwissenschaftlichen Bereichen darstellt. Lesefreudige Kinder haben zudem weniger Schwierigkeiten mit der Rechtschreibung, können sich besser konzentrieren und sich selbst besser beschäftigen.

Lesen ist auch Voraussetzung für das selbstregulierte Lernen, also der Kompetenz, sich selbstständig Lernziele zu setzen, dem Ziel entsprechend angemessene Lerntechniken auszuwählen und einzusetzen. An mangelndem Verstehen in Wort und Schrift scheitern in Deutschland Jahr für Jahr Millionen Schulkarrieren. Vor allem Kinder mit lautsprachlichen Defiziten haben bereits in den ersten drei Schuljahren massive Schwierigkeiten. Und diese Lernprobleme werden sie häufig bis zu ihrem Schulende nicht mehr los.

AUS DER WISSENSCHAFT

Prof. Martin Korte (Hirnforscher) und Cornelia Kläsener (Lehrerin):

Lesen ist einer der beiden entscheidenden Basis-Faktoren für den Schulerfolg

Bei allen Untersuchungen haben sich zwei Faktoren als besonders bedeutsam erwiesen:

1. Der sozial-emotionale Faktor: eine gute Bindung der Kinder an das Elternhaus, geprägt durch Liebe, Wärme und Zusammenhalt.
2. Die Lesekompetenz: Man kann sie trainieren und verbessern. Denn die Lesefähigkeit und das Leseverständnis sind nur zu 20 Prozent angeboren. Sie hängen im Wesentlichen von elterlichen Einflüssen ab und weniger von der Schule. (nach Kläsener/Korte 2004:240 ff.)

Hinweise für den erzieherischen und schulischen Alltag

1. Machen Sie das Kind so früh wie möglich mit Büchern vertraut.

Beginnen Sie damit bereits im Babyalter.

2. Lassen Sie das Kind auf Entdeckungsreise gehen.

Jedes Kind interessiert sich für irgendetwas. Wenn man ihm zeigt, dass es über alle Themen auch Bücher gibt, kommt es vielleicht auf den Geschmack. Halten Sie das Kind an, selbst nachzulesen, wenn es etwas wissen will.

3. Unterstützen Sie den Erstleseunterricht.

Wichtig ist es, das Kind dabei nicht unter Druck zu setzen und nicht jeden Fehler gleich zu korrigieren. Ein Kind hat Freude daran und empfindet Erfolgserlebnisse, wenn es z. B. übt, Straßenschilder zu lesen, Plakate oder Zeitungsüberschriften zu entziffern.

4. Lassen Sie das Kind einen Brief an Oma und Opa schreiben.

Oma und Opa müssen aber auch antworten. Fädeln Sie eine Verabredung für einen Briefwechsel zwischen Enkelkind und Großeltern ein.

5. Führen Sie das Lesen als Belohnung und nicht als Zwang ein.

Hat das Kind z. B. im Haushalt tüchtig geholfen, darf es etwas später das Licht ausmachen. Kontrollieren Sie nicht zu genau, wenn Ihr Kind gerade schmökert. Es ist bekannt, dass ein Kind auch gerne einmal liest, wenn es schon schlafen sollte.

6. Helfen Sie dem Kind durch die Bücher, die es selbst nicht bewältigt.

Lesen Sie einmal selbst einen Abschnitt aus einem Wälzer vor. Ihr Kind wird dadurch neu motiviert, sich doch noch selbst durchzubeißen.

Linktipp

Weitere wertvolle Hinweise unter: www.stiftung-lesen.de

30. Gesetz: Geben Sie Fleiß und harter Arbeit in der Familie einen hohen Stellenwert!

Warum Hartnäckigkeit wichtiger als Intelligenz ist

Das Konzert mit Teilnehmern des Violincello-Meisterkurses von Natalia Gutman war seit Langem ausverkauft. Internationale junge Künstler gaben eine Probe ihres Könnens. Das Publikum war hingerissen. Im Programmheft hieß es über einen 21-Jährigen aus Ungarn: „... begann mit fünf Jahren, Cello zu spielen", über die in Peking geborene 24-jährige Chinesin: „... erhielt seit ihrem vierten Lebensjahr Klavier- und anschließend Cellounterricht." Der 22-jährige deutsche Cellist erhielt seinen ersten Unterricht im Alter von sechs Jahren. Bei den anderen Musikern war es ähnlich.

Ich bin sicher, dass die jungen Künstler allesamt glänzend den *Marshmallow-Test* bestanden hätten. Dieses berühmt gewordene Experiment führte im Jahre 1965 ein Wissenschaftler der Stanford Universität in Kalifornien mit einer Gruppe Vierjähriger durch. Auf den Tisch, direkt vor ihre Nase, legte er den Kindern je ein *Marshmallow*, hierzulande auch *Mäusespeck* genannt und bei amerikanischen Kindern heiß begehrt. Er versprach ihnen, ein zweites dazuzulegen, wenn sie ihre Süßigkeit nicht anrührten, solange er den Raum verlassen habe (in Doskoch 2006).

Sobald der Wissenschaftler den Raum verließ, griffen einige Kinder nach dem Marshmallow. Andere machten wahre Höllenqualen durch, verdrehten oder schlossen die Augen, wanden und krümmten sich oder schauten angestrengt in eine andere Richtung. Die meisten hielten der Versuchung aber nicht stand und gönnten sich den Hochgenuss. Lediglich einige wenige besonders willensstarke Kinder schafften es, 20 Minuten durchzuhalten, und bekamen dann auch prompt das zweite versprochene Marshmallow (ebd.).

Erfolg setzt Hartnäckigkeit voraus

Seine besondere Bedeutung für die Vorhersage des Schulerfolgs zeigte der *Marshmallow-Test* nach 14 Jahren. Die Wissenschaftler fanden heraus, dass die Kinder mit hoher Impulskontrolle in der Schule wesentlich erfolgreicher waren. Sie schnitten auch bei Hochschulzugangstests besser ab als die Altersgenossen, die damals schwach geworden waren. Die Erfolgs-Vorhersagekraft des *Marshmallow-Tests* erwies sich als doppelt so hoch wie die des gemessenen Intelligenzquotienten der Kinder (Doskoch 2006:21).

Dass Hartnäckigkeit für den Erfolg noch wichtiger als Talent und Intelligenz ist, haben auch Wissenschaftler der Universität von Pennsylvania herausgefunden. Normal talentierte Kinder und Jugendliche mit ausgeprägter Hartnäckigkeit sind demnach mit größerer Wahrscheinlichkeit in Schule und Beruf und auf vielen anderen Gebieten des Lebens erfolgreicher als Hochtalentierte mit wenig Ausdauer (ebd.).

AUS DER WISSENSCHAFT

Prof. Martin Seligman (Psychologe und Lernforscher):
Hartnäckigkeit macht erfolgreich
„Wenn man nicht gerade ein Genie ist, dann braucht man ganz dringend die Eigenschaft Hart-
näckigkeit, wenn man besser sein will als der Durchschnitt."   (in Doskoch 2006:21)

Früh übt sich …

Als die Begabungsforscherin Ellen Winner in den späten 80er-Jahren China bereis-
te, beobachtete sie, dass Schüler sich bereits in der ersten Klasse für eine *freiwillige*
künstlerische Tätigkeit wie beispielsweise Kalligrafie (Kunst des Schreibens), Malerei
oder Tanz entscheiden sollten. Alle Fünfjährigen wussten zum Zeitpunkt ihrer Ent-
scheidung, dass sie diese Tätigkeit mindestens sechs Jahre lang intensiv betreiben
mussten. Winner war darüber erstaunt und fragte die Lehrer: „Was passiert, wenn ein
Kind die Lust verliert oder etwas anderes machen möchte?" Auf diese Frage erntete sie
nur Kopfschütteln und verständnislose Blicke: „Das geschieht niemals", war die Antwort. Verständlich wird die Haltung der Kinder wie auch der atemberaubende chinesische Erfolg auf wirtschaftlichem Gebiet durch die Lehre des Konfuzius: Der Mensch
kann sich perfektionieren, wenn er an sich arbeitet, wenn er ausdauernd übt und sich
bemüht (in Doskoch 2006).

Die Psychologin Angela Duckworth hat für dieses überraschende Phänomen
auch eine Erklärung, die sich Eltern und Lehrer hierzulande zunutze machen sollten.
Manchmal, so Duckworth, greifen von außen kommende Motivatoren, wie etwa Fa-
milienerwartungen, und von innen kommende Motivatoren, wie etwa Leidenschaft,
ineinander. Sie bilden dann eine Verbindung, die den Erfolg bei einer Tätigkeit erleichtert. Es ist möglich, dass Kinder oder Jugendliche zunächst etwas mit Ausdauer
tun, nur weil es ihnen die Eltern aufgetragen haben. Sobald sie aber auf diesem Gebiet Fortschritte erzielen und erfolgreicher werden, lernen sie, diese Tätigkeit zu lieben und mit dem Antrieb der eigenen Begeisterung auszuüben. Früh übt sich, wer ein
Meister werden will (in Doskoch 2006:26).

Die Zehn-Jahres-Regel

Lehrer beklagen sich heute vielfach, Schüler hätten kein Durchhaltevermögen. Ihnen
fehle der Biss, sich bis zum Ergebnis durchzukämpfen. Sie zeigten keine oder zu ge-
ringe Ausdauer und gäben vorschnell auf, sobald sie auf Schwierigkeiten stoßen. „Ich
kann das nicht", rufen sie dann aus, bevor sie sich überhaupt intensiv mit dem Lerngegenstand auseinandergesetzt haben. Gewöhnt an das typische Darbietungsschema
des Fernsehens wollen sie den permanenten Aufmerksamkeitswechsel. Ihre Eltern
unterstützen diese Haltung auch noch, wenn sie bei jeder kleinen Schwierigkeit, über
die das Kind bei einem Vorhaben klagt, sofort zum Abbruch blasen und eine neue

Aktivität ins Spiel bringen. Dabei sind Hartnäckigkeit, Leidenschaft und Durchhaltevermögen die Schlüssel zum Erfolg.

Experten sprechen von der *Zehn-Jahres-Regel*: Wer auf einem Gebiet herausragend erfolgreich sein will, gleichgültig ob es sich um Musizieren oder Leichtathletik, um Handwerkliches oder Fußballspielen handelt, braucht mindestens ein Jahrzehnt oder rund 50.000 Stunden. Um so lange Zeit durchzuhalten, bedarf es Hartnäckigkeit. Nicht jeder ist dazu in der Lage. Thomas Alvar Edison, der selbst jahrelang unzählige Versuche durchführen musste, bevor er die Glühbirne erfunden hatte, sagte über das Durchhalten und Dranbleiben: „Viele gescheiterte Existenzen sind Menschen, die gar nicht wussten, wie nahe sie am Erfolg waren."

Eltern sind gefordert

AUS DER WISSENSCHAFT

Prof. Joachim Bauer (Psychotherapeut):
Kinder müssen bei der Sache bleiben – und Eltern sie dabei unterstützen
Das Kind darin bestärken, eine gewisse Zeit bei der Sache zu bleiben, ihm über Durststrecken bei seinem Tun hinweghelfen, das können nur zugewandte, anwesende Bezugspersonen leisten. Sie sind durch nichts zu ersetzen.

(nach Bauer 2007:98)

Dass etwa ein Viertel der 15-Jährigen in unserem Lande verkappte Analphabeten sind, die einen Text zwar mühsam entziffern, aber ihm keinen Sinn entnehmen können, kann allein durch mangelnde Intelligenz dieser Kinder nicht erklärt werden. Denn es gibt unter den Schülern mit überdurchschnittlichen Leistungen nicht wenige, die nicht besonders begabt sind. Ihre Hartnäckigkeit ermöglicht es ihnen, ein ehrgeiziges Ziel langfristig zu verfolgen.

Mit anderen Worten: Unsere jugendlichen Bildungsverlierer sind möglicherweise nicht dümmer als ihre Altersgenossen in den PISA-Siegerländern Finnland oder Kanada. Aber sie bleiben erfolglos. Diesen Zustand zu ändern, ist eine Herausforderung, der sich die Gesellschaft im Interesse ihrer Zukunftsfähigkeit zu stellen hat. Eltern dürfen sich ihrer Verantwortung für das Bildungsschicksal ihrer Kinder nicht entziehen. Und die Gesellschaft darf Eltern nicht aus dieser Verantwortung entlassen.

Hinweise für den erzieherischen und schulischen Alltag
1. Lassen Sie das Kind den Wert der Anstrengung erfahren.
Die erste Erfahrung, dass vieles nur mit Anstrengung und Zeit zu erreichen ist, muss ein Kind zu Hause machen. Geben Sie ihm die Chance, sich durch etwas durchzukämpfen.

2. Geben Sie dem Kind Lernanreize.

Machen Sie ihm immer wieder verschiedene Lernangebote und helfen Sie ihm so, seine Leidenschaft zu finden: Sport, ein Musikinstrument, ein handwerkliches Hobby, ein Interessengebiet aus dem Bereich der Zoologie, Botanik oder Geschichte.

3. Seien Sie dem Kind ein Arbeitsvorbild.

Das Kind braucht anwesende und zugewandte Bezugspersonen, an denen es sich orientieren kann. Zeigen Sie ihm, dass auch Sie ein besonderes Interesse an einem bestimmten Gebiet haben, und bilden Sie sich zum Experten darin aus. Das Kind erlebt dann zu Hause, was *lebenslanges Lernen* bedeutet.

4. Üben Sie konstruktive Kritik und stärken Sie die Eigenmotivation.

Zerstören Sie nicht mit unbedachten Worten den aufkeimenden Enthusiasmus des Kindes, sondern üben Sie aufbauende, helfende Kritik.

5. Trainieren Sie mit dem Kind Belohnungsaufschub und Frustrationstoleranz.

Seien Sie nicht gleich mit Belohnungen zur Hand, wenn das Kind etwas geleistet hat. Das Kind soll lernen, auch langfristig zu erreichende Ziele anzustreben. Es soll sich anstrengen, Durststrecken aushalten und Rückschläge verkraften.

6. Schalten Sie Ablenkungen aus.

Wenn das Kind ein Ziel anstrebt, muss es sich darauf konzentrieren können. Ablenkungen z. B. durch Fernsehen und Computerspiele, durch Freunde, die laufend anrufen oder angerufen werden, stehen hartnäckiger und ausdauernder Tätigkeit im Wege.

31. Gesetz: Trainieren Sie Sozialkompetenz, Gewissenhaftigkeit und Konzentrationsfähigkeit!

Warum sie Bausteine für den Schulerfolg sind

Ahmad hat einen Ausbildungsplatz im Berliner Luxushotel Marriott erhalten. Das ist für eine Branche, die immer mehr Abiturienten anzieht, eher ungewöhnlich. Aber Ahmad hat Glück. Er kommt von der Carl-Friedrich-Zelter-Schule in Berlin-Kreuzberg, die als beste Hauptschule Berlins ausgezeichnet wurde und für ihre Schüler ein spezielles Berufswahlprogramm entwickelt hat. Über die guten Kontakte der Schule hat er seinen Weg zum Marriott gefunden. Der Beratungslehrer Rüssing erläutert: „Für viele Schüler ist das Arbeitengehen einfach nicht Teil der eigenen Lebenswelt." Als unlängst ein Schüler seinen Arbeitsvertrag unterschreiben sollte, zögerte er – aus Angst, das Sozialamt würde seiner Familie die Versorgungsbezüge kürzen (Deisner 2008).

Sandra Bobon, in der Personalabteilung des Hotels für die Einstellung der Auszubildenden zuständig, hat für das neue Ausbildungsjahr gleich zwei Hauptschüler eingestellt. „Im Bewerbergespräch lege ich die Mappe beiseite, da zählt der Mensch", sagt sie. Natürlich sei im Hotel die Englischnote wichtig, besonders achtet die Ausbildungsleiterin aber auf den *Fuß* im Abschlusszeugnis. Er enthält die Angaben zu den unentschuldigten Fehlstunden und Fehltagen und gibt damit Auskunft über die im Arbeitsalltag wichtigen Sekundärtugenden (s. auch Gesetz 7) des Bewerbers. Der Artikel schließt mit der Feststellung, dass die Einstellung entscheidend sei, dann hätten auch Hauptschüler gute Chancen auf einen Ausbildungsplatz und einen gelungenen Start ins Berufsleben (ebd.).

Kinder und Jugendliche brauchen Schlüsselqualifikationen

Der Pädagoge Hartmut von Hentig beklagt, in Deutschland fehlte vielen Jugendlichen die „nützliche Erfahrung, nützlich zu sein". Wenn Eltern und Lehrer Kinder auf ihr Leben vorbereiten, müssen sie berücksichtigen, was im Berufsleben von ihnen erwartet wird. Sie sollten junge Menschen gut vorbereitet in die Ausbildung schicken. Damit Heranwachsende ihre Lebenschancen wahrnehmen können, brauchen sie Schlüsselqualifikationen (2006).

Der Begriff Schlüsselqualifikationen drückt die modernen Anforderungen an Menschen in Beruf und Ausbildung aus. Sie umfassen unter anderem: Selbstständigkeit, Selbstvertrauen, Entscheidungsfreude, Durchsetzungsvermögen, Mobilität, Offenheit und Neugier, Lernbereitschaft, Höflichkeit, Verantwortungsbewusstsein und sogenannte Sekundärtugenden wie zum Beispiel Ordnung, Pünktlichkeit, Zuverlässigkeit, Ausdauer und Selbstdisziplin.

Ein Betriebspraktikum bringt neue Lernerfahrungen

AUS DER WISSENSCHAFT

Prof. Manfred Spitzer (Hirnforscher):
Beim Lernen geht es um die Einstellungen
Beim Lernen geht es nicht um Faktenwissen, sondern um Einstellungen und Haltungen, Fertigkeiten und Fähigkeiten.

(nach Spitzer 2007a:182)

Gerade ein Schüler im Pubertätsalter braucht praktische Erfahrungen, um sich und seine Fähigkeiten besser einschätzen zu können. Ein Ausflug ins Berufsleben ist nicht einfach, erleichtert dem jungen Menschen aber die Erfahrung, dass Lernen mehr als Faktenwissen ist. Von einem Tag auf den anderen wird Neues von dem Heranwachsenden erwartet. Er muss früher aufstehen, wird später nach Hause kommen. Er muss acht Stunden am Tag aufmerksam sein und durchhalten. Er muss sich auf fremde Namen, Gesichter und Umgebungen einstellen. Er wird mit neuen Regeln und Aufgaben konfrontiert, die zu beachten sind.

Es gilt, Eigeninitiative zu zeigen und die Arbeit nicht nach Belieben zu unterbrechen. Die Arbeit muss auch dann fortgesetzt werden, wenn sie langweilig wird. Der Schüler muss freundlich und höflich gegenüber Mitarbeitern und Kunden sein. Um diese und andere Schlüsselqualifikationen zu trainieren, sind Betriebspraktika für Jugendliche sinnvoll. Zwei Wochen in den großen Ferien sollten dafür erübrigt werden.

Die wichtigsten Schlüsselqualifikationen

Drei der wichtigsten Schlüsselqualifikationen für den Schul- und Lebenserfolg junger Menschen sind: Sozialkompetenz, Gewissenhaftigkeit und Konzentrationsfähigkeit. Sie werden im folgenden Text näher erläutert.

1. Sozialkompetenz

Als Sozialkompetenz bezeichnet man die Fähigkeit, das eigene Verhalten von der individuellen auf eine gemeinschaftliche Handlungsorientierung auszurichten. Vielen Kindern, die in den Kindergarten oder in die Schule kommen, fällt es schwer, Gemeinschaftssinn zu entwickeln. Ob sie nun von den Eltern vernachlässigt wurden oder als Prinzen und Prinzessinnen aufgewachsen sind, viele haben noch nie erfahren, welche guten Gefühle eine tragfähige Gemeinschaft wecken kann.

Wer es als Eltern zulässt, dass sich ihr Kind zu einem Egoisten entwickelt, verringert seine Chance, sich in die Schule und ins Berufsleben zu integrieren und erfolgreich zu sein. In einer Schule, die auf neuzeitliche Arbeitsformen wie Freiarbeit, entdeckendes Lernen oder Projektlernen setzt, brauchen Kinder und Jugendliche die Fähigkeit, mit anderen im Team zu arbeiten.

Die Lernforscherin Prof. Elsbeth Stern spricht im Kontext von Schule und Beruf statt von Sozialkompetenz von der *Fähigkeit zur inhaltsbezogenen Zusammenarbeit*. Dadurch betont sie, dass häufig Lösungen nur gemeinsam zu erreichen sind. Der Wandel von der Industriegesellschaft zur Informationsgesellschaft setzt diese Fähigkeit voraus (in Kerstan 2003).

Zu dieser gemeinschaftsbezogenen Kompetenz gehört auch Höflichkeit als die Fähigkeit, den anderen wahrzunehmen und Respekt vor seiner Würde zu haben. Weitere Kriterien, die soziale Kompetenz ausmachen, sind u. a. Selbstbewusstsein, Einfühlungsvermögen, Akzeptanzbereitschaft, Kommunikationsfähigkeit, Konfliktfähigkeit, Kooperationsfähigkeit, Teamfähigkeit sowie Zivilcourage.

2. Gewissenhaftigkeit

Gewissenhafte Menschen holen mehr aus sich heraus. Jugendliche mit ausgeprägter Gewissenhaftigkeit haben in der Schule bessere Noten und später im Beruf mehr Erfolg. Wissenschaftler gehen davon aus, dass Gewissenhaftigkeit, wie auch andere Aspekte der Persönlichkeit, zum Teil angeboren ist. Aber fest steht auch, dass dieses Merkmal in größerem Umfang trainierbar ist. Eltern und Kinder können sich darum bemühen, sie auszubauen. Gut gelingt dies, wenn sich das Kind liebevoll gebunden fühlt und in einer vertrauensvollen Umgebung auch Pflichten zu erledigen hat.

Gewissenhaftigkeit unterteilt sich in sechs Merkmale, die bei jedem Menschen unterschiedlich ausgeprägt sein können. Vorteilhaft ist es, wenn Eltern für diese Merkmale als Vorbild fungieren.

Die sechs Merkmale gewissenhafter Menschen

▸ **Kompetenz**

Kompetente Menschen haben wenig Zweifel an ihren Möglichkeiten. Sie sind überzeugt, gut für das Leben gerüstet zu sein. Sie beschreiben sich als leistungsfähig, effektiv, vernünftig, und halten sich für Job und Alltag stets auf dem Laufenden. Sie sind gut informiert und fühlen sich bei Entscheidungen sicher. Zum Vorstellungsgespräch erscheinen sie bis ins Detail vorbereitet.

▸ **Ordnungsliebe**

Ordnungsliebende Menschen stellen alles an seinen Platz. Bei ihnen liegt nicht lange etwas herum.

▸ **Pflichtbewusstsein**

Pflichtbewusste Menschen setzen moralische Standards und handeln nach ihnen. Ihre Aufgaben erledigen sie zuverlässig und ihr Benehmen ist korrekt.

▾

‣ **Leistungsstreben**

Strebsame Menschen setzen sich hohe Ziele und strengen sich an, um sie zu erreichen. Sie haben klare Vorstellungen von dem, was sie erreichen wollen. Sie geben sich bei der Arbeit Mühe. Sie wollen alles so perfekt wie möglich tun.

‣ **Selbstdisziplin**

Menschen mit Selbstdisziplin bleiben dran und vertrödeln ihre Zeit nicht. Sie bringen ihr Projekt pünktlich zum Abschluss. Sie geben nicht auf, wenn eine Durststrecke zu überwinden ist.

‣ **Besonnenheit**

Besonnene Menschen denken erst einmal gründlich nach, schmieden detailliert Pläne, ehe sie das Vorhaben in Angriff nehmen. Sie überlassen nichts dem Zufall.

(nach Saum-Aldehoff 2007:54 f.)

3. Konzentrationsfähigkeit

Es gibt Kinder in der Klasse, denen nichts entgeht, was der Lehrer sagt. Es gibt andere, denen nichts entgeht, was sich zwischen den Bankreihen oder draußen vor dem Fenster abspielt. Die einen arbeiten konzentriert im Unterricht mit, haben zu Hause wenige Probleme mit den Hausaufgaben und sind auch sonst schulisch auf der Höhe. Bei den anderen steht am Ende des Halbjahres im Zeugnis „Ist häufig abgelenkt", „lenkt sich und andere ab" oder „stört zuweilen den Unterricht". Rund 40 Prozent der deutschen Eltern beklagen laut Infratest-Umfrage, dass ihre Kinder Konzentrationsschwierigkeiten haben. Vielen Kindern gelingt es nicht, aus den verschiedenen Reizen, die auf sie einwirken, die jeweils wichtigen zu filtern.

Der Mediziner und Psychotherapeut Joachim Bauer beklagt, die zunehmenden Konzentrationsstörungen hätten ihre Ursache darin, dass Kinder zu wenig Hilfestellung dabei erhalten, sich auf eine Sache einzulassen (Bauer 2007:98). Stattdessen werden sie fortwährend mit neuen konkurrierenden Reizen und Angeboten konfrontiert, auf die sie dann ihre Aufmerksamkeit lenken. Ein Kind kann nur dann lernen, sich in eine Aufgabe oder ein Spiel zu vertiefen, wenn seine erwachsenen Bezugspersonen, die es dabei begleiten und anleiten, selbst Schwerpunkte setzen. Das, so Joachim Bauer, erfordert die Fähigkeit, dem Kind – gerade weil man es liebt und fördern möchte – Grenzen zu setzen, es vor ständig neuen Reizen zu schützen, nicht allem auszusetzen, was Kindern heutzutage angeboten wird (ebd.).

Hinweise für den erzieherischen und schulischen Alltag zu…

… Sozialkompetenz
1. Halten Sie das Kind zur Befolgung sozialer Regeln an.
Um in der Schule zurechtzukommen, muss das Kind soziale Regeln befolgen: den

anderen ausreden lassen, ihn respektieren, ihn nicht anrempeln, ihm Hilfe anbieten, wenn er Hilfe braucht etc. Loben Sie das Kind, wenn es Zivilcourage bewiesen und einen Klassenkameraden vor dem Lehrer verteidigt oder vor dem Mobbing von Klassenkameraden in Schutz genommen hat.

2. Trainieren Sie Höflichkeit als eine Form des Sozialverhaltens in der Familie.
Soziales Verhalten bedeutet, gegenseitig Rücksicht zu nehmen, das Gegenüber mit Würde zu behandeln, anzuerkennen, was es tut, es nicht zu blamieren, ihm auch beim Essen den Vortritt zu lassen, sich bei ihm zu entschuldigen, wenn es sein muss etc. „Bitte" und „Danke", „Guten Tag", „Hallo" und „Auf Wiedersehen" müssen täglich in der Familie praktiziert werden.

3. Fördern Sie die Freundschaft unter Gleichaltrigen.
Sich gegenseitig abfragen ist eine wichtige Lernstrategie. Partnerarbeit verläuft auch nach dem Motto: Hilfst du mir in Englisch, bringe ich dir Mathematik bei. Lernforscher haben herausgefunden, dass ein Kind sehr gut lernt, wenn es dem anderen etwas erklärt.

... und Konzentrationsfähigkeit
4. Achten Sie darauf, dass das Kind nicht zu wenigen und nicht zu vielen Reizen ausgesetzt ist.
Das Gehirn des Kindes schaltet ab, wenn es gleichzeitig zu viele Eindrücke empfängt und verarbeiten soll. Wer bereits vor der Schule vor dem Fernseher sitzt und sich *Tom und Jerry* ansieht, bei dem überlagern die in schneller Folge kommenden Bilder den Lernstoff. Geben Sie dem Kind gezielt Lern-Reize. Aber zu viele bedeuten *Reizüberflutung*, zu wenige *Reizarmut*. Kinder schalten ab und wenden ihre Aufmerksamkeit anderen Dingen zu.

5. Motivieren Sie das Kind.
Bei Exkursionen zeigen Kindergartenkinder eine erstaunliche Konzentrationsfähigkeit. Selbst zappelige Kinder bleiben bei der Arbeit. Konzentration ist daher keine Frage der Begabung, sondern braucht die *richtigen* Anreize. Trainieren Sie Anstrengungsbereitschaft und üben Sie mit dem Kind, sich Zeit zu lassen, sich mit Geduld und Anstrengung an das Ziel heranzuarbeiten. Geben Sie dem Kind solche Aufgaben.

6. Vermitteln Sie die drei Grundlagen für konzentriertes Arbeiten.
Machen Sie sie dem Kind verständlich und bringen Sie sie an der Pinnwand an.
1. Man kann nicht mehrere Dinge gleichzeitig tun.
2. Manchmal dauert es lange, bis der Erfolg sich einstellt oder man etwas versteht.
3. Lernen kostet Mühe, aber irgendwann wird Mühe belohnt.

32. Gesetz: Halten Sie sich bei den Hausaufgaben des Kindes zurück!

Wie Eltern die Erledigung der Hausaufgaben begleiten

In einem Impulsreferat bei einer Podiumsdiskussion zum Thema Strategien des Schulerfolgs erntete ich mit dem Satz „Eltern halten sich bitte bei den Hausaufgaben zurück" einen Heiterkeitserfolg. Ich war im ersten Moment irritiert, war doch diese Aussage nicht als Witz gedacht. Das Lachen klang recht gequält. Als nach meinem nächsten Satz „Und Lehrer geben die Hausaufgaben bitte so, dass Schüler sie auch erledigen können" bei den über 500 Zuhörern Beifall aufbrandete, wusste ich, dass ich den sensiblen Punkt getroffen hatte.

„Kleinkrieg in Deutschland: Mutter, Sohn und Hausaufgaben an einem Tisch", „Hausaufgaben sind Hausfriedensbruch", „Hausaufgaben machen Mütter zu Hilfslehrerinnen", „Hausaufgaben funktionieren elterliche Wohnung zum erweiterten Klassenzimmer um" – gegen Hausaufgaben wird schweres Geschütz aufgefahren. Kritiker bemängeln, sie dienten hauptsächlich dazu, teure Unterrichtsstunden einzusparen. Dabei gehe die Hausaufgabenpraxis häufig von einem überholten Familienmodell aus. Sie setzen eine Mutter voraus, die nicht berufstätig ist, einen höheren Bildungsabschluss besitzt und nur darauf wartet, dass die Kinder endlich aus der Schule kommen, damit sie sich mit ihnen auf die Hausaufgaben stürzen kann.

Schule setzt auf elterliche Zubringerdienste

Dass manche Lehrer wirklich von diesem Bild ausgehen, zeigt ein Bericht in FOCUS-Schule (Jacobs 2006). Dort sind Beispiele aufgeführt, wie Lehrer sich zur Notwendigkeit einer Elternmithilfe gegenüber Eltern äußern: Auf einer Elternversammlung zur *katastrophalen Rechtschreibsituation* im vierten Schuljahr: „Da wird es aber Zeit, dass Sie nachfassen"; gegenüber Eltern auf einem Infoabend eines Gymnasiums in München: Die Mitarbeit aller Mütter und Väter werde erwartet, anderenfalls sei es für Schüler „nicht zu schaffen" und gegenüber einer gerade geschiedenen vollbeschäftigten Erzieherin: „Hören Sie auf zu arbeiten, sonst sehe ich für Ihr Kind schwarz."

Wenn das deutsche Schulsystem bei den Hausaufgaben tatsächlich elterliche Hilfe voraussetzt, wird die Verantwortung für den Schulerfolg auf die Familien abgewälzt. Das aber bedeutet, so die Erziehungswissenschaftlerin de Carvalho, einen Verrat am demokratischen Prinzip der öffentlichen Schule (in Sacher 2008:187). Solange das deutsche Bildungswesen auf elterliche Zubringerdienste setzt, verschärft es soziale Ungleichheit und fördert *soziale Vererbung*. Unterricht, der einseitig auf die Kinder abgestimmt ist, die in ihrem Elternhaus (oder durch kostspielige Nachhilfestunden) inhaltliche Hilfestellung erhalten, dürfte gegen das gesetzlich verankerte Diskriminierungsverbot verstoßen.

Hausaufgabenhilfe mit einem Elterntraining begleiten

Dass durch die Hausaufgabenpraxis der Schule Schüler weder bevorzugt noch benachteiligt werden, könnte z. B. in einem *Erziehungs- und Lernvertrag* zwischen Lehrern, Eltern und Schülern festgeschrieben werden (s. auch Gesetz 36). In diesen Vertrag sollten Maßstäbe und Empfehlungen zum Thema Hausaufgaben aufgenommen werden, an denen sich Eltern, Lehrer und Schüler orientieren können.

Der Elternforscher Werner Sacher stellt drei Prinzipien auf, an denen sich ein solcher Vertrag in diesem Punkt orientieren könnte:

▸ Die Hausaufgabenhilfe der Eltern darf nicht die Beherrschung des Lehrstoffes auf Elternseite voraussetzen.

▸ Die mit der Hausaufgabenhilfe verbundene zeitliche Belastung muss auch für vollzeitbeschäftigte Eltern zumutbar sein.

▸ Hauaufgabenhilfe der Eltern muss durch Elterntraining, in dem definiert wird, was von Eltern erwartet wird, begleitet werden.

Dieser Ansatz ist konstruktiv und zielführend: Eltern werden durch gezieltes Training in die Bemühungen der Schule um einen Lernerfolg der Kinder einbezogen (Sacher 2008:188).

Hausaufgaben machen Sinn

Ob Ganztagsschulen die Hausaufgabenproblematik entschärfen, hängt nach dem Bildungsforscher Prof. Trautwein davon ab, wie die Aufgabenbetreuung umgesetzt wird. Betreuen sie Fachlehrer oder zumindest ausgebildete Pädagogen? Müssen Schüler für bestimmte Zeit im Hausaufgabenraum sitzen oder ist es ein offenes Angebot? Eine Studie in den USA zeigt, dass sich die in der Schule gemachten Hausaufgaben weniger positiv auf die Leistung und Motivation der Schüler auswirken als jene Aufgaben, die zu Hause erledigt werden. Der Bildungsforscher vermutet als Ursache den stärkeren pädagogischen Effekt von Hausaufgaben: Schüler müssen sich zu Hause stärker selbst organisieren, ihre Autonomie ist stärker gefragt ist – solange Eltern sich nicht einmischen (in Wiarda 2005:42 ff.).

Als notwendige und sinnvolle Ergänzung des Unterrichts machen Hausaufgaben durchaus Sinn. Sie zielen auf einen Leistungszuwachs bei Schülern und geben dem Lehrer Rückmeldung über ihren Leistungsstand. Hausaufgaben helfen, vorhandene Lücken zu erkennen und systematisch aufzuarbeiten. Wenn Hausaufgaben den Unterrichtsstoff vertiefen und festigen, dienen sie der Übung. Wenn sie das in der Schule erworbene Wissen und die erworbenen Kompetenzen auf neue Situationen übertragen, dienen sie der Anwendung. Wenn die Aufgaben auf die nächste Unterrichtsstunde einstimmen, dienen sie der Vorbereitung.

Vielen Kindern, so die Psychologin Barbara Otto, fehlten die Kompetenzen, sich selbstständig Wissen zu erarbeiten und sich selbst zum Lernen zu motivieren. Hausaufgaben und die Vorbereitung auf Klausuren seien das Trainingsgelände, auf dem sie üben könnten (in Lehmann 2006:13 ff.). Im Idealfall werden Schüler durch Hausaufgaben auch strukturierter, ordentlicher, fleißiger und zielstrebiger. Wenn Hausaufgaben dann zu Erfolgserlebnissen führen, steigern sie die Motivation.

Die beste Hilfe ist gar keine Hilfe

AUS DER WISSENSCHAFT

Prof. Ulrich Trautwein (Bildungsforscher):
Aktive Hilfe muss die Ausnahme bleiben
„Mit den Hausaufgaben ist es wie bei der Medikamentenvergabe. Wird kurzfristig interveniert (= eingegriffen) etwa bei Kopfschmerzen, ist es sinnvoll. Langfristige Interventionen führen dagegen zur Abhängigkeit.

Es macht einen großen Unterschied, ob Eltern die Hilfe nur anbieten oder ob sie sich aufdrängen. Wiederholte unaufgeforderte Hilfe ist schädlich. Dann denkt das Kind: ‚Wenn meine Eltern mir ständig helfen wollen, muss ich ziemlich schlecht sein.'

Vielleicht kommt es sogar zu dem Schluss, dass Hausaufgaben etwas Unangenehmes sein müssen. Dann hat die Elternhilfe eine doppelt negative Wirkung. Fazit: Eltern können ihren Kindern oft am meisten helfen, indem sie nicht helfen." (in Wiarda 2005:42 ff.)

Prof. Werner Sacher steht inhaltlicher Hausaufgabenhilfe ohne schulische Begleitung skeptisch gegenüber. Aktive inhaltliche elterliche Unterstützung hält er lediglich bei Grundschülern mit Lernproblemen für sinnvoll. Eher nachteilig ist ihre Wirkung nach seinen Erkenntnissen bei älteren Kindern, vor allem bei denen, die in der Schule gut zurechtkommen. Hier sollten Eltern das selbstständige Arbeiten ihrer Kinder und damit auch ihr Selbstvertrauen unterstützen (Sacher 2008:187 ff.).

Auch die von Schülern erbetene und von Eltern geleistete Unterstützung wirkt sich ungünstig auf ihre Selbstregulation aus. Statt inhaltlich zur Tat zu schreiten, sollten Eltern ihr Kind ermutigen und Hilfe zur Selbsthilfe leisten. Viele Eltern geben außerdem mit ihrer *Hilfe* falsche Hinweise: Untersuchungen haben nachgewiesen, dass z. B. im Fach Mathematik bei 85 Prozent der Grundschuleltern die Hilfe fehlerhaft ist (ebd.).

Elke Wild, Professorin für Pädagogische Psychologie, stellt die Faustregel auf: So viel Hilfe wie nötig und so wenig wie möglich. Wer seinem Kind die Hausaufgaben vollständig abnimmt, helfe so wenig wie derjenige, der einfach nur das Ergebnis kontrolliert. Man müsse die Autonomie des Kindes und seine Motivation fördern. Elke Wild berichtet: „Wir hatten mal einen Schüler, der auf die Frage ‚Lernst du immer allein?' ganz selbstbewusst antwortete: ‚Ja klar.' Und als wir nachfragten, was er denn tue, wenn er mal nicht weiterkäme, sagte er: ‚Dann frage ich meine Eltern.'" „Das ist ideal", so Prof. Wild. „Das Kind solle sich selbst verantwortlich fühlen und einen Erfolg als seinen Erfolg verbuchen. Aber es solle auch das Gefühl haben, dass die Eltern da sind, wenn sie gebraucht werden" (in Etzold/Schnabel 2008).

AUS DER WISSENSCHAFT

Dr. Britta Kohler (Erziehungswissenschaftlerin):
In Ausnahmefällen auch mal fünf gerade sein lassen
„Es gibt immer mal Tage, an denen alles anders ist und grundsätzlich richtige Regeln gebrochen werden dürfen. Aber lass Hilfe nicht zur Gewohnheit werden. Ist es einmal nicht möglich, Hausaufgaben in irgendeiner sinnvollen Weise anzufertigen, ist es am besten, dem Kind eine Entschuldigung in die Schule mitzugeben." (in Jacobs 2006:19)

Hinweise für den erzieherischen und schulischen Alltag

1. Bedenken Sie: Die beste Hilfe ist gar keine Hilfe.
Bieten Sie dem Kind aber an, dass es Sie jederzeit um Rat fragen und um Hilfe bitten kann. Kinder haben bei den Hausaufgaben eine aktive Rolle, Eltern eine passive. Trauen Sie dem Kind die Erledigung zu und lassen Sie los. Wenn Sie dem Kind den Freiraum nehmen, nehmen Sie ihm auch die Möglichkeit, eigene Erfahrungen zu machen und Erfolgserlebnisse zu erleben.

2. Geben Sie Hilfe zur Selbsthilfe.
Wenn das Kind Fragen stellt, geben Sie nicht einfach die Lösung vor, sondern fragen Sie: „Wo könnte das stehen? Wo könnten wir das finden? Im Atlas? Im Lexikon? Im Internet?" Auch die Eltern lernen so dazu und ergreifen die Gelegenheit, gemeinsam über das Thema zu sprechen, um es zu vertiefen. Ersparen Sie dem Kind seine eigene Bemühung nicht, nehmen Sie die Lösung nie vorweg. Denken Sie daran: Nur die selbst gefundene Lösung motiviert.

3. Achten Sie darauf, dass das Kind gut organisiert ist.
Auf keinen Fall sollten Sie herumtelefonieren und bei anderen Kindern nach den Hausaufgaben fragen. Das Kind muss die Verantwortung für seine Hausaufgaben selbst übernehmen. Wichtig sind ein sorgsam geführtes Aufgabenheft sowie ein Tagesplaner und ein Wochenplaner. Selbstständig geplante und ausgeführte Hausaufgaben sind wichtig für die Selbstorganisation des Kindes. Ein aufgeräumter Schreibtisch mit bereitgelegten Stiften, Heften und Büchern hilft dem Kind, sich auf das Wesentliche zu konzentrieren.

4. Zeigen Sie Autorität, wenn das Kind die Hausaufgaben verweigert.
Hausaufgaben sind Pflicht. Und über Pflichten wird nicht (ständig) diskutiert. Das ist die Regel und an die hat sich das Kind zu halten, seien die Hausaufgaben in seinen Augen auch noch so langweilig. Sollte das Kind eine Verweigerungshaltung einnehmen, zeigen Sie Festigkeit. Auch das ist eine Form von Führung und Verlässlichkeit, die Ihr Kind benötigt und vielleicht auch nur austesten will. Das Kind braucht auch den Konflikt, es wächst daran.

5. Lassen Sie Nachhilfeunterricht nur als gezieltes Aufbauprogramm zu.

Wichtig ist, dass die Leistungen des Kindes sich stabilisieren und auch das Familienklima wieder ausgeglichener wird. Erweist sich Nachhilfeunterricht für einen längeren Zeitraum als notwendig, sollten Sie Kontakt mit dem Lehrer aufnehmen und die Frage nach einer möglichen Überforderung stellen.

6. Suchen Sie den Kontakt zur Schule.

Fragen Sie beim Elternabend, wie die Schule mit den Hausaufgaben umgeht. Nicht gewürdigte Hausaufgaben schaden der Motivation. Wenn zehn- bis zwölfjährige Kinder nachmittags regelmäßig zwei oder mehr Stunden an ihren Hausaufgaben sitzen oder am Wochenende häufig das Wochenpensum nacharbeiten müssen, sollten Eltern sich vergewissern, ob dieses Problem auch andere Familien betrifft. Wenn dem so ist, sollte im direkten Gespräch mit der Schule oder dem Elternbeirat auf Abhilfe gedrungen werden.

Eltern, Lehrer und Schüler schließen einen Erziehungs- und Lernvertrag

33. Gesetz: Es gibt Eltern-Hausaufgaben. Erledigen Sie sie!

Wie Eltern zu Hause die Lernbedingungen des Kindes verbessern

Stellen Sie sich vor, Sie gehen jeden Tag unvorbereitet zur Arbeit. Ab und zu kommen Sie auch zu spät. In der Firma sind Sie nicht in der Lage, sich auf die einfachsten betrieblichen Arbeitsabläufe einzustellen. Sie bringen keine Resultate zustande. Entweder dösen Sie vor sich hin oder Sie halten Ihre Kollegen von der Arbeit ab. Lange geht das nicht gut. Dem Chef missfallen Ihre Einstellung zur Arbeit und Ihre Resultate. Er wird Sie ermahnen, bald abmahnen und dann vor die Tür setzen. Weil Ihnen gar nichts anderes übrig bleibt und Sie nicht auf der Straße stehen wollen, werden Sie diese Entwicklung also tunlichst vermeiden.

Lehrer beobachten mit Sorge, dass viele Kinder und Jugendliche völlig unvorbereitet in die Schule kommen. Unvorbereitet im doppelten Sinn: Die Hausaufgaben wurden nicht angefertigt und Schüler sind vielfach auch mental nicht in der Lage, sich auf den Unterricht oder das Schulgeschehen einzustellen. Unterrichtsstörungen sind an der Tagesordnung. Pflichten wie z.B. das Mitbringen der Unterrichtsmaterialien und des Sportzeugs, die Abgabe ärztlicher Attests und Unterschriften der Eltern, das Bezahlen einer Exkursion und das Einschlagen der Bücher werden nur nach mehrmaliger Ermahnung oder überhaupt nicht erfüllt.

Leidtragende dieses hier zutage tretenden Mangels an Basiserziehung sind nicht nur die von elterlicher Vernachlässigung betroffenen Kinder, die häufig als Störenfriede auftreten. Schaden nehmen auch die Schüler, die gut vorbereitet, ausgeschlafen, richtig ernährt, von ihren Eltern wohlversorgt und voller Lernbereitschaft in die Schule kommen. Auch ihnen geht die Unterrichtszeit verloren, die Lehrer für Erzieherisches, Disziplinarisches und Organisatorisches aufbringen müssen. Sie fühlen sich gestört und abgestoßen von den immerwährenden schulischen Querelen. Wenn die Eltern die Selbstmotivationskräfte dieser Kinder nicht immer wieder stärken, verlieren auch sie mit der Zeit an schulischem Elan.

Was geschieht in der Schule?

Vor diesem Hintergrund liest sich wie ein Horrortrip, was ein Forscherteam um Prof. Joachim Bauer über den Schulalltag der Lehrer in Deutschland herausgefunden hat. In mehreren Studien haben die Wissenschaftler die Gesundheit von praktizierenden Lehrkräften untersucht und fanden bei rund 50 Prozent berufsbedingte gesundheitliche Störungen. Als ihre Ursache nennt das Forscherteam die hohe Arbeitsbelastung und ein damit verbundenes Übermaß an Verausgabung bei gleichzeitig fehlender Wertschätzung und Anerkennung ihrer Arbeit in der Gesellschaft. Nach den Ursachen ihrer Belastungssymptome gefragt, nennen die Lehrer die hohe Anzahl von Schülern in einer Klasse sowie destruktives und aggressives Verhalten seitens der Kinder und Jugendlichen (in Reinhardt 2007:89).

Das Team um Joachim Bauer stellt dazu fest, dass 43 Prozent der Pädagogen innerhalb eines Jahres das Ziel von massiven verbalen Angriffen, insbesondere schweren persönlichen Beleidigungen, waren. 7 Prozent erlebten die Beschädigung ihres persönlichen Eigentums. Mehr als 4 Prozent wurden von Schülern mit körperlicher Gewalt bedroht, 1,4 Prozent der Lehrkräfte wurden körperlich angegriffen. Dies sind, wohlgemerkt, Durchschnittszahlen aller Schularten, an Hauptschulen war die Bedrohung noch größer (ebd.).

Wenn Eltern weder Erziehungsaufgaben wahrnehmen noch sich sonderlich für den schulischen Alltag interessieren und ihn komplett den Lehrern überlassen, *die ja schließlich dafür bezahlt werden,* fehlt den Kindern ein Baustein zum Erfolg. Denn die Erledigung der elterlichen Hausaufgaben sowie das gute Einvernehmen zwischen Schule und Elternhaus sind Grundvoraussetzungen für eine gute Schulkarriere. Doch die Schule wird von vielen Eltern zunächst vernachlässigt und schließlich nicht mehr wahrgenommen. Nicht nur der Schüler ist alleingelassen, auch der Lehrer hat keinen Ansprechpartner mehr, der an einer Problemlösung interessiert wäre. Wenn das Elternhaus versagt, droht der Schüler ebenfalls zu versagen. Ein Versagen nicht nur bei den schulischen Leistungen, sondern auch bei seinem Verhalten. Häufig genug muss der Lehrer die Rolle des Sozialarbeiters einnehmen, in der er nicht erfolgreich sein kann, weil er dafür nicht ausgebildet wurde.

Wie Eltern zu Hause die Arbeit der Lehrer unterstützen

Die Kinder Annika, Bernd und Carola kommen aus der Schule nach Hause. Jedes Kind berichtet seiner Mutter oder seinem Vater voller Stolz, es solle für den Sachkundeunterricht bei Frau Petersen eine Mindmap anfertigen. Die Reaktionen der Eltern fallen unterschiedlich aus. Annikas Mutter sagt: „Lernt doch erst einmal richtig lesen und schreiben." Bernds Vater äußert sich so: „Was ist das denn wieder für eine verrückte Idee von dieser Zimtziege." Carolas Eltern antworten: „Ach, das ist ja interessant, du musst uns dann unbedingt zeigen, wie so eine Mindmap aussieht." Es gehört nicht viel Fantasie dazu, herauszubekommen, welches Kind seine Hausaufgaben mit besonderer Sorgfalt anfertigt.

So wie es der Job der Lehrer ist, den Schülern etwas beizubringen, ist es der Job der Eltern, dafür zu sorgen, dass sich ihre Kinder auch etwas beibringen lassen. Dass dies den Eltern nicht freigestellt ist, sondern zu ihrer Pflicht gehört, legt das Grundgesetz fest. In Artikel 6, Absatz 2 heißt es: „Pflege und Erziehung der Kinder sind das natürliche Recht der Eltern und die zuvörderst ihnen obliegende Pflicht. Über ihre Betätigung wacht die staatliche Gemeinschaft." Setzt der Staat die Erfüllung dieser Pflicht bei den Eltern nicht durch, bürdet er die Lasten der heutigen Versäumnisse den Kindern auf, die später Leistungsträger sein werden.

Was wird von den Eltern erwartet? Der Erziehungswissenschaftler Prof. Werner Sacher nennt in seinem Buch *Elternarbeit* sechs Punkte. Auf die Punkte 3 bis 6 bin ich schon in anderen Gesetzen eingegangen. Im Folgenden werde ich daher die Punkte 1 und 2 näher erläutern.

AUS DER WISSENSCHAFT

Prof. Werner Sacher (Elternforscher):
Sechs Punkte, wie Eltern zu Hause die Arbeit der Lehrer unterstützen

▸ Eltern unterstützen die Arbeit der Schule, indem sie für eine geordnete Umgebung der Kinder sorgen.
▸ Der Tageslauf ist vernünftig strukturiert.
▸ Hinsichtlich ihres Schulerfolgs signalisieren sie den Kindern hohe, aber keine überzogenen Erwartungen.
▸ Sie bringen ihnen die Bedeutung von Schulausbildung nahe.
▸ Sie leben ihnen positive Modelle im Hinblick auf Leistungs- und Anstrengungsbereitschaft vor.
▸ Das Lesen, Schreiben und Diskutieren in der Familie wird gepflegt.

(nach Sacher 2008:189)

---

1. Ruhiger Arbeitsplatz

Kinder brauchen einen Platz, an dem sie konzentriert arbeiten und ihre Hausaufgaben erledigen können. Wichtig ist, dass sich Kinder an diesem Platz wohlfühlen. Der Schreibtisch und Schreibtischstuhl sind höhenverstellbar. Tageslicht oder eine helle Schreibtischlampe geben genügend Licht. Der Schreibtisch ist aufgeräumt und die Schreibmaterialien sind in Reichweite. Der Raum wird zur ausreichenden Sauerstoffversorgung regelmäßig gelüftet. Störende Außengeräusche wie Telefon, Fernseher oder Radio gibt es während der Lernzeiten nicht. Zur Unterstützung des selbstregulierten Lernens und der Erkundungskompetenz ist ein Zugriff auf Nachschlagewerke und, zeitlich begrenzt, auf Computer und Internet möglich.

2. Geregelter Tagesablauf

Ein klar gegliederter Tageslauf mit verlässlichen Rhythmen und Ritualen gibt den Kindern Sicherheit. Ihr Tag beginnt mit dem rechtzeitigen Wecken. Nach dem Waschen und Anziehen erleichtert das gemeinsame Frühstück den guten Start in den Tag. Spitzer sagt: Weil der Schulrucksack bereits am Abend gepackt wurde, braucht nur noch das Pausenbrot eingepackt zu werden. Dann geht das Kind ausgeschlafen, gut versorgt und für den Unterricht wohlpräpariert zur Schule. Nach der Rückkehr stehen Mittagessen und eine anschließende Ruhepause auf dem Programm. Das nachmittägliche Leistungshoch ab 15 Uhr wird für die Hausaufgaben genutzt (Spitzer 2007).

Am späteren Nachmittag stehen Spielen, Hobby und Freizeit im Mittelpunkt. Wichtig ist die Begegnung mit Freunden, schädlich das Zeittotschlagen vor dem Fernseher oder am Computer. Über häusliche Pflichten wie den Tisch decken, den Müll runterbringen, das Bad säubern, Schuhe putzen oder Spülmaschine ausräumen gibt es mit den Eltern klare Absprachen. Ihre Erledigung stärkt das Verantwortungsgefühl und fördert Pflichtbewusstsein sowie Selbstdisziplin. Weil Kinder wissen, was schulisch und zu Hause von ihnen erwartet wird, sind Diskussionen über diese Pflichtprogramme überflüssig. Vor dem Abendessen können noch einmal die Vokabeln für den anstehenden Test wiederholt werden. Nach dem gemeinsamen Abendessen mit der ganzen Familie geht es nicht zu spät ins Bett. Vor dem Schlafengehen ist eine ruhige Ablenkung, z. B. Lesen, zur Entspannung sinnvoll. Im Schlaf konsolidiert sich das Gelernte.

Bewegung an frischer Luft und ausgewogene Ernährung

Wissenschaftliche Erkenntnisse zeigen einen engen Zusammenhang zwischen intellektueller Fähigkeit und Bewegung. Dazu erläutert Hirnforscher Manfred Spitzer: Bestimmte Verschaltungen im Gehirn werden erst durch körperliche Bewegung ermöglicht und führen zu einer Steigerung der Hirnaktivitäten und damit zu höherer Leistungsfähigkeit. Die tägliche Sportstunde in der Schule wünscht sich jeder. Aber noch wichtiger wäre es, die täglichen Bewegungskiller in den Griff zu bekommen: stundenlanges Fernsehen, Computerspiele, Autofahrten für kleinere Strecken, statt zu Fuß zu gehen, und Ähnliches. Keine Schule und kein Staat sind für den Bewegungsmangel haftbar zu machen, ausschließlich die Eltern haben die Verantwortung dafür. Häufiges Fahrradfahren oder Spazierengehen sind einfache Methoden, um dem Mangel gegenzusteuern (Spitzer 2007b).

Viele Kinder werden immer dicker. Neben dem Bewegungsmangel sieht der Kinderarzt Hartmut Stöven einen Grund für das steigende Gewicht im Überangebot an Nahrung mit vielen Kalorien und geringem Nährwert: „Fast Food und Süßigkeiten sind beliebt und billig." Lernen und Konzentration jedoch setzen eine gesunde Ernährung voraus. Als optimal hat sich ein leichtes Frühstück mit Obst, Vollkornbrot und Milchprodukten erwiesen. Auch Pausenbrot, Mittag- oder Abendessen müssen alle wichtigen Nährstoffe enthalten, damit eine ausgewogene und vollwertige Ernährung sichergestellt ist. Und wenn das Essen auf dem Teller schön angerichtet ist, erkennen Kinder und Jugendliche vielleicht, dass gesundes Essen auch Freude bringt.

AUS DER WISSENSCHAFT

Prof. Joachim Bauer (Mediziner und Psychotherapeut):
Auf Gesundheit und Fitness achten
„Wie sollen Lehrkräfte erfolgreich Klassen von meist 25, vielfach sogar über 30 Schülern unterrichten, wenn über die Hälfte der Kinder und Jugendlichen nicht einmal gesundheitlich fit ist?"

(Bauer 2007:12 f.)

> „*Über 50 Prozent aller Schülerinnen und Schüler leiden unter chronischen Beschwerden. Diese Kinder sind nicht fit und kommen bereits morgens angeschlagen in die Schule.*"
>
> (in Reinhardt 2007:86)

Hinweise für den erzieherischen und schulischen Alltag

(in Sacher 2008:189)

1. Geben Sie dem Familienalltag eine klare Struktur.

Dazu gehören gemeinsame Mahlzeiten, feste Schlafenszeiten und feste Zeiten für Schularbeiten an einem ruhigen Platz sowie Mitverantwortung des Kindes für Arbeiten im Haushalt.

2. Kontrollieren Sie die außerschulischen Aktivitäten des Kindes.

Dazu gehören die Anregung und Organisation von Freizeitaktivitäten, die Begrenzung seines Fernsehkonsums und informierende Kontrolle ihrer Beschäftigungen bei Abwesenheit der Eltern durch vertrauensvolle Gespräche.

3. Leben Sie dem Kind Wertschätzung von Lernen, Selbstdisziplin und harter Arbeit vor.

Demonstrieren Sie ihm, dass Anstrengung zum Erfolg führt. Halten Sie einen Ordnungsrahmen ein, an dem sich das Kind orientieren kann.

4. Bringen Sie eine hohe, aber realistische Leistungserwartung zum Ausdruck.

Legen Sie zusammen mit dem Kind altersgemäße Maßstäbe und Ziele fest. Erkennen Sie besondere Begabungen des Kindes und fördern Sie sie.

5. Verfolgen Sie die schulischen Fortschritte des Kindes mit Interesse und Wohlwollen.

Bieten Sie ihm ein warmes und schützendes Zuhause. Sprechen Sie mit ihm über den Wert einer guten Schulbildung und zeigen Sie berufliche Möglichkeiten auf. Fragen Sie – in jedem Alter – nach seinen Berufsvorstellungen. Auch wenn diese zunächst unrealistisch sind, ergeben sich daraus gute Gesprächsansätze.

6. Schaffen Sie auch für die Schule Rituale.

Wiederholungen im festen Rhythmus, Vokabeln lernen nach bestimmtem Muster, zur Vorbereitung für die Unterrichtsstunden des kommenden Tages einen Blick ins Heft werfen usw.

34. Gesetz: Halten Sie guten Kontakt zu dem Lehrer Ihres Kindes!

Warum dem Kind das offene Gespräch mit dem Lehrer hilft – und wie es gelingt

„You never forget a good teacher." – „Einen guten Lehrer vergisst du nie!", heißt es im Englischen. Mir fällt spontan Studienrat Wenger ein. Er war mein erster Klassenlehrer auf dem Gymnasium und hat mir den Wechsel von der behüteten Dorfschule auf die große Schule in der Kreisstadt leicht gemacht. Von meinem etwas ausgefallenen Hobby, die Staatsoberhäupter, Regierungschefs und Außenminister aller Staaten der Erde, damals waren es knapp 100, im Kopf zu haben, war er überaus angetan. Wenn ihm wieder einmal ein exotischer Name über den Weg gelaufen war, wurde ich öffentlich befragt, bevor er sich dem eigentlichen Unterrichtsstoff zuwandte. Auch den anderen Klassenkameraden vermittelte Wenger das gute Gefühl, über besondere Fähigkeiten, Fertigkeiten und Kenntnisse zu verfügen. Dadurch gelang es ihm, zu allen seinen Schülern eine persönliche Beziehung herzustellen.

Die Leistungsbereitschaft der Schüler im Klassenzimmer wird durch den Lehrer gehemmt oder gefördert. Seine Persönlichkeit, die gegenseitige Sympathie oder Antipathie sowie der pädagogische Bezug (s. Gesetz 1) sind wichtige Faktoren für den Lernerfolg der Klasse. Unterricht wird gut, wenn der Lehrer Kontakt zu den Kindern und Jugendlichen in der Klasse herstellen und ihre Aufmerksamkeit fesseln kann. Ein guter Lehrer kann sich in sie hineindenken und seinen Stoff auch aus ihrer Sicht betrachten. Er versteht sich nicht nur als reiner Vermittler von Stoff, sondern auch als Teilhaber an der Welt seiner Schüler.

> Royston Maldoon (Choreograf, Tanzlehrer):
> **Schlüsselworte, die die Arbeit des Lehrers kennzeichnen**
> Potenzial, Respekt, Gemeinschaft, Leidenschaft, Vertrauen und Herausforderung. Besonders wichtig ist Maldoon: *„Der Glaube. Und Liebe. Ja, Liebe ist sehr wichtig für meine Arbeit."*
>
> (Maldoon 2007:73)

Problem 1: Eltern haben keine Zeit für den Lehrer

Damit ein Lehrer zu seinen Schülern einen engen Kontakt herstellen und ausbauen kann, braucht er zunächst einmal den Kontakt mit den Eltern. Herr Stockmann, der Klassenlehrer der Klasse 7b bemüht sich darum nach Kräften. Auch der vergebliche Versuch, Sebastians Mutter in die Pflicht zu nehmen, entmutigt ihn nicht.

Sebastians Mutter, eine selbstständige Unternehmerin mit einem gut gehenden Geschäft, hatte nur eine Bescheinigung im Schulbüro abgeben wollen. Forsch durchquert sie die Pausenhalle und geht zielstrebig auf den Ausgang zu. Nun klingelt es. „Jetzt bloß nicht noch einem Lehrer begegnen", denkt sie und zieht unwillkürlich den Kopf ein. Doch da stellt sich ihr schon Herr Stockmann in den Weg. Ohne Umschweife ergreift er die seltene Gelegenheit eines Gesprächs mit Sebastians Mutter beim Schopfe: Der Einsatz Sebastians im Allgemeinen und das mehr als oberflächlich geführte Erdkundeheft im Besonderen ließen zu wünschen übrig. Wenn sie die Heftführung ihres Sohnes unter die Lupe nehmen und ihn auch sonst zu sorgfältigem Arbeiten anhalten würde, wäre das gut für Sebastian. „Nein, Herr Stockmann, wo denken Sie hin? Dafür hab ich keinen Nerv!" Sie drückt dem Lehrer noch flüchtig die Hand und enteilt schnellen Schrittes.

Sebastians Mutter liegt mit ihrer Verweigerungshaltung voll im Trend. Die Tendenz zur Ablehnung der schulischen Verantwortung steigt. Einmal berichtete mir eine Lehrerin, die an einer der damals noch wenigen Ganztagsschulen in Schleswig-Holstein arbeitet, die hohen Anmeldezahlen dieser Schule seien auch darauf zurückzuführen, dass Eltern glauben, durch den Ganztagsbetrieb von der Schule und ihren Problemen erlöst zu werden. Viele Väter und Mütter sind froh, wenn sie nichts von der Schule hören. Und wenn sie dann doch einmal angesprochen werden, reagieren sie mit allen Zeichen der Überforderung oder sogar aggressiv. Für Schule haben sie keinen Nerv. Entnervte Eltern haben entnervte Kinder. Kein Wunder, dass zu guter Letzt auch die Lehrer entnervt sind.

Problem 2: Lehrer sind die *Prügelknaben* der Eltern

Dass es Lehrern gelegentlich schwer gemacht wird, die von Maldoon skizzierte Haltung (s.o.) einzunehmen, zeigt ein vergleichsweise harmloses Beispiel. Eine Schulleiterin in einer norddeutschen Kleinstadt erhält einen geharnischten Brief von einem erbosten Vater, einem Anwalt. Was war geschehen? Die Klassenlehrerin hatte den Sohn während einer Theateraufführung im Stadttheater einer nahen Großstadt wegen störenden Verhaltens kurzerhand ins Foyer verbannt. Dort musste der 15-Jährige unter Aufsicht zweier Garderobenfrauen das Ende der Vorstellung abwarten. Das Hausrecht, so belehrt der Vater nun auf dem Briefbogen seiner Kanzlei die Schulleiterin, komme im Theater nur dem Intendanten zu, keinesfalls aber der Lehrerin. Vermutlich ist der Vater nicht einmal davor zurückgeschreckt, den Brief seinem Sohn zu zeigen.

Wer Lehrern und Schulleitern als *Haudrauf* begegnet, wegen jeder sich bietenden Gelegenheit gleich im Kultusministerium anruft oder sich sonst an der Schule abarbeitet, handelt kontraproduktiv. Er trägt mit dazu bei, dass Lehrer *innerlich kündigen*, sich ins Lehrerzimmer als Schneckenhaus zurückziehen oder mit dem letzten Klingelzeichen fluchtartig die Schule verlassen. Vor allem vergibt er die Chance, Sachverhalte zu klären und positive Veränderungsprozesse in der Schule anzustoßen. Wenn Lehrer laufend Prügel einstecken müssen, sind sie viel zu sehr mit sich selbst und ihrem Selbstschutz beschäftigt, als dass sie sich gegenüber ihren Schülern öffnen können.

Der vielfach an Schulen beobachtete Mangel an Höflichkeit und Respekt, die aggressive Haltung ebenso wie die Ignoranz und Gleichgültigkeit gegenüber Lehrern haben viele Ursachen. Eine davon ist die Hetze, die über lange Jahre gegen die Pädagogen betrieben wurde. Selbstverständlich gibt es auch unter ihnen schwarze Schafe. Aber das ist in allen anderen Berufszweigen ebenso. Die in unreflektierten Äußerungen über Lehrer zutage tretendende Distanz zur Schule mag auch etwas mit ihrer deutschen Tradition als Obrigkeitsschule zu tun haben. Kein Land sonst macht diejenigen madig, die für die Zukunftsfähigkeit ihrer heranwachsenden Generation sorgen. Sollten Politiker in Skandinavien in deutscher Manier über Lehrer herziehen, würden sie nicht wieder gewählt werden. Zielstrebig wird dort dafür geworben, die Besten eines Jahrgangs für den Lehrerberuf zu gewinnen.

Problem 3: Schule ist nicht auf der Höhe der Zeit

Die vielfach beklagte Entfremdung zwischen Elternhaus und Schule geht selbstverständlich nicht nur auf das Konto von Eltern und Gesellschaft. Auch aufseiten der Lehrer könnte sich einiges tun. So war ich als Schulleiter und als Vater gelegentlich erschrocken über den Ablauf der Elternabende. Manche Kollegen kamen mir unvorbereitet vor, andere schläferten durch monotones Referieren der Lehrpläne die Eltern ein, wieder andere hatten sich offenbar bei der Wahl der Kleidung vergriffen oder kamen nicht zum Punkt und fanden kein Ende.

Die Kommunikationsexpertin Barbara von Schnurbein stellt fest, dass vielen Lehrern der Umgang mit Eltern offenbar schwerfalle. Ob Eltern ernst genommen werden, erkenne man an der Gestaltung dieser Elternabende:

> *„Kein Seminar läuft heute mehr so eintönig und gesprächsfeindlich ab wie manche dieser lustlosen Veranstaltungen. Die Gesellschaft legt Wert auf Teamwork, Information, Kommunikation, Transparenz. Nur an einigen Schulen scheint in dieser Hinsicht die Zeit stehen geblieben zu sein"* (in Czermak 2005b:37).

Lösung: Der gute Draht zwischen Eltern und Lehrern

AUS DER WISSENSCHAFT

Fee Czisch (Dozentin für Grundschulpädagogik):
Eltern sind das Verbindungsglied zwischen Schule und Familie
„Die Eltern können als Verbindung von Schule und Familie eine wichtige Rolle spielen. Für das Lernen selbst sind Lehrerin und Kinder zuständig. Wenn die Eltern sich gut mit der Lehrerin verstehen, hat das Kind den Rücken frei und muss nicht ständig Partei ergreifen. […] Ein Grundschulkind braucht beides: eine zugewandte Lehrerin, der es vertraut, und Eltern, die es beschützen." (in Jacobs/Czisch 2005:28 ff.)

Eltern und Lehrer sind auf Kooperation angewiesen. In ihrem Bemühen um bessere Lernerfolge von Schülern sollten sie natürliche Verbündete sein. Nur wenn Eltern eine grundsätzlich positive Haltung gegenüber Lehrern einnehmen, können sie ihre Kinder konstruktiv auf schulische Herausforderungen einstimmen. Damit machen sie den Weg für gute Lernerfolge frei.

Wenn Eltern und Lehrer sich begegnen, können sie sich kennenlernen, sich von ihren Vorurteilen verabschieden und gegenseitig den Blick auf das Kind schärfen. Nicht selten habe ich nach Elterngesprächen die Kinder meiner Gesprächspartner bewusster wahrgenommen. Ich wusste mehr über sie. Verhaltensweisen, auf die ich mir bisher keinen Reim machen konnte, wurden verständlich und konnten aufgefangen werden. Solche persönlichen und vertrauensvollen Gespräche zwischen Lehrern und Eltern können auch dazu dienen, eine Strategie zwischen Elternhaus und Schule zu vereinbaren, wie das Kind in konzertierter Aktion vorangebracht werden kann.

Wenn Eltern sich für den schulischen Alltag interessieren und ihn nicht allein den Lehrern überlassen, merken Kinder, dass Eltern sich für ihre Arbeit interessieren und sie wertschätzen. Bei einem guten Draht zwischen Eltern und Lehrern können sich Kinder und Jugendliche auf das Lernen konzentrieren. Sie müssen nicht befürchten, in überflüssige Konflikte hineingezogen zu werden.

12 Regeln für ein gelungenes Eltern-Lehrer-Gespräch
(nach Prof. Kurt Singer, in Plewnia/Vernier/Wittlich 2005:58)

1. Zuhören fördert das Gespräch
Nehmen Sie die Sicht des Lehrers auf das Kind wahr und erklären Sie die eigene Elternsicht.

2. Sich gut vorbereiten
Machen Sie sich zu dem Notizen, was Sie ansprechen möchten. Beziehen Sie das Kind in die Vorbereitungen ein.

3. Die Chance zur Verständigung geben
Bauen Sie nicht das Feindbild Lehrer auf. Suchen Sie nicht nach einem Schuldigen, sondern versuchen Sie, die Perspektiven aller Beteiligten zu berücksichtigen.

4. Die Angst des Lehrers bedenken
Gehen Sie trotz Ihrer eigenen Ängste in die Sprechstunde des Lehrers. Bedenken Sie, dass auch Lehrer Ängste vor Eltern haben. Bringen Sie Ihr Anliegen in nicht aggressiver Form vor.

5. Auch über das private Kind sprechen
Thematisieren Sie nicht ausschließlich die Schulleistungen. Reden Sie auch über Vorzüge, Neigungen, Freunde, Kummer und Hilfsbedürftigkeit des Kindes.

6. Für Lehrer ein gutes Wort übrig haben

Berichten Sie, wenn das Kind etwas Freundliches aus der Schule erzählt hat, vom Unterrichtsthema begeistert war oder Lernfortschritte erzielte.

7. Keinen Generalangriff starten

Schildern Sie, wie z.B. die taktlose Behandlung durch den Lehrer auf das Kind gewirkt hat. Werfen Sie dem Lehrer nicht generell pädagogische Unfähigkeit vor.

8. Wünsche vortragen, nicht belehren

Formulieren Sie nicht, was der Lehrer tun soll, sondern was sich verändern soll.

9. Keine Überzeugungsmachtkämpfe austragen

Die Grundhaltung, eine Übereinkunft erzielen zu wollen, ist wichtiger als Rechthaberei. Bringen Sie Einspruch argumentativ vor und verbinden Sie ihn, wo möglich, mit konkreten Handlungsvorschlägen.

10. Das Gespräch in die Hand nehmen

Überlassen Sie nicht dem Lehrer das Gespräch. Reagieren Sie nicht nur, sondern bringen Sie auch eigene Themen und Fragen ein.

11. Schuldzuweisungen vermeiden

Sprechen Sie keine Vorwürfe aus, machen Sie aber die eigenen Ansichten deutlich.

12. Einen Verständigungsprozess anstreben

Nicht immer können alle Differenzen auf Anhieb ausgeräumt werden. Wenn das Gespräch so endet, dass es weitergeführt werden kann, haben Lehrer und Eltern viel erreicht.

35. Gesetz: Ihr Kind braucht eine gute Schule. Informieren Sie sich!

Welche Beobachtungsmerkmale die Einschätzung erleichtern

„Wo finden wir bildungsfähige, junge Menschen, die Qualifikationen erwerben für eine Zukunft, die immer anspruchsvoller wird?" Maybritt Illner stellt diese Frage in ihrer ZDF-Talkshow im August 2008. Die Runde befasst sich mit dem drohenden Fachkräftemangel in Deutschland. Christoph Metzelder, Fußball-Vize-Europameister 2008 und Begründer der Stiftung Zukunft Jugend, sagt: „Zu viele Heranwachsende haben schon Zukunftsängste. Jeder junge Mensch hat Fähigkeiten, hat Talente, hat Potenziale. Man muss sie nur aus ihm herauskitzeln. Davon bin ich zutiefst überzeugt."

An der Haukivuoren Yläaste, einer Gemeinschaftsschule mit gymnasialer Oberstufe in Haukivuori (Finnland), hätte Nationalspieler Christoph Metzelder seine helle Freude. Bei einem meiner Besuche dort hat die Schulleiterin Maija Kaukavuori gerade einen Termin mit ihren *spezial-needs-Lehrern* (Lehrer für besondere Förderung) sowie der Sozialpädagogin der Schule und dem medizinischen Dienst der Gemeinde. Sie erörtern die Lernfortschritte einiger Problemschüler und werten die letzten Hausbesuche bei deren Eltern aus. Anschließend besprechen sie die nächsten Schritte zur weiteren Förderung dieser Schüler.

---

spezial-needs-Lehrer in Finnland

Die *spezial-needs-Lehrer* arbeiten mit kleinen Gruppen von drei bis sieben Schülern. Diese werden zeitweise aus dem regulären Unterricht herausgenommen, weil sie in bestimmten Fächern Lerndefizite aufweisen, sie durch Krankheit den Anschluss verloren haben, Verhaltensprobleme zeigen oder aus anderen Gründen spezieller Betreuung und Förderung bedürfen.

Jedes Kind soll zur Produktion des Wissens beitragen

Maija Kaukavuori trägt der Sozialpädagogin noch auf, bei ihrem nächsten Hausbesuch in der Familie Harkalainen zu klären, warum beim letzten Elternabend der Klasse 7c weder ein Elternteil noch bevollmächtigte Großeltern zugegen waren. Ein solcher Elternabend findet alle zwölf Wochen statt. Die Teilnahme ist Pflicht. Versäumnisse werden mit einem Bußgeld oder einem Abzug von Unterstützungsgeldern belegt.

Bei meinem ersten Besuch in Finnland Mitte der 90er-Jahre, als von PISA oder anderen internationalen Vergleichstests noch keine Rede war, sagte mir Heikki Hirvonen, Schulamtsdirektor von Mikkeli: „Wir haben Holz und Köpfe, dafür müssen wir etwas tun." Chancen habe Finnland als kleines, rohstoffarmes Land in geografischer Randlage nur, wenn es Wissen produziere. „Jeder ist gut in irgendwas!", ist der Grundsatz, nach denen die Finnen seit den 70er-Jahren ihre Schulen zu Werkstätten der Zukunft umgebaut haben. Gesellschaft und Schulpolitik haben das gleiche Grundverständnis von Bildung: „Chancengerechtigkeit bei hoher Leistungsanforderung". Jedes Kind – der Sohn des Rentierzüchters aus Lappland ebenso wie die Tochter des Nokia-Bosses in Helsinki – soll optimal gefördert werden und zur Produktion des Wissens seinen Beitrag leisten.

Schwache fördern und fordern – Starke fordern und fördern

Selbstverständlich kann, in Finnland sowie in Deutschland, in der Gemeinschaftsschule oder der gegliederten Schule, auch ein noch so guter Unterricht die Unterschiede in der Leistungsfähigkeit der Schüler nicht zum Verschwinden bringen. Aber in einer guten Schule mit gutem Unterricht profitieren alle. Jeder wird dort entsprechend seiner Voraussetzungen gefördert und an seine Leistungsgrenze geführt. Das allgemeine Niveau wird angehoben. Ersteres ist eine soziale Notwendigkeit, Letzteres eine ökonomische.

Die Förderung und Forderung der Leistungsschwachen ist auch hierzulande nur die eine Seite der Medaille. Die andere Seite betrifft die Forderung und Förderung der Leistungsstarken und Hochbegabten. Sie muss in Deutschland intensiviert werden. Denn auch für die Leistungsträger wird die Zukunft immer anspruchsvoller. Die globale Dynamik wird höchste Anforderungen an sie stellen. In China verlassen bereits jetzt jährlich rund 350.000 Ingenieure die Hochschulen, bald werden es 500.000 sein. Und als der indische Finanzminister vor Kurzem gefragt wurde, ob es ihn ärgere, dass Deutschland versuche, Informatikspezialisten aus seinem Land abzuwerben, antwortete er mit nachsichtigem Lächeln: „Indien wird bald so viele Computerspezialisten ausbilden, dass wir ganz Europa und die USA damit versorgen könnten."

Schule muss neuzeitlichen Ansprüchen gerecht werden

Axel Beyer (Geschäftsführer der Club-of-Rome-Schulen in Deutschland):
Schule muss vier Ansprüche vereinen

Schüler wollen möglichst viele Anregungen bekommen und ihre Neugierde befriedigen.
Eltern wünschen, dass ihre Kinder, die Herausforderungen des Lernens meistern, damit sie später den Anforderungen der Gesellschaft gerecht werden.
Lehrer brauchen einen Arbeitsplatz, an dem sie zufrieden sind und der ihnen optimale Rahmenbedingungen bietet.
Arbeitgeber erwarten von den Schulabgängern eine gefestigte Persönlichkeit und die Fähigkeit zu dauerhaftem Lernen.

(nach Beyer 2007:8 ff.)

„Churches change easier than schools." – „Kirchen verändern sich leichter als Schulen", sagt man in England. Dies schien lange Zeit auch für Deutschland zu gelten. Inzwischen verabschieden sich immer mehr Lehranstalten von den alten Prinzipien, mit denen sich die deutsche Schule festgefahren hat wie ein Autofahrer im Schneesturm: Lernen im Gleichschritt, frontaler Unterricht im 45-Minuten-Takt, Klassen als homogene Gruppen, also vorsortiert nach Leistungsfähigkeit usw.

Moderne Schulen orientieren sich dagegen an den Erkenntnissen der Lern- und Hirnforschung. Und die wiederum untermauern mit ihren Studien, so Johanna Romberg, „was Pioniere der pädagogischen Praxis schon vor über 100 Jahren erkannt haben, dass Lernen eine so alltägliche, selbstverständliche Tätigkeit ist wie Essen und Atmen, dass jedes Kind mit einem natürlichen Wissens- und Erfahrungsdrang auf die Welt kommt und die beste Schule diejenige ist, die diesem Wissensdrang die größte Entfaltung ermöglicht" (Romberg, 2008:134 ff.).

Gute Schulen haben einen Veränderungsprozess angestoßen

AUS DER WISSENSCHAFT

Prof. Elsbeth Stern (Lernforscherin):
Wie beurteilen Sie die Qualität einer Schule?
Die Antwort von Frau Stern im Interview mit der Zeitschrift *Wirtschaftswoche*:
„Ich würde mir anschauen, wie stark die Lehrer der Schule daran interessiert sind, dass die Schüler etwas lernen. Ob die Lehrer berücksichtigen, dass Kinder unterschiedliche Lernwege gehen müssen, und ob sie die Kinder dabei unterstützen. Die besten Schulen sind die mit einer klaren pädagogischen Mission, wie zum Beispiel die Helene-Lange-Schule in Wiesbaden, die Bodensee Schule in Friedrichshafen oder die Jena-Plan-Schule in Jena." (in Rees/Dürand 2006)

Vor allem den Grundschulen stellen Bildungsforscher heute bessere Noten aus. Sie hat sich als besonders offen für Veränderungen gezeigt. Und die Gesellschaft dankt es den Grundschullehrern mit einer hohen Einstufung auf der Rangliste des Sozialprestiges. Auf der Allensbacher Skala 2008 nehmen sie den vierten Platz ein, vor ihnen nur noch Ärzte, Pfarrer und Hochschulprofessoren.

Während ein Besuch des Gymnasiums vielerorts an eine Reise in die Vergangenheit erinnert, so Martin Spiewak, erkennen Eltern in vielen Grundschulen den Unterricht ihrer Kindheit kaum wieder. Spiewak:

„Die Türen stehen offen, die Erstklässler laufen im Unterricht herum. Früher lernten die Kinder im Gleichschritt und kämpften sich von der ersten bis zur letzten Seite durch die Fibel. Heute achten die Lehrer viel stärker darauf, was der einzelne Schüler bereits kann und welches Lerntempo ihm zuzumuten ist. Während der eine sich beim Rechnen noch mit Aufgaben im Zahlenraum von 1 bis 10 abmüht, experimentiert sein Klassenkamerad bereits mit Knobeleien im Hunderterraum" (Spiewak 2008a).

Schule soll ein Haus sein, „in dem das Bedürfnis lebendig wird, mehr zu wissen und klüger zu werden" (Romberg 2008:134). Und was sagen unsere Schüler? Sie haben die Frage nach *der guten* Schule längst beantwortet: Eine gute Schule ist die, bei der man etwas verpasst hat, wenn man nicht da gewesen ist.

Ist die Schule Ihres Kindes eine gute Schule?

Die sechs Punkte enthalten lediglich Beobachtungshinweise. Auch eine *gute Schule* kann kaum alle Kriterien erfüllen. Das Wichtigste ist, dass eine Schule den Veränderungsprozess angestoßen hat.

1. Wie ist der erste Eindruck?

▸ Wichtiger als die äußere Modernität ist, was Schulträger und Schulleitung aus dem Gebäude machen. Bedeckt Graffiti eine betonierte Lernfabrik oder macht das Schulgelände einen gepflegten, gastlichen, vielleicht durchgrünten Eindruck?

▸ Sind die Sportanlagen mit einem Zaun abgeriegelt oder stehen sie den Jugendlichen auch am Nachmittag und am Samstag zur Verfügung?

▸ Sind die Wände innen kahl und Schülerarbeiten in Vitrinen verstaubt? Gibt es Spuren von Vandalismus?

▸ Welches Bild bieten die Toiletten? Gibt es dort Seife und heißes Wasser?

▸ Wie wirkt das Schulklima auf Sie? Wie ist die Lernatmosphäre? Ist sie von Angst und Entfremdung geprägt oder registrieren Sie eine Atmosphäre gegenseitigen Vertrauens? Gehen Lehrer und Schüler freundlich miteinander um?

2. Was steht im Schulprogramm?

▸ Welche Inhalte stehen im Vordergrund?

▸ Werden die schwachen Schüler besonders gefördert und die leistungsstarken besonders gefordert?

▸ Welche Schwerpunkte gibt es: Musik, Sport, Zweisprachigkeit, Theater etc.?

▸ Gibt es Projekte zur Leseförderung, vielleicht Lesepaten? Gibt es eine gut ausgebaute Bibliothek?

▸ Gibt es Projekte zur Integration?

▸ Gibt es Leuchtturmprojekte, mit denen sich die Schule ein herausragendes Profil geschaffen hat?

▸ Wie beschreibt der Schulleiter seine Führungsverantwortung (Schulprofil, kontinuierlicher Verbesserungsprozess, Motivation des Kollegiums, Lehrerauswahl, Umgang mit Widerständen, Mitarbeiterförderung, Anreize für Spitzenleistungen, Umgang mit Konflikten, betriebswirtschaftliche Steuerung der Schule)?

▸ Gibt es Netzwerke zur Elternhilfe und Elternförderung? Wird an der Schule ein Elterntraining angeboten? Wird die Gestaltung der Schule als eine demokratische Gemeinschaftsaufgabe für Lehrer, Eltern und Schüler angesehen?

3. Wie sieht die Alltagswirklichkeit aus?

▸ Messen Sie das Schulprogramm an der Alltagswirklichkeit der Schule.

▸ Nehmen Sie das Angebot wahr, am Tag der offenen Tür am Unterricht teilzunehmen.

▸ Mit welchen konkreten Problemen hat die Schule zu kämpfen? Wie steht es mit Disziplinproblemen oder mit Sprachproblemen von Kindern aus Einwandererfamilien? Gibt es Drogenmissbrauch, Mobbing und Gewalt? Was tut die Schule dagegen? Wie hoch ist der Unterrichtsausfall? Geht die Schule mit diesem Problem offen um oder gibt es Heimlichtuerei?

▸ Gibt es Motivations- und Lern-Anreize für *schulmüde* Schüler?

4. Haben neuzeitliche Unterrichtsmethoden Eingang gefunden?

▸ Wie wird die Eigenverantwortlichkeit der Schüler für ihr Lernen gefordert und gefördert? Wird die Selbsttätigkeit der Schüler gefördert? Fördert und fordert Freiarbeit Initiative und Kreativität der Schüler?

▸ Gibt es Individualisierung und Differenzierung nach Leistungsstärke? Gibt es Wochenplanarbeit, Projektlernen, selbstreguliertes Lernen?

▸ Gibt es Projekte zum *sozialen Lernen* wie z.B. *Lions Quest?*

▸ Gibt es für die Kinder flexible Zeiteinheiten oder ist Unterricht an den 45-Minuten-Takt gebunden?

▸ Gibt es fächerübergreifenden Unterricht?

▸ Gibt es auch offene Lerngruppen, die jahrgangsübergreifend zusammengesetzt sind?

▸ Arbeiten die Lehrer als Einzelkämpfer hinter verschlossenen Türen oder gibt es Team-Teaching (Unterricht im Lehrer-Team)?

▸ Wird der Ganztag rhythmisiert durch den Wechsel von Fachunterricht und freien Phasen?

▸ Gibt es Arbeitsplätze für die Lehrer, die ihnen die Nachmittagspräsenz erlauben?

5. Wie steht es mit der Offenheit der Schule?

▸ Bringt die Schule Licht in das pädagogische Dunkel? Hat sie sich z.B. in die Schuldatenbank von FOCUS-SCHULE aufnehmen lassen? Gibt es regelmäßige und informative Elternbriefe?

▸ Öffnet sich die Schule dem Stadtteil durch Ausstellungen, Konzerte, Theater der Laienspielgruppe etc.?

▸ Öffnet sich die Schule externen Partnern wie z.B. der örtlichen Wirtschaft, den Sportvereinen, Musikschulen oder karitativen Einrichtungen? Holt die Schule regelmäßig *Dritte* in den Unterricht? Vielleicht einen Arzt, eine Hebamme, einen Zimmermann oder einen Musiker? Sind Lehrer in der Arbeitsgemeinschaft *SchuleWirtschaft* aktiv?

▸ Geht die Schulleitung offen und konstruktiv mit Problemen um?

6. Welchen Stellenwert nimmt die Persönlichkeitsbildung der Schüler ein?

▸ Wird der Schüler mit seinen individuellen Fähigkeiten und Bedürfnissen ganzheitlich gesehen?

▸ Ermöglichen Selbsttätigkeit und Handlungslernen im Unterricht den Schülern die (Selbstwirksamkeits-) Erfahrung: „Ich kann etwas"?

▸ Können Kinder sich nur intellektuell oder auch praktisch, sportlich und musisch erproben? Welchen Stellenwert hat das *Lernen mit Kopf, Herz und Hand?*

▸ Werden Begabungsprofile erstellt? Gibt es auch eine Begabtenförderung oder bedeutet *Förderung* nur Förderung der Schwachen?

▸ Übernehmen Schüler Gemeinschaftsaufgaben innerhalb und außerhalb der Schule? Empfiehlt die Schule ihren Schülern, z.B. bei den Maltesern, beim Roten Kreuz, in der DLRG, in der Jugendfeuerwehr, im Naturschutz (NABU, Greenpeace u.a.) Mitglied zu werden? Haben Projektgruppen Patenschaften oder Betreuungsaufgaben in Altenheimen, Krankenhäusern, Pflegestationen etc. oder für Naturflächen wie Fließgewässer, Streuobstwiesen etc. übernommen? Übernehmen Schüler Verantwortung im Schulsanitätsdienst, als Streitschlichter, Mittagessenbetreuer, Paten für jüngere Schüler, Aushilfen in der Schulbibliothek etc.?

36. Gesetz: Bemühen Sie sich um eine Familie-Schule-Partnerschaft!

Wie sie in einen *Erziehungs- und Lernvertrag* einmünden könnte

Die Journalistin Freia Peters hat an meinem Elterntraining *Die Gesetze des Schulerfolgs* in einer Berliner Grundschule teilgenommen und darüber am 6. August 2008 in der Tageszeitung *Die WELT* berichtet (Peters 2008). Dieser Artikel hat eine überwältigende Resonanz ausgelöst. Ein Mitarbeiter am Hörsprachzentrum Sigmaringen in Baden-Württemberg schreibt: „Das Training ‚Die Gesetze des Schulerfolgs' scheint mir ein wichtiger Weg zu sein, die Lernorte Schule und Elternhaus einander näherzubringen." Aus Bonn erfahre ich: „Ich bin selbst Konrektorin an einer Grundschule und hätte den Wunsch, dass dieses Elterntraining an jeder Grundschule angeboten wird." Eltern aus ganz Deutschland fragen nach den Möglichkeiten, an dem Training teilzunehmen.

Eine Schulleiterin aus Hessen möchte das Elterntraining an ihrer Schule einsetzen und begründet das so: „Die Idee ist fantastisch und das Konzept sehr anspruchsvoll. Ich möchte mich als Trainerin ausbilden lassen, um die wachsende Kluft zwischen Elternhaus und Schule zu überwinden." Ein Lehrer teilt mit: „In NRW fällt mir bei Elterngesprächen die zunehmende Orientierungslosigkeit in der Erziehungsarbeit auf. Ich möchte die Beratungstätigkeit an meiner Schule erweitern und dafür die Trainerlizenz erwerben."

Ein deutscher Kinderarzt aus Barcelona schreibt: „Zu dieser außergewöhnlichen Initiative möchte ich Sie beglückwünschen. Ihren Ansatz finde ich deswegen höchst interessant, weil ihm der Präventionsgedanke zugrunde liegt." Und eine Grundschullehrerin, die an einem Studienseminar tätig ist, schickt eine E-Mail aus Nordrhein-Westfalen: „Ich bin an den ‚Gesetzen des Schulerfolgs' sehr interessiert, da es qualitative Akzente setzt. Ich begrüße es, dass Sie die Bedeutung der Beziehungen zwischen Kindern, Eltern und Lehrern in den Mittelpunkt der Betrachtung stellen."

Ein Gesamtschullehrerin, die an ihrer Schule als Elterntrainerin tätig werden möchte, schreibt mir aus Hamburg: „Ich mache regelmäßig die Erfahrung, dass meine Arbeit ohne die Unterstützung der Eltern kaum Früchte trägt. Für unsere Schule erscheint mir das Angebot eines Elterntrainings daher als besonders wichtig. Dabei gibt es viele Eltern, die ihre Kinder durchaus unterstützen möchten, aber nur nicht wissen, wie sie das tun können."

Prof. Hurrelmann: Jede Schule sollte ein Elterntraining anbieten

AUS DER WISSENSCHAFT

Prof. Klaus Hurrelmann (Jugendforscher):
Wir brauchen ein verpflichtendes Elterntraining für alle Eltern
„Der Staat zahlt gewaltige Summen an Kindergeld. Warum koppeln wir nicht die Auszahlung an den Besuch eines Elternkurses? Nehmen die Eltern nicht teil, wird es gekürzt. Ein Teil des Kindergeldes könnte z. B. als zweckgebundener Gutschein ausgezahlt werden, etwa 30 oder 40 Euro zum ‚Kauf‘ eines Elternkurses. […]
Eine Berliner Schule nimmt nur noch Kinder von Eltern auf, die an einem Elterntraining teilgenommen haben. Die Nachfrage nach Schülerplätzen dort ist größer als das Angebot.“

(Hurrelmann/Käßmann 2006:25)

Eltern und Lehrern brauchen mehr Gelegenheiten, um miteinander und nicht gegeneinander zu agieren. Um die notwendigen Weichenstellungen für Schule und Schüler vorzunehmen, braucht die Schule neue Plattformen. Denkbar sind Elterntage, mehrtägige Elternseminare oder eben ein schulbezogenes Elterntraining wie *Die Gesetze des Schulerfolgs.*

Durch solche Veranstaltungen wird viel Druck von den Eltern genommen. Es fällt ihnen leichter, mit erzieherischen und schulischen Fragen umzugehen, und das führt zu besseren Entwicklungschancen für die Kinder. Hurrelmann vertritt im Gespräch mit dem Autor die Ansicht, alle Eltern hätten ein Recht darauf, bei der Erziehung ihrer Kinder öffentlich unterstützt zu werden. „Langfristig sollte es das Ziel sein", so der Jugendforscher, „in jeder Kindertagesstätte, jeder Grundschule und auch in den unteren Klassen der weiterführenden Schule Angebote des Elterntrainings bereitzuhalten." Eine Zusammenarbeit zwischen Schulen und privaten Anbietern in einem *Public-Private-Partnership-Modell* (Öffentlich-Privates Partnerschaftsmodell) bringe für die Schule eine willkommene Durchmischung von öffentlichen und privaten Impulsen.

Wenn Eltern in der Schule das Angebot zu einem Elterntraining wahrnehmen können, erfahren sie, dass sie nicht allein und isoliert für ihre Kinder verantwortlich sind. „Sie erhalten", so Prof. Hurrelmann im Gespräch mit dem Autor, „Solidarität und Unterstützung aus dem öffentlichen Raum." Die Erziehung bleibe privat, aber durch eine öffentliche Unterstützung werde zum Ausdruck gebracht, wie groß das Interesse der gesamten Gesellschaft daran ist, Kinder selbstständig, leistungsfähig und sozial verantwortlich zu machen.

AUS DER WISSENSCHAFT

Prof. Werner Sacher (Erziehungswissenschaftler, Elternforscher):
Schule geht mit Elterntraining in die Offensive
Parenting (Begriff aus den USA, entspricht etwa dem Elterntraining) zielt darauf ab, die Fähigkeiten und Fertigkeiten der Eltern zu fördern und ihnen zu helfen, ihre Elternrolle besser zu erfüllen. Eltern sollen *„sich wieder zutrauen, ihre Elternrolle wahrzunehmen"* und zuversichtlich sein, *„entscheidenden Einfluss auf die Entwicklung ihrer Kinder nehmen zu können".*

(Sacher 2008:215)

Wir brauchen eine *Familie-Schule-Partnerschaft*

Werner Sacher hat sich intensiv mit Elternforschung beschäftigt und plädiert für die Gründung einer *Familie-Schule-Partnerschaft* (FSP). Ziel der FSP ist es, dass alle drei Partner, Schule, Eltern und Schüler, gegenseitiges Verständnis füreinander entwickeln, indem sie ihre Erwartungshaltungen gegenüber Pflichten und gewünschtem Verhalten bereits im Vorfeld klären. Damit sieht er alle an der Schule Beteiligten als Gewinner (Sacher 2008:199ff.).

Ein Aufgabenfeld der FSP ist nach Prof. Sacher der regelmäßige Austausch wichtiger Informationen. Zudem kann innerhalb einer FSP ein Elterntraining die Fähigkeiten und Fertigkeiten der Eltern fördern, damit sie ihre Rolle für Erziehung und Schulerfolg besser wahrnehmen können. Ferner erhalten die Eltern Hilfestellung bei der Unterstützung der Lernprozesse ihrer Kinder. Schließlich werden in einer solchen Partnerschaft bei allen Entscheidungen der Schule, die das Kind betreffen, Eltern als Partner einbezogen.

Damit eine solche *Familie-Schule-Partnerschaft* zum Wohle aller Beteiligten funktioniert, sind zwei grundlegende Voraussetzungen zu erfüllen: regelmäßige Kontakte zwischen Eltern und Lehrern sowie die Pflege einer guten Atmosphäre.

AUS DER WISSENSCHAFT

Prof. Werner Sacher (Erziehungswissenschaftler, Elternforscher):
In einer Familie-Schule-Partnerschaft sind alle an der Schule Beteiligten Gewinner

1. Auswirkungen der FSP auf den Schulerfolg:
▸ Leistungsverbesserung in allen Altersstufen, wenn das Lernen des Kindes im Handlungsfokus der Eltern steht
▸ Leistungssteigerungen fallen höher aus, wenn Eltern dafür eigens trainiert werden
▸ Haben Eltern, anstatt inhaltliche Hilfen zu geben, Leistungserwartungen an die Kinder, stärkt das deren Eigeninitiative und damit den Schulerfolg.

2. Auswirkungen der FSP auf das Verhalten der Schüler:

▸ positive Einstellung zur Schule und zu den einzelnen Fächern
▸ gesteigerte Motivation und Aufmerksamkeit
▸ besseres Sozialverhalten
▸ regelmäßigere und sorgfältigere Hausaufgaben
▸ bessere Beziehungen zwischen den Lehrkräften und Schülern sowie
  zwischen den Schülern untereinander
▸ weniger Unterrichtsstörungen
▸ weniger Schwänzen der Schüler
▸ weniger Gewalt- und Drogenprobleme
▸ eine höhere Selbstwirksamkeitserwartung und dadurch positivere Zukunftsperspektiven

3. Auswirkungen der FSP auf das Verhalten der Eltern:

▸ Einstellung zur Schule verbessert sich
▸ besseres Verständnis für die Arbeit der Schule und der Lehrkräfte
▸ besseres Image der Schule in der Region
▸ bildungsfreundlicheres Klima in der Familie
▸ größeres Selbstbewusstsein der Eltern in Erziehungs- und Bildungsfragen

4. Auswirkungen der FSP auf Schule und Lehrer:

▸ Verbesserung der Lehrermoral durch positivere Haltung und Stimmung im Kollegium
▸ höhere Erwartungen der Lehrkräfte an die Schüler, günstigere Meinungen über
  ihre Familien
▸ verbessertes Verständnis für soziale Probleme in manchen Familien

(in Anlehnung an Sacher 2008:199)

Erziehungs- und Lernvertrag

„Schul-Knigge für pampige Eltern" ist zum Schuljahresbeginn 2008/09 ein Zeitungsartikel überschrieben. Berichtet wird über eine Schulleiterin in Nordrhein-Westfalen, die an ihrer Schule einen *Eltern-Knigge* eingeführt hat. Darin heißt es unter anderem:

> *„Von den Eltern erwarten wir, dass sie ihr Kind regelmäßig, pünktlich, ausgeschlafen und mit den notwendigen Schulsachen zur Schule schicken; dass sie höflich mit den Lehrern, mit den Erzieherinnen und Mitarbeitern der Schule umgehen; dass sie das Rauchverbot auf dem Schulgelände einhalten" (Westdeutsche Zeitung, Düsseldorf 11.08.2003).*

Gelegentlich habe ich als Schulleiter mit Lehrern ein kritisches Gespräch über Pünktlichkeit geführt. Das war immer dann notwendig, wenn Kollegen den Grundsatz der Gegenseitigkeit zu sehr außer Acht gelassen haben. Sie hielten zwar akribisch jedes

Zuspätkommen von Schülern im Klassenbuch fest, nahmen es aber selbst mit dem pünktlichen Unterrichtsbeginn nicht so genau.

Wenn eine *Familie-Schule-Partnerschaft* in einen *Erziehungs- und Lernvertrag* zwischen Eltern, Lehrern sowie Schülern einmündet und dieser Vertrag beständig sein soll, muss das Prinzip der Gegenseitigkeit ein tragendes Element sein. Nur bei gegenseitiger Selbstverpflichtung kann eine arbeitsteilige Lösung von Schul- bzw. Lernproblemen erreicht werden.

Ein *Erziehungs- und Lernvertrag* kann über alle schulrelevanten Themen geschlossen werden. Für die Hausaufgaben könnte ein *Erziehungs- und Lernvertrag* wie folgt abgefasst sein:

▸ „Wir Lehrer verpflichten uns, Hausaufgaben klar zu formulieren, ihre angemessene Erledigung zu überprüfen und bei erkennbaren Schwächen Anregungen zu deren Überwindung zu geben."

▸ „Wir Eltern verpflichten uns, die Erledigung (nicht das Ergebnis) der Hausaufgaben zu kontrollieren."

▸ „Wir Schüler verpflichten uns, die Hausaufgaben pünktlich und angemessen zu erledigen" (nach Poelchau).

AUS DER WISSENSCHAFT

Prof. Werner Sacher (Erziehungswissenschaftler und Elternforscher):
Klassenvereinbarung
Für eine Klassenvereinbarung empfiehlt Prof. Sacher:

▸ Wir als Eltern bemühen und kümmern uns darum, dass wir Zeit haben, mindestens zweimal jährlich an einem Elternabend teilzunehmen.

▸ Ich als Lehrer(in) bemühe mich darum, dass ein jährlicher Hausbesuch zum gegenseitigen Kennenlernen mit Einverständnis der Eltern erfolgen kann.

▸ Ich als Schüler(in) bemühe mich darum, dass ich mich meinem Leistungsvermögen entsprechend am Unterricht beteilige.

(Sacher 2008:205)

„Um ein Kind großzuziehen, braucht es ein ganzes Dorf"

Elterntraining, Familie-Schule-Partnerschaft sowie *Erziehungs- und Lernvertrag* sind geeignet, die Zusammenarbeit an der Schule zu verbessern oder sogar auf eine ganz neue Grundlage zu stellen. Ein Erziehungs- und Lernvertrag kann über alle schulrelevanten Themen abgefasst werden. Die Summe aller Komponenten verändert den Geist der Schule und schafft eine schulische Leitkultur, zu der sich Schüler, Eltern und Lehrer verpflichten. Zu dieser schulischen Leitkultur gehören selbstverständlich die Werte und Kompetenzen, ohne die ein geordneter Schulbetrieb nicht zu gestalten ist. Das sind u. a. Zuverlässigkeit, Pünktlichkeit, Respekt und Pflichtbewusstsein.

Je nach Situation können für den *Erziehungs- und Lernvertrag* unterschiedliche Prioritäten gesetzt und auch unterschiedliche Partner einbezogen werden. Die Einrichtungen der Jugend- und Erziehungshilfe bieten sich dafür ebenso an wie beispielsweise die Arbeitsgemeinschaft *SchuleWirtschaft*. Die Einbeziehung des Schulträgers ist denkbar, wenn es um die Ausstattung der Klassenzimmer und deren pfleglicher Behandlung geht. Und warum gibt es nicht schon lange eine Partnerschaft mit den Medien, die zur dritten Erziehungsinstanz neben Elternhaus und Schule geworden sind und dafür Verantwortung übernehmen müssen?

„Um ein Kind großzuziehen, braucht es ein ganzes Dorf", lautet ein afrikanisches Sprichwort. Auch bei uns müssen Erziehung und Bildung zu einer Aufgabe werden, der sich die gesamte Gesellschaft verpflichtet fühlt. Eine Schule, in der Lehrer, Eltern und Schüler nicht auseinanderdriften, sondern zusammenhalten und die externe Partner einbezieht, wird sich ändern. Im Idealfall wird sie, wie sich das Bundesministerin Annette Schavan für Deutschland wünscht, „mehr Begeisterung für Bildung" entfachen.

Literaturverzeichnis

Bastian, Till (2001) Kinder brauchen böse Eltern. Erziehung zur Selbständigkeit. München: Knaur

Bauer, Joachim (2007) Lob der Schule. Sieben Perspektiven für Schüler, Lehrer und Eltern. Hamburg: Hoffmann und Campe

Bergmann, Wolfgang (2007) Disziplin ohne Angst. Weinheim: Beltz

Bergmann, Wolfgang (2008) Gute Autorität. Weinheim: Beltz

Beyer, Axel (2007) Schule muss sich ändern. In: Psychologie Heute Compact

Blankenburg, Pia (2006) Schuften bis zum Herzinfarkt. In: FAZ 7.10.2006

Boehnke, Klaus (2004) Gute Leistungen – und schon ein „Streber"? http://www.familienhandbuch.de/cmain/f_Aktuelles/a_Schule/s_1472.htm [06.11.2008]

Boehnke, Klaus (2007) Gute Schüler als Streber ausgegrenzt. In: Psychologie Heute Compact, 34–37

Bueb, Bernhard (2006) Lob der Disziplin. Eine Streitschrift. Berlin: List

Czermak, Barbara (2005a) Schreck, lass nach! In: FOCUS-SCHULE 6/2005

Czermak, Barbara – im Gespräch mit Barbara Schnurbein (2005b) Angst vor Abwertung. In: FOCUS-SCHULE 1/2005

Deissner, David (2008) Entscheidend ist die Einstellung. In: Die Welt 31.7.2008

Doerry, Martin; Mohr, Joachim (2003) Die Bildungsoffensive. Stuttgart, München: Deutsche Verlags-Anstalt

Doskoch, Peter (2006) Das Geheimnis des Erfolgs: Der lange Atem. In: Psychologie Heute 5/2006

Ehlers, Simon (2007) Aus Fehlern lernen. In: Psychologie Heute Compact

Eichhorn, Christoph (2008) Erfolgreich durch positive Emotionen. http://www.managerseminare.de/managerSeminare/Archiv/Artikel?urlID=163817 [06.11.2008]

Ernst, Heiko (2006) Das machst du richtig gut. In: Psychologie Heute 11/2006

Eschenbroich, Donata (2001) Weltwissen der Siebenjährigen. München: Kunstmann

Esser, Barbara (2002) Babys Bücher vorlesen. Im Gespräch mit Wassilios Fthenakis. In: FOCUS 43/2002

Esser, Barbara; Jeddeloh, Kirsten; Plewina, Ulrike; Reinke-Nobbe, Herbert (2002) Wie man Wissen schafft. In: FOCUS 43/2002

Etzold, Sabine; Schnabel, Ulrich – im Gespräch mit der Psychologin Elke Wild (2006) Habt Vertrauen zu euren Kindern. In: Die Zeit 33/2008

Friebe, Richard (2005) Arme Kinder – kranke Kinder. In: Frankfurter Allgemeine Sonntagszeitung 20.2.2005

Friederici, Angela (2008) Lebenslanges Lernen – das ist wie eine Muskelübung. In: FAZ 17.03.2008

Friedrich, Gerhard (2002) Wer macht die Schule klug? In: Die Zeit 48/2002

Fthenakis, Wassilios; Textor, Martin R. (2008) Das Online-Familienhandbuch des Staatsinstituts für Frühpädagogik (IFP). www.familienhandbuch.de [06.11.2008]

Fuhrer, Urs (2007) Erziehungskompetenz: Eltern und Familien stärken. Bern, Göttingen: Huber

Gläser, Joachim (2006) Das Klinsmann-Prinzip – Was Manager vom Fußball-Teamchef lernen können. In: Rhein-Zeitung 21.10.2006

Graf, Johanna (2006) Erst Wurzeln, dann Flügel. In: Psychologie Heute 2/2006

Gronwald, Silke (2004) Wunderkinder landen in der Psychiatrie – Interview mit Prof. Gerald Hüther. In: stern 30.10.2004

Gustedt, Volker (2005) Holt endlich die Laptops raus. In: FOCUS-SCHULE 5/2005

Haase, Karl-Heinz (2006) Im Gespräch mit einem Alkoholiker: Mein Saufen war für jeden sichtbar. In: Lübecker Nachrichten 16.06.2006

Hackler, Joachim (2006) Mit Erfolg lernen. In: Bartnitzky, Horst; Czisch, Fee (Hrsg.) Eltern-Kurs-buch Grundschule. Berlin: Cornelsen Scriptor

Hardam, Viola (2007) Unbeschwerte Kindheit. In: Familie & Co. 2/2007

Hentig, Hartmut (2006) Bewährung. Von der nützlichen Erfahrung, nützlich zu sein. München: Hanser

Heuchert, Detlev; Wessolek, Stephan (2007) Ich komme ins Gymnasium! Klett-Elternratgeber. Stuttgart: Klett

Hurrelmann, Klaus; Käßmann, Margot - im Gespräch mit Ursula Ott und Claus Peter Simon (2006) Brauchen wir den Elternführerschein? In: GEO Wissen 37/ 2006

Hurrelmann, Klaus; Unverzagt, Gerlinde (2008) Kinder stark machen für das Leben. Freiburg: Herder

Hüther, Gerald (2006) In: SWR3, Sendung 26.11.2006

Jacobs, Claudia (2006) Und Mama darf es richten. In: FOCUS-SCHULE 2/2006

Jacobs, Claudia; Czisch, Fee (2008) Volle Kraft voraus. In: FOCUS-SCHULE 5/2005

Kahl, Reinhard (2007a) Beschämung – ein deutscher Komplex. http://www.zeit.de/online/2007/13/ bildungskolumne-munoz [06.11.2008]

Kahl, Reinhard (2007b) Lehrer als Feinde. http://www.zeit.de/online/2007/28/bildung-fehler [06.11.2008]

Kahl, Reinhard (2007c) Kinder können mehr. http://www.zeit.de/online/2007/23/bildungskolumne [06.11.2008]

Kahl, Reinhard (2007d) Zauberworte der Bildung. http://www.zeit.de/online/2007/22/bildung-tanz [06.11.2008]

Kandler-Schmitt, Barbara (2008) http://www.gesundheitpro.de/Kopfarbeit-1-Mit-Freude-lernen-Gehirn-A080714KOA0P085516.html [06.11.2008]

Kerstan, Thomas (2003) Wissen schlägt Intelligenz. Ein Gespräch mit der Lernforscherin Elsbeth Stern. In: Die Zeit 27/2003

Kistler, Petra (2003) Die Lust am Lernen. Im Gespräch mit dem Hirnforscher Manfred Spitzer. In: Badische Zeitung 17.5.2003

Kläsener, Cornelia; Korte, Martin (2004) Gute Noten. Berlin: Argon

Lache, Anette (2007a) Abenteuer Erziehung. In: stern 31/2007

Lehmann, Ischta (2005) Lernfrust oder Lust. In: FOCUS-SCHULE 5/2005

Lehmann, Ischta (2006) Leichter lernen. In: FOCUS-SCHULE 5/2006

Lempp, Reinhard (2004) Veränderte Gesellschaft, veränderte Kindheit, veränderte Werte? In: Frühe Kindheit 6/2004 http://liga-kind.de/fruehe/604_lempp.php

Maldoon, Royston – im Gespräch mit Gabriele Michel (2007) Ich gebe ihnen den Glauben an ihren Wert 2007. In: Psychologie Heute Compact

Mehlhorn, Hans-Georg (2008) www.mehlhornschulen.de [06.11.2008]

Michal, Wolfgang (2006) Geist ist geil. In: GEO Wissen 37/2006

Miketta, Gaby (2004) Die sieben besten Strategien für den Schulerfolg. In: FOCUS-SCHULE 1/2004

Miller, Alice (1980) Am Anfang war Erziehung. Frankfurt/M.: Suhrkamp

Peters, Freia (2008) Eltern auf die Schulbank. In: Die Welt 7.8.2008

Pfeiffer, Christian (2005) Also doch: Fernsehen macht dumm. http://www.welt.de/vermischtes/article166985/Also_doch_Fernsehen_macht_dumm.html

Plewnia, Ulrike; Vernier, Robert; Wittlich, Susanne (2005) Die Störer aus der zweiten Reihe. In: FOCUS 19/2005

Rees, Jürgen; Dürand, Dieter (2006) Einzeln fördern. http://www.wiwo.de/karriere/einzeln-foerdern-156537/4/ [06.11.2006]

Reinhardt, Susi (2007) Lehrkräfte müssen wieder selbstbewusster werden. In: Psychologie Heute Compact 16/2007

Rogge, Jan-Uwe (2005) Der große Erziehungsberater. Reinbek: Rowohlt

Rogge, Jan-Uwe (2008)Tyrannische Kinder – überforderte Eltern. Wenn Kinder zum „Projekt" werden. http://www.dradio.de/dkultur/sendungen/imgespraech/ 862138/

Romberg, Johanna (2008) Wir machen Schule! In: GEO 5/2008

Sacher, Werner (2008) Elternarbeit. Gestaltungsmöglichkeiten und Grundlagen für alle Schularten. Bad Heilbrunn: Klinkhardt

Sachser, Norbert (2004) Neugier, Spiel und Lernen: Verhaltensbiologische Anmerkungen zur Kindheit. In: Zeitschrift für Pädagogik 4/2004

Saum-Aldehoff, Thomas (2007) Die unterschätzte Macht der Sekundärtugenden. In: Psychologie Heute 8/2007.

Scheich, Henning – im Gespräch mit dem Spiegel (2002) Begeisterung diszipliniert. In: Spiegel 27/2002

Schlenther, Uwe (2006) Lerntechniken für die Schule. In: Online Familienhandbuch des Staatsinstituts für Frühpädagogik (IFP) http://www.familienhandbuch.de/cmain/f_Aktuelles/a_Schule/s_1362.html [06.11.2008]

Schwilk, Heimo (2007)Schule macht Kinder unglücklich. In: Welt am Sonntag 11.11.2007

Schuster, Martin (2007) Lernen – wie geht das? In: Psychologie Heute Compact

Siefer, Werner (2002) Was Synapsen wünschen. In: FOCUS 43/2002

Spiewak, Martin (2008a) Die beste Zeit des Lebens. In: Die Zeit 33/2008

Spiewak, Martin (2008b) Schulanfang. In: Die Zeit 33/2008

Spitz, René (1976) Vom Säugling zum Kleinkind. Stuttgart: Ernst Klett Verlag

Spitzer, Manfred (2007a) Disziplin aus (neuro-)biologischer Sicht. In: Brumlik, Micha (Hrsg.) Vom Missbrauch der Erziehung. Weinheim: Beltz

Spitzer, Manfred (2007b) Lernen. Berlin, Heidelberg: Springer

Stern, Elsbeth (2005) http://www.gesundheitpro.de/Serie-Fit-im-Kopf-4-Die-Bedeutung-des-lebenslangen-Gehirn-A051115LIJAP018261.html

Struck, Peter (2005) Das Erziehungsbuch. Darmstadt: Primus Verlag

Thimm, Karlheinz (2005) Null Bock auf Schule. Wie entstehen Schulmüdigkeit und Schulverweigerung? In: Online Familienhandbuch des Staatsinstituts für Früherziehung http://www.familienhandbuch.de/cmain/f_Aktuelles/a_Schule/s_875.html

UNICEF (2007) www.unicef.de/pressearchiv

UN-Kinderrechtskonvention (1989) Präambel. http://aufenthaltstitel.de/unkinderrechts konvention.html#2 [06.11.2008]

Wiarda, Jan-Ulrich (2005) - im Gespräch mit Prof. Ulrich Trautwein: Die beste Hilfe ist gar keine Hilfe. In: Die Zeit 43/2005

Wilhelm Klaus (2006) Glück erzeugt Glück erzeugt Glück. In: Psychologie Heute 5/2006

Die Gesetze des Schulerfolgs

Idee und Wissenschaftliche Beratung: Prof. Dr. Klaus Hurrelmann
Idee und Entwicklung: Realschulrektor a.D. Adolf Timm, Elterntrainer

Das Projekt **Die Gesetze des Schulerfolgs** besteht aus drei Teilen:
* Elterntraining
* Die Gesetze des Schulerfolgs – Das Fortbildungsbuch für Eltern
* Trainerausbildung

Die **Gesetze des Schulerfolgs** ist das erste umfassend schulbezogene Elterntraining in Deutschland: wissenschaftsbasiert, praxisnah, ideenreich.

Seine Grundgedanken:
Unsere Kinder können mehr. Alle wollen lernen. Jeder ist gut in irgendetwas. Schulerfolg ist machbar. Niemand soll beschämt werden.
Dass Kinder und Jugendliche ihre Potenziale ausschöpfen, ist eine Frage ihrer Würde. Auch die Zukunftsfähigkeit von Gesellschaft und Wirtschaft hängt davon ab.

Engagierte Trainer gesucht

Die Gesetze des Schulerfolgs wird bundesweit verbreitet.

Pädagogen, Psychologen, Dipl.-Sozialpädagogen oder Andersqualifizierte mit Enthusiasmusfaktor können die Trainerlizenz erwerben.

GdS Elterntraining GmbH
Am Augustushof 11
23683 Scharbeutz / Ostsee

www.elterntraining-schulerfolg.de

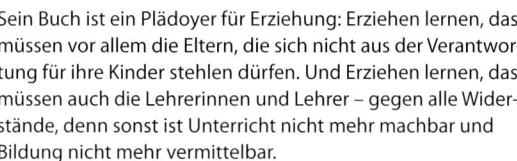

2,00 3.11.22